Nicolaus Sombart · Journal intime

Nicolaus Sombart
Journal intime 1982/83
Rückkehr nach Berlin

Elfenbein

Dritte Auflage 2003
© 2003 Elfenbein Verlag, Berlin
Ingo Držečnik und Roman Pliske
Alle Rechte vorbehalten
Druck: Magic Seven Print
Printed in the Czech Republic
ISBN 3 932245 60 1

»Ein Jahr im Paradies« – Statt eines Vorwortes

Im Jahre 1982 wurde ich, es war der zweite Jahrgang, als Fellow in das Wissenschaftskolleg zu Berlin berufen. Eine hohe Auszeichnung, das war mir bewußt. In meinem Leben ein unerwarteter Höhepunkt, wie sich herausstellen sollte, ein entscheidender Wendepunkt. Es war mein sechzigstes Lebensjahr. Ich war damals noch – im dreißigsten Dienstjahr – als *Haut Fonctionnaire International* im Europarat tätig, zuständig für die Kulturpolitik dieser ersten europäischen Institution. Angesiedelt in Straßburg, war sie die Matrix aller ihr folgenden multilateralen Organisationen bis hin zur Europäischen Union, die heute zu einer unübersehbaren politischen Realität geworden ist, was man in ihren Anfängen nicht unbedingt von ihr behaupten konnte. Sie führte ein Schattendasein, in dem ihr im wesentlichen eine symbolische Bedeutung zukam, als dem Ort, an dem sich eine große, zukunftsweisende politische Idee zaghaft in die Geschichte einschrieb – »Kulturpolitik«, die es zu erfinden galt, als Alternative zur Realpolitik. Das Wissenschaftskolleg war 1981 in Berlin nach dem Vorbild des Princeton College for Advanced Studies geschaffen worden, als Stätte der Begegnung, des Ideenaustauschs und der Kooperation von Akademikern und Künstlern, denen hier ein Jahr lang die Möglichkeit geboten wurde, zusammen zu leben und zu arbeiten. »International« und »interdisziplinär« sollte es zugehen, versteht sich. Dabei wurde mit dem synergetischen Effekt gerechnet, der durch die bloße Kohabitation einer ausgewählten Schar hochqualifizierter Köpfe deren individuelle und kollektive geistige Produktivkräfte bedeutend steigern würde. Von jedem – der zunächst zwanzig, später vierzig Gäste, Fellows genannt (auch wenn sie weiblichen Geschlechts waren) – wurde erwartet, daß er an dem Projekt eines Buches arbeitete und bereit war, seine Hypothesen und Hoffnungen wie auch die Skrupel und Zweifel am Gelingen seines Vorhabens einzubringen in den Prozeß einer gemeinschaftlichen wissenschaftlichen Tätigkeit. Dabei konnte er von idealen Arbeitsbedingungen profitieren: von der Beschaffung aller für ihn notwendigen Bücher über ein mit den neuesten Technologien ausgestattetes Schreibbüro bis hin zu den Leistungen eines Zwei-Sterne-Kochs – und vor allem jeder Menge Zeit Gespräche, Kolloquien, Arbeitsgemeinschaften, frei von materiellen Sorgen. Otium cum dignitate, der höchste Luxus.

Die Gründung eines so außergewöhnlichen Instituts war das Verdienst des damaligen Senators für Wissenschaft und Kultur, Dr. Peter Glotz, der etwas internationalen Glanz in das kulturelle Leben Berlins, oder besser gesagt: West-Berlins zu bringen hoffte, das damals an einem Tiefpunkt seines politischen und kulturellen Selbstverständnisses angelangt war. Man muß rückblickend feststellen: das Experiment ist gelungen. Das Wissenschaftskolleg zu Berlin hat weltweit einen unangefochtenen Ruf als Heimstätte innovativer geistiger Produktion.

Ich hatte als Studienvorhaben eine Monographie über Kaiser Wilhelm II. angekündigt, was mit gewissen Schwierigkeiten verbunden war, weil die Zunfthistoriker in den verschiedenen Auswahlgremien es beanstandeten, dass ein Nicht-Historiker sich eines solchen brisanten Themas bemächtigte, ein Einwand, den ich umgehen konnte, indem ich erklärte, daß die Originalität meines Forschungsansatzes gerade darin läge, daß ich den letzten deutschen Kaiser nicht wie üblich mit den Augen eines Historikers, sondern mit denen eines Kultursoziologen betrachten würde. Kultursoziologie – ich kam von Alfred Weber – galt damals noch nicht viel, so ließ man mich gewähren. Ich führte aber noch ein anderes Vorhaben in meinem Gepäck, auch nicht unverfänglich: Ich wollte, gestützt auf meine jahrelange Bekanntschaft mit dem umstrittenen Mann, ein Buch über Carl Schmitt schreiben – als Beitrag zu einer Mentalitätsgeschichte der »deutschen Männer«. Es geriet zu einer Ätiologie des deutschen Antisemitismus. Darüber hinaus gehörte ein Fourier-Buch zu meinem langfristigen Arbeitsprogramm. Seit meiner Dissertation über den Krisenbegriff bei Saint-Simon hatte ich mich kontinuierlich mit dem genialen Utopisten Charles Fourier beschäftigt, was auch mit meiner Tätigkeit im Europarat zusammenhing, die sich in wachsendem Maße mit der Zukunftsforschung befaßte: die Einigung Europas als Zukunftsprojekt einer Gesellschaft im Wandel. Die Berufung in das Wissenschaftskolleg bot die ideale Chance, daraus ein Buch zu machen.

Diese drei Projekte habe ich im Laufe der zwanzig Jahre, die seitdem vergangen sind, verwirklicht. Allerdings nicht im Wissenschaftskolleg, wo ich im wesentlichen noch auf Materialsuche war.

Dafür ist in dem Fellowjahr ein Buch entstanden, das ich nicht geplant hatte: ein autobiographisches Buch über meine »Jugend in Berlin«. Es wurde geschrieben in der Absicht, meinen Ko-Fellows, die davon wenig oder nichts wußten, das Phänomen Berlin, genauer gesagt: den alten Grunewald zu erklären, jenes Villenviertel, in dem sich die deutsche Bourgeoisie, insbesondere auch ihre jüdischen Repräsentanten, eine herrschaftliche Residenz geschaffen hatte. Es war kein Zufall, daß das Wissenschaftskolleg sich genau an diesem Ort niedergelassen hatte, um eine geistige und gesellschaftliche Tradition wieder aufzunehmen, die ein Höhepunkt deutschen Kulturlebens gewesen war.

Für mich wurde die Rückkehr nach Berlin zu einem ergreifenden Déjà-vu-Erlebnis. Ich kehrte gewissermaßen in die Heimat zurück, aus die mich der Krieg vertrieben hatte. Unser Haus, jetzt eine ausgebaute Ruine, stand keine tausend Meter von den Häusern des Wissenschaftskollegs entfernt, an jenem Halensee, in dem wir als Jungen geschwommen waren. Es waren keine hundert Meter zu der Stelle, an der Rathenau ermordet worden war.

Am ersten Tag meines Berliner Jahres beschloß ich, Buch zu führen über das, was mir hier geschehen würde. Ein Tagebuch zu schreiben, gehörte nicht zu meinen Gepflogenheiten. Ohne jeden literarischen Anspruch sollte es ein Protokoll werden, »was der Fall ist«. Im Gegensatz zu dem autobiographischen Jugendbuch, das gleichzeitig entstand, und das ich ohne Anstrengung in die Tradition der Erinnerungsbücher stellte, für die »À la recherche du temps perdu« das unübertreffliche Modell abgibt – die Tradition des Erziehungsromans. Ein »Tagebuch« ist ein anderes Genre, folgt einer anderen Logik, gehorcht anderen Kriterien von Wahrheit und Authentizität. Sein Autor ist nicht der autonome Verfasser eines fiktionalen Textes, sondern der Chronist, der gehalten ist, den Vorgaben und Einfällen des Szenaristen zu folgen, der für das Drehbuch seines Lebens auf mysteriöse Weise verantwortlich ist.

An eine Veröffentlichung war in der Zeit der Niederschrift nie gedacht. Als nach zwanzig Jahren, anläßlich meines achtzigsten Geburtstages, doch der Gedanke auftauchte, das Manuskript des Journals der Jahre 1982/83 zu publizieren, war klar, daß es nicht darum ging, ein Stück privater Identitätssuche publik zu machen, als vielmehr darum, einer interessierten Leserschaft ein »Zeitdokument« zu präsentieren. Auf dem Aktendeckel, in dem das Konvolut der Aufzeichnungen in einer Schublade lagerte, hatte ich als Titel mit einem

dunklen Filzstift »Fellows & Frauen« notiert. Der schien mir zu dem Zeitpunkt der Veröffentlichung zu frivol. Es handelte sich eher um »Mémoires d'Outre-tombe«.
Der Titel mußte, wie jeder gute Titel, dem präsumtiven Käufer eine Idee davon geben, was ihn erwartete. So sachlich und nüchtern die Aufzeichnungen auch sein mögen – für mich sind sie voller Poesie, eine nostalgische Evokation der schönsten Episode meines Lebens, ein unverdientes Geschenk. Die Erinnerung daran erfüllt mich mit Dankbarkeit für alle, die sie ermöglicht haben.

Berlin, im März 2003 *Nicolaus Sombart*

Sonntag, den 3. Oktober

Mit Coco im vollbeladenen Polo (meinen Lehnstuhl auf dem Dach, unter blauer Plastikplane) in elfstündiger Fahrt von Straßburg nach Berlin. Einen Tag später als geplant. Coco fährt. Viel Familiengeschichte. Ihn scheinen all die Tanten, Cousinen, Vettern usw. zu interessieren. Einer der Unterschiede von oben und unten: Die Verinnerlichung einer Genealogie, auf die man stolz sein kann. In der »Zone« gemeinsamer spontaner Zornesausbruch wegen der Unannehmbarkeit der Zwangsherrschaft in Ostdeutschland, aber auch der Sowjetunion. Der Junge hat es nie anders empfunden. Ich muß mir eingestehen, daß ich jahrelang die Sophismen der Rechtfertigung fortgeschrieben habe.

Berlin empfängt uns mit strahlendem Wetter. Meine Wohnung in der Seyfried'schen Villa in der Hagenstraße 26 ist lichtdurchflutet. Alle Fenster öffnen sich auf prächtiges Grün, man kann das Gefühl haben, in einem Park zu leben. Festlich und würdig. Coco ist sehr zufrieden, daß sein Vater so schön und »angemessen« wohnen wird. (Darum habe ich ihn mitgenommen!)

Montagabend treffe ich Maurizio Serra, einen verflossenen Verehrer von Elisabeth, der hier am italienischen Konsulat so etwas wie der Kulturattaché ist. Einer von diesen übersensiblen, hyperintelligenten Typen, deren Analysen immer subtil sind, deren Schlußfolgerungen aber immer genau danebengehen.

Mittwoch, den 6. Oktober

Von Dienstag auf Mittwoch die erste Nacht allein in meiner Berliner Behausung. Zwei große Träume:
– Meine Beförderung zum Vizedirektor nach gewaltigen Prozeduren, bei denen Karasek (der Generalsekretär des Europarates) eine wichtige Rolle spielt. Es geht immer wieder um die Formulierung der Anträge und Schriftsätze, die unsichtbare Instanzen überzeugen sollen. Schließlich Aufatmen. Glückwünsche. Alles in einem Dekor, das nichts mit dem Straßburger Europarat gemein hat. Ei, ei! Hoffentlich ist mit diesem Traum der Kloß im Hals ausgespuckt, und ich bin das jetzt los. Die Nähe zu Kafka ist frappierend. Liegt das daran, daß der Traumregisseur Kafka gelesen hat? Oder hat Kafka schon dieselbe Traumregie verarbeitet?

– Und dann die Rückkehr, das Wiederfinden von Denise Becker. Ich will sie Hubert zuführen. Wir fahren gemeinsam essen. Sie ist reizvoll, etwas schmal. Ich mache mir klar, daß wir uns beinahe dreißig Jahre lang nicht gesehen haben, sie also eine alte Frau sein muß. Aber sie ist durchaus begehrenswert. Wir entdecken ihre extreme Armut – sie trägt einen billigen Foulard – und schlagen vor, ihr einen Hermès-Schal zu schenken. »Ach, davon habe ich genügend (Lüge) – aber ihr könnt mir Geld geben«. Wir ziehen unsere Brieftaschen, ich gebe ihr zwei Hundertmarkscheine. Hubert, zu meinem Ärger, kratzt Münzen aus seiner Tasche zusammen. Hat angeblich nichts anderes bei sich.
Denise ist eine der »verpaßten Gelegenheiten« meines Lebens. Sie war, als ich sie in Straßburg kennenlernte, mit Guy Becker verheiratet (eine glänzende Partie), die Geliebte von Cittadini, der ihr ein Kind gemacht hatte. Der Skandal! Die Familie zwang ihren Mann zur Scheidung. Danach wurde sie die Geliebte von Jean-George Rueff. Im »Plaza Athénée«, dem Hotel, wo Jean-George während einer Tagung in Cerisy abzusteigen pflegte, hatte ich mir, um in seiner Nähe zu sein, ein »Dienerzimmer« geleistet und fragte bei ihm an, ob ich in seiner Suite ein Bad nehmen könnte. Als ich herunterkam, war er zu meiner allergrößten Verblüffung (ich wußte nichts von der Liaison) mit Denise im Bett, sie war nackt. Offensichtlich eine Aufforderung, die ich damals nur nicht verstand. Ich ging geniert ins Bad und verschwand, sobald ich fertig war. Denise kicherte hinter mir her. Ich hatte mit ihr ein paarmal geschlafen. Bei ihr, aber sie besuchte mich auch in der kleinen, noch nicht eingerichteten Wohnung, Rue de Lens. Das war Mai/Juni 1954.

Weiter aufgeräumt, Papiere geordnet. Noch nicht zum Buchmaterial vorgedrungen. Ich habe mir zwei Schreibtische eingerichtet. Einen für das Carl-Schmitt-Buch, den anderen für das Kaiserbuch.
Mittagessen bei einem Chinesen mit Rixa Oeynhausen und Alix Bethmann-Hollweg, Enkelin des Reichskanzlers. Danach mit Rixa bis zur Erschöpfung Suche nach einem Lampenschirm, für die aus Straßburg mitgebrachte Ballonflasche. Erfolglos. Rixa begleitet mich zu einer Tasse Kaffee mit Cognac in die Hagenstraße. Typisches Exemplar der deutschen Gräfin: natürlich, aber standesgeprägt; unspießig, aber diszipliniert; chic, aber nicht modisch; traditionsbewußt, aber

nicht konventionell. Wesentlich ethisch und nicht ästhetisch bestimmt. Das ist das norddeutsch-protestantisch-preußische Element. Unerotisch, über Sex wird nicht gesprochen. Aber unterhalb der Gürtellinie hat die Lady völlig freie Verfügungsgewalt – unter einer Bedingung: Diskretion. Absolute Diskretion. Bevor wir gehen, wäscht Rixa, während ich mich umziehe, das Kaffeegeschirr und was sonst noch in der Küche herumsteht ab. Bürgertöchter sind sich dazu meistens zu fein.

Erstes gemeinsames Abendessen mit allen Fellows in der Wallotstraße. Man beschnuppert sich, fragt nach den Arbeitsabsichten. Längeres Gespräch mit Graf Krockow *(décidément, la journée des comtes)* über Carl Schmitt. Ich bitte ihn, mir sein Buch zu geben, von dem er etwas abrückt, weil veraltet.

Johan Galtung begrüßt mich herzlich. Wir kennen uns seit vielen Jahren, er gehört zu meinen Experten für Zukunftsforschung. Der Europarat hat ihm ein großes Ost-West-Projekt finanziert.

Donnerstag, den 7. Oktober

Die Entdeckung: Axel von dem Bussche! Der alte Grandseigneur, hannoveranischer Uradel, weilt hier als »Gast des Rektors«. Er ist jener, der sich als junger Offizier den Verschwörern zur Verfügung gestellt hatte, um sich mit Hitler in die Luft zu sprengen. Wirkt hier wie ein Riese unter Zwergen, für mich ein außerordentlicher Glücksfall, oder ist das Regie der Kollegleitung? Er interessiert sich für deutsche Geschichte und natürlich auch für den Kaiser als jemand, dessen Familie und Standesgenossen »Willy« noch erlebt haben. Ich notiere einige Kaiseranekdoten, die er mir erzählt hat:

Seine Majestät im Tiergarten zu Pferde, im Gespräch mit dem französischen Botschafter. S. M.: »Wie übersetzen Sie ins Französische: In der Not frißt der Teufel Fliegen?« Botschafter nach kurzem Nachdenken: »Au pire des cas on couche avec sa femme.« S. M. birst vor Lachen.

Bussche: Die Doppelbödigkeit der Geschichte liegt in der Unverschämtheit des Botschafters, diese Übersetzung vorgeschlagen zu haben. Das konnte man dem Kaiser zumuten! Es ist klar, daß Bussche darüber ein bißchen ungehalten ist. Für ihn ein Beweis dafür, daß der Kaiser nicht seriös war.

Ein Graf Dohna, Leutnant, 25 Jahre, ist S. M. als Adjutant bei einer Parade oder Übung zugeteilt. Vor versammeltem Offizierscorps, in breiter Front aufgestellt, alles zu Pferde, schnauzt S.M. ihn zusammen. Reitet davon. Der junge Graf wendet sich seinen Offizierskameraden (und Vorgesetzten!) zu: »Haben ja immer gewußt, daß Willy ein Prolet ist.« Sanktion: Strafversetzung nach Lothringen – mehr nicht.

Im Casino desselben Ulanenregiments (dessen Chef der Kaiser ist), erklärt ein anderer Graf Dohna, der etwas getrunken hat, S. M., daß die Hohenzollern auch nichts Besseres seien als die Dohnas. Die Dohnas sind auch Burggrafen! Der Kaiser antwortet: »Das ist richtig, aber die Hohenzollern sind eben erfolgreicher gewesen.«

Der englische Historiker Sir John Wheeler-Bennet dürfte ein Sohn des Kaisers sein. In der englischen Society ist das eine allgemein bekannte und anerkannte Tatsache. Gezeugt auf einer Nordlandfahrt (»wo überhaupt alles mögliche passiert ist«).

Samstag, den 9. Oktober

Axel von dem Bussche kommt zum Tee in die Hagenstraße 26. Er scheint sehr beeindruckt von meinen Schriften über Wilhelm II. (gab ihm »FAZ«-Aufsatz, »Merkur«-Aufsatz und Corfu-Paper). »Da fallen einem ja die Schuppen von den Augen!« (Die Sache mit der Homosexualität beeindruckt ihn besonders.)

»Ganz wichtiges Buch, was Sie da schreiben wollen, aber wie wollen Sie das machen, ohne alle zu verstimmen?« »Mannmännliche Gesellschaft«, das leuchtet ihm ein. Ich sehe, wie unheimlich ihm bei dem Gedanken ist, daß da etwas ins Wanken und Rutschen kommen könnte. Er legt Wert darauf, mir zu erklären, wie sein Verhältnis zur Homosexualität ist: das Fremde, im Grunde doch Minderwertige. Es war evident, daß hier das »Syndrom« vorliegt: Nationalismus/Staatsbezogenheit, Antifeminismus/forcierte Männlichkeitsattitüde, homosexuellenfeindlich/bei offensichtlich homosexueller Disposition. Toleranz und Liberalität: nur eine ganz dünne Lackschicht, die sofort abspringt, wenn man nur etwas daran kratzt.

Er sprach über die welfische Tradition seiner Familie, die nach 1866 ihren Sitz im preußischen Herrenhaus nicht mehr eingenommen hat. Der Urgroßvater war der einzige, der gegen die Annexion prote-

stiert hatte. Nach einer kurzen Rede verließ er den Sitzungssaal für immer. Bussche selber hat in Potsdam im ersten Garderegiment gedient, war sogar eine Zeitlang sein Kommandeur. Das war gegen den Familienkomment. Eine Tante: »Bei Preußens dient man nicht«. Seine Mutter ist Dänin. Trotzdem: ein tiefer Patriotismus, ein starkes Nationalgefühl. Der »Reichsgründer« Bismarck auch in einem solchen Kopf unantastbar. Tabu.
Ein neuer unehelicher Sohn des Kaisers! Ein dänischer Graf, der sich später mit den Nazis eingelassen hat und dessen Mutter »irgendwie farbiges Blut« hatte. Dem Kaiser wäre sie in Pleß begegnet. Nach langem Gespräch über die Beurteilung des Kaisers: »Er hat nicht geführt.« Das trifft den Nagel auf den Kopf.

Sonntag, den 10. Oktober
Es ist wunderschönes, strahlendes, goldenes Herbstwetter in Berlin. Das Grunewaldviertel ist hinreißend schön mit seinen Alleen, Villen und Gärten. Auf den Bürgersteigen liegt das Laub, in dem wir als Kinder mit den Schuhen schlurften: der modrig-süße Duft dieser Blätter.

Antoinette Becker holt mich ab, um zu Wolodja Lindenberg, dem kleinen gnomartigen Männchen in seinem Schrebergartenhäuschen draußen in Tegel, hinauszufahren. Rote Äpfel hängen in den Zweigen wie Weihnachtsschmuck. Ich war vor über zehn Jahren einen Abend mit Rudolf Lippe dort, der große Stücke auf ihn hielt. Diesmal überbrachte mir die Einladung Rixa O.
Achtzig Jahre – erinnert mich in seiner knolligen Physiognomie an Bruno Götz, hat auch den baltischen Akzent. Wer ist's? Ich hatte alles vergessen, obwohl ich geduzt und wie ein alter Freund aufgenommen wurde. »Nervenarzt« steht am Gartentor. Ein Guru, der Schüler, Verehrer und Freunde jeder Generation um sich schart, ein Wesen von offenbar okkulten Geisteskräften. Er hat noch eine florierende Praxis – bis zu hundert Leute pro Tag. Studium, Zenmeister, Schiffsarzt, KZ – aber wegen § 175 (so Antoinette). Immer junge Männer um sich. Es stehen die Bronzeköpfe von einigen, die sich ähneln (oder ist es immer derselbe?) in den winzigen Räumen, die mit Büchern, Teppichen und Nippes vollstehen. Als Sechzigjähriger

bin ich ja fast noch ein Jüngling, aus seiner Perspektive. Es ist der bewußte fleurtive, einschmeichelnde, vertrauliche Ton eines antizipierten, selbstverständlich vorausgesetzten »Einverständnisses«. Das Gespräch leider total unergiebig. Die Mahlzeit schmackhaft und reichlich – Wolodja ist ein berühmter Koch, hat auch ein Kochbuch veröffentlicht. *Antoinette fait les frais de la conversation.* Für mich das Interessanteste war ein ausführlicher Bericht über das Wapnewskische Fest (Sechzigster Geburtstag), das ich mir für das meine zum Vorbild nehmen kann. Man muß jetzt mit den Vorbereitungen beginnen.

Dienstag, den 12. Oktober
Jobst Siedler getroffen, fragte nach »unserer Freundin« in Paris. Hatte meinen Brief, in dem ich ihm zu seiner Jünger-Rede in der Paulskirche gratulierte, angeblich nicht bekommen.

Mittwochabend, den 13. Oktober
Fellowabend No. 1. Nette aufgeräumte Stimmung. Monika Wapnewski etwas aggressiv, fast kränkend, was sogar Krockow auffiel (mit dem ich viel rede). Merkwürdig, ich hatte mir vorgestellt, sie würde eine Verbündete sein, eine Freundin. Sie hat mich aber zu ihrer Vernissage, nächste Woche, eingeladen. Lerne Bernd Weyergraf kennen. Danach, endlich, »Antrittsbesuch« in der Hagenstraße 5. Ein süßes Mädchen, 18, *une vraie rousse,* geschwätzig und anschmiegsam – Muriel. *Au revoir.* Gar kein Luxus. (DM 150,– ist auch das Mindeste, das man ausgeben muß, um ein »anständiges« Mädchen, mit dem man ins Bett will, auszuführen.)
Wenn ich bedenke, mit welchen Vorbehalten und Ängsten ich nach Berlin gegangen bin! Sie sind wie weggeblasen. Ich fühle mich wie ein Fisch im Wasser. Hier gehöre ich hin, so muß mein Leben sein! Straßburg liegt in unvorstellbarer Ferne. Eine Schatten-Scheinexistenz. Vollkommen unangemessen und unwürdig. Das hier ist viel mehr. Der Höhepunkt, auf den ich zehn Jahre mindestens gewartet habe. Mir wird hier ein Freiraum zur Verfügung gestellt, um endlich meinen Arbeiten nachgehen zu können. Zum Arbeiten? Zum Leben! Geschenkte Zeit.
Das Kolleg ist ein ungeheurer Luxus, sein Jahresbudget ist so hoch

wie das Kulturbudget des Europarates. Was dort für dreiundzwanzig Staaten recht ist, ist hier für fünfundzwanzig Fellows billig. Wer sind diese Auserwählten? Nach welchen Auswahlkriterien sind sie hierher zusammengeholt worden? Die Bezeichnung »Wissenschaftskolleg« ist irreführend. Wir haben zwei Romanschriftsteller und einen Komponisten, dazu den Herrn Baron, Bussche, der weder Wissenschaftler noch Künstler ist. Und so ein Paradiesvogel wie ich ist ja auch schlecht zu rubrizieren. Es ist kein Wunder, daß in der Stadt, ja in der ganzen Bundesrepublik, mit kaum verhohlenem Neid auf diese Institution geblickt wird. Überall herrscht Austerity. Nur das Wissenschaftskolleg ist davon unberührt.

Donnerstag, den 14. Oktober
Abends in der Oper. Neuenfels' Inszenierung von Verdis »Macht des Schicksals«. Die Premiere vor wenigen Tagen war sehr umstritten – Skandal, weil mal wieder ein Regisseur seine Assoziationen, Phantasmen und halbverdauten, halbgebildeten Referenzen auf den Zuschauer losgelassen hat. Ist der Mann intelligent, wie in diesem Fall, geht es, und man langweilt sich nicht. Die Oper gar kein Drama, sondern ein episches Werk – verfolgt das Leben der drei Helden durch Jahrzehnte, da ist schon Platz für ein Zeitpanorama, für Geschichte.
War da mit B…, unserer »Fellowbetreuerin«. Flotte Enddreißigerin, Kind, Katze, Freund, ohne BH in Boutiquefummel, danach natürlich in die »Paris Bar«. Hat mich ganz schön angemacht, entzog sich dann aber.

Freitag, den 15. Oktober
Telefoniere mit Ulrike in Hamburg, die mir von der Eröffnung von »Zeitgeist« berichtet – heute abend, im Gropiusbau. Ich überrede sie, auch zu kommen, mit dem Zug; sie sagt dann aber in letzter Minute ab. Gehe also allein, es regnet in Strömen, dort ein »volles Haus« – die leicht angepunkte Berliner (Sub-)Kulturfauna, mit der Senats- und Universitätsprominenz – sehr viele Engländer und Amerikaner, ich treffe Casmin in unveränderter Hochform, jedes vorbeiziehende weibliche Wesen unter dreißig anquatschend, ohne jede

Rücksicht auf eventuelle Begleiter, mich allen seinen Freunden vorstellend als »the most brilliant mind of Germany«.
Das Gebäude ist von oben bis unten mit den Riesenschinken der Neuen Schule vollgehängt. Die Neuen Wilden – mein Eindruck: die neuen Schmierfinken. Schlecht gemalter, hingerotzter »Kreativitäts«-Stuß. Symptom vielleicht, sicher, aber nicht Kunstwerk.
Danach große Party im »Exil«. Gutes Buffet. Ich stehe zwischen zwei jungen Männern – der eine ein Graf Schweinitz, der andere, der dann seinen Namen nicht sagen wollte, wurde mir als Nachkomme von Wilhelm II. vorgestellt. In der Tat eine erstaunliche Ähnlichkeit. Der etwas gedrungene, aber nicht unelegante Körper, ein hoch aufgereckter Kopf und scharf geschnittene, schöne, harte blaue Augen, die aber funkelten – man könnte ihn als Darsteller in einem Wilhelm-II.-Film verwenden. Ich will versuchen, der Sache nachzugehen.
Gebe einem besonders hübschen Mädchen mein Glas Wein, treffe sie in der »Paris Bar« wieder, wohin sich der Strom wälzt. Große, stattliche Erscheinung, blonde Mähne, siebzehn. Dort eine Schwester, *tout à fait le contraire,* sanft, eher rundlich, oval, D... Immer nur »ältere« Freunde. Das erleichtert das Gespräch, das fleurtiv und ziemlich direkt wird.

Samstag, den 16. Oktober
»Die Verkündigung des Virgil« gelesen von einem gewissen Richard Faber, das Buch, das mir Wolfgang Fietkau mitgebracht hatte. Faber sitzt hier in Berlin, Taubes-Schüler und seit zehn Jahren Carl-Schmitt-Exeget.
Das ist nun überhaupt das Wichtigste in dieser Woche: als Fietkau, dessen »Schwanengesang auf 1848« ich sehr liebe, und ich uns zum ersten Mal begrüßten und ich ihn fragte, was er hier machen wolle, antwortete er: »Ein Buch über Carl Schmitt!« *Tableau.* Ich muß mich also ranhalten – und erst meinen Carl Schmitt beenden, sonst geht es mir wie Scott bei der Entdeckung des Südpols!

(20.00 – 23.00)
Durchaus surrealistische Superparty der »Zeitgeist«-Veranstalter im Lapidarium, Schöneberger Ufer. Dieselbe Besetzung, aber alles wirkt

noch phantastischer, farbiger, punkiger zwischen den zerbrochenen, überlebensgroßen Statuen und Gipsabgüssen Berliner Könige und Zelebritäten. Weiße Giganten und bunte Zwerge. Als Performance viel besser als die Ausstellung selbst.
Dann noch ein Sprung in die Hagenstraße 5. Muriel ist nicht da, auch eine lange Blonde vom Typ Suzanne H. nicht. Gehe also wieder.

Sonntag, den 17. Oktober
Schrecklich im Verzuge – eine ganze Woche keine Eintragungen gemacht. Ich hole also stichwortartig nach.
Arbeitsmäßig im wesentlichen das Material geordnet und mir dabei wieder alles ins Gedächtnis gerufen, was sich in all den Ordnern und Körben angesammelt hat.
Sonntagnachmittag Bazon mit François Burkhardt und Frau zum »Tee« – wir trinken Café und Whisky. Ich erzähle ein bißchen von meinem »Panoptikum der Stereotype«; schade, daß in solchen Momenten nicht ein Tonbandgerät bereitsteht, und sei es so ein winziges, wie es tags darauf der junge Gruppe-47-Forscher diskret auf den Teppich legt. Dann mußte ich aus dem Carl-Schmitt-Buch vorlesen (Lassalle-Syndrom). Bazon kann sich gar nicht lassen vor Entzücken und redet daher wie Casmin.
Wir sehen abends, bei Burkhardts, die Fernsehsendung »Berlin 1936«. Gar nicht schlecht gemacht. Gespräch über Speer: seine Memoiren von Siedler manipuliert – auf das Bild des Sühnedeutschen. »Er wußte zwar nichts – obwohl er nichts wußte, nimmt er die Schuld auf sich.« Fritsch und Hoechst viel ehrlicher. Natürlich wußte er. Die Frage aufgeworfen, gibt es das Beispiel eines historischen Akteurs oder »Täters«, der post festum seine Handlungsweise zu »erklären« versucht, also nicht apologetisch? Gibt es zum Beispiel einen *régicide*, der später bereut und seine Handlungsweise zu analysieren versucht hätte? Es gibt nur den fiktiven *Homme sans nom* von Ballanche, als Denkfigur. Das geht offenbar über menschliche Kräfte.
Ich will Bazon zu den Mädchen mitnehmen, aber er kneift. So gehe auch ich nach Hause.

Montag, den 18. Oktober
Früh heraus zum Lokaltermin in der Staatsbibliothek. Jedes zweite Buch steht »drüben«, die Kataloge sind zerrissen, unvollständig, approximativ. Ein Luxus von Goodwill auf allen Etagen. Meine Heeresdienstvorschriften (Kleiderordnung für die Garderegimenter) stehen »natürlich« drüben.
Abends mit Wolfgang Kraus aus Wien, der mich bat, ihn mit hinauszufahren, auf den Empfang der Historischen Kommission in Nikolassee. Arbeit über »Nihilismus« – sehr wienerisch, ja ich muß schon sagen ... immer ein verbindliches Höflichkeitsgrinsen im Gesicht, ein starker Akzent, nicht von der feinen Sorte. Aber vielleicht wirklich sehr nett, man wird sehen.
Das Thema dort: »Die preußische Judenpolitik und die Juden« – leider vor 1848. Der Name Sombart ist in diesen Kreisen ja nicht unbekannt. Ich lerne den Ausdruck »Kaiserjuden«.
Begegne dem Rathenauspezialisten aus Freiburg, Prof. Dr. Ernst Schulin. Er war sehr interessiert zu hören, daß ich eine Besprechung der Rathenau-Harden-Korrespondenz vorbereite, deren Herausgeber sein Schüler ist. Zum Mittagessen eingeladen.
22.30 Uhr Besuch von Silvia, deren Telefonnummer ich in der B.Z. gefunden und unter Hunderten auf gut Glück angerufen hatte – Samstagabend, automatischer Anrufbeantworter ... hinterlasse Namen und Nummer. Ruft Montagvormittag an, nette klare Stimme, matter-of-fact, »Ich freue mich!« Mein erster Versuch auf diesem Gebiet. Ich war gespannt, wer da antreten würde. Ein ganz kleines Geschöpf, mit schütterem langen Haar, Jeans, Stiefeletten – Silberblick. Ich sehe sofort, das ist nichts für mich. Freundlich, »anschmiegsam«, wie die Anzeige versprach. Schamhaare ausrasiert – da war dann alles aus, obwohl sie sich richtig Mühe gab. Aber nach einem zweiten Versuch geben wir auf. »Tja, das tut mir ja nu' mal leid.« Ob ihr das nicht öfter vorkäme. »Nee, bei mir nich', und det jefällt mir auch nich', aber ich muß jetzt weg, ich hab' noch 'n Termin. Darf ick det Telefon benutzen?« Hallo, ja, sie käme jetzt also gleich! Gibt mir ihre Karte – ein Männername, Arch. Ing. »Det is für die, die 'ne Frau oder 'ne Freundin haben, wenn die det finden, is keene dicke Luft«. DM 190,–. Also teurer als Hagenstraße 5. Und Muriel war ja ein Erfolg, verglichen damit.

Dienstag, den 19. Oktober
Um acht Gunter Tietz, der über die Gruppe 47 arbeitet und mich interviewen will (schrieb schon nach Straßburg). Wer wird da kommen? Ein ganz kleines, schmales Bübchen mit einem engelhaften Gesicht. Sehr sympathisch, stellt intelligente Fragen, hat sich sehr genau vorbereitet, kennt alle Briefe von mir an Richter, die ich längst vergessen habe.
Die Rolle Richters? Ich sage, das Rätsel sei ja, wie ein so mittelmäßiger Mensch (und Autor) diese Rolle des charismatischen Führers ausüben konnte, denn das war es wohl. Oder war die Mittelmäßigkeit Mimikry und das ganze Unternehmen Produkt einer langfristigen Strategie, à la Münzenberg, subversive Zellenbildung, Schlüsselpostenbesetzung, Kommunikationsnetzknüpfung – mit dem Ziel, die (geistige) Macht im Nachkriegsdeutschland zu ergreifen (also die Technik der KPD im Untergrund, aus der er kommt, und die er, wenn er sie nicht gelernt hat, beobachten konnte)?
Bannwaldsee war ein reines Zufallsereignis, ein Happening, das aber ein »Erfolg« war, und von da an gab es eine Serie von Happenings – oder war es doch »Planung«? Gegen die Planungshypothese spreche die Tatsache, daß Richter nichts davon gehabt hätte, weder eine gute Position, noch Geld. Ja, man darf nicht nach materiellem Gewinn, sondern muß nach dem spezifischen »Lustgewinn« fragen. Es gibt noch, besonders in den Bürokratien, den geheimnisvollen Drahtzieher, der an dem Bewußtsein sein Genügen findet, alles tanzt nach seiner Pfeife.
Charakteristisch für die Gruppe die promiske Atmosphäre (Club Méditerranée), die sicher zu ihrem Erfolg beigetragen hat. Wurde von Richter bewußt gepflegt. Wie stand es mit der Homosexualität? Ja und nein. Natürlich ja, da das bündische Element im spezifisch deutschen (Blüherschen) Sinn sicher mitgespielt hat. Sowohl Andersch wie Richter kommen aus der Jugendbewegung. Andersch war sicher homosexuell, aber eher vom Typ »closet queen«. Auch ich käme ja aus dieser Tradition. Nein, soviel ich sehe, es herrschte dort nie die für französische Intellektuellenzirkel so charakteristische tuntige Atmosphäre, auch hat sich Breitbach nicht für die Gruppe interessiert. Nein, bisexuelle Promiskuität, von Anfang an.
Dann bitte ich ihn, von sich zu erzählen. Aus ganz kleinen Verhältnissen (Arbeiter/Kleinbürger – wie er selber sagt), Nachgeborener

von fünf Brüdern, der erste, der studiert. Hat einen Gedichtband veröffentlicht, »Die Verteidigung der Schmetterlinge«, den ich kaufen will.
Ich gebe ihm DM 20,– für das Taxi nach Schlachtensee. Es ist halb eins.

Mittwoch, den 20. Oktober
Kaufe für teures Geld neuen Parker, da den alten am ersten Tag hier verloren. Omen? (DM 138,–, beinahe eine Nummer in der Hagenstraße 5).
Von dem Bussche kommt wieder mit einer neuen Kaisergeschichte: »Wußten Sie, daß die olle Queen dem Willy den Kilimandscharo geschenkt hat? Ich möchte wissen, wie das möglich war, die konnte doch nicht einfach englischen Kolonialbesitz an den deutschen Kaiser verschenken? Muß mal im Auswärtigen Amt nachfragen.« Die Idee, daß die Geschichte ein Witz sein könnte, war ihm gar nicht gekommen.
Bussche, der hünenhafte Repräsentant der wilhelminischen Oberschicht, ganz Grandseigneur, aber mit einer offen zur Schau getragenen Verachtung für alles Intellektuelle (respektive die Intellektuellen), Sätze nicht zu Ende sprechend – Pipapo, na, Sie wissen schon – vielsagende Gesten mit der Hand – die besagen: so ungefähr, is' ja nich' so wichtig, das wollen wir nicht so genau nehmen; Diskretion Ehrensache, Nachbar hört mit, aber, Sie verstehen mich. Seine Lebens-, Welt- und Geschichtserfahrung und -kenntnis besteht nur aus Anekdoten und Familiendöntjes – »also, meine Tante Plettenberg, in der zweiten Ehe Gräfin Kanitz, er Regimentskommandeur von den Dritte-Garde-Ulanen – wir waren zusammen auf Kriegsschule, erzählte immer, daß, etc. … etc. …«.
Unsere beiden kleinen alteuropäischen Kulturjuden – der eine Josef Tal aus Berlin, Komponist, der andere Hans Keller aus Wien, Musikologe, jetzt London respektive Israel. Sie wollen zusammen eine Oper schreiben! Das sind so »Wiedergutmachungsglücksfälle«, was ja offensichtlich zur Politik des Kollegs gehört. Ja, vielleicht verdanken wir diesen überhaupt unsere Existenz.

Donnerstag, den 21. Oktober
Mittags habe ich Prof. Schulin zu Gast im Kolleg.
Er erzählt über seine große Rathenau-Ausgabe, von der erst der 2. Band erschienen ist, der u. a. die Gespräche enthält. Die Korrespondenz mit Harden, die mir jetzt in Fahnen vorliegt, ist der sechste Band, gemacht von seinem »Schüler« Hellinge. Er stimmt mir zu, daß Rathenaus Kaiseressay wohl das Beste ist, was bisher über den Kaiser geschrieben worden ist. Was ich nicht wußte: der Kaiser soll darüber entrüstet gewesen sein; warum? Man hätte das Gegenteil denken können. Über das »Preußentum« und den »Monarchismus« Rathenaus gesprochen, die Homosexualität, den Antisemitismus ... das »deutsch-konservative Syndrom«. Im Kern der Künstler, Romantiker. Nie war mir so aufgefallen, daß Rathenau und der Kaiser ja durchaus vergleichbare Figuren und Charaktere waren; deswegen verstand der eine den anderen so gut.
Lektüre: »Sechzig Jahre Politik und Gesellschaft« von Graf Hutten-Czapski, Band I. Ein kulinarischer Genuß. Solche Existenzen gibt es nicht mehr. Man möchte nur viel mehr wissen. Es fehlt jeder Klatsch, und vieles ist offensichtlich zum Konventionellen, zur *fable convenue* hin stilisiert. Bis drei Uhr morgens gelesen.

Freitag, den 22. Oktober
Michael Cullen als Mittagsgast (immer auf meine Kosten), ein New Yorker Galerist, der sich in Berlin verliebt hat – und als Hobby Studien über die Geschichte des Reichstagsgebäudes angestellt hat. Da ist er jetzt der unbestrittene Spezialist. Sein Buch darüber hat er abgeschlossen. Über den Kaiser die üblichen Geschichten – hat mir einen ganzen Leitzordner mit Material mitgebracht, darin eine Sondernummer der »Assiette de Beurre« von 1902, die eine nicht mehr zu übertreffende Summe aller Kaiser*traverse* darstellt. Er will wissen, warum ich mich für den Mann interessiere, er sei doch erledigt, *fini*, man könne doch nichts Neues mehr sagen. In solchen Momenten fällt es mir schwer, darauf zu antworten, und Golo Manns Wort fällt mir ein: »Der Kaiser ist nicht zu retten.«
Abends zur Eröffnung der Ausstellung »Stadt und Utopie« in der Städtischen Kunsthalle, auf der Yona Friedman spricht. Er stellt der »Autorenutopie« die »Bevölkerungs-/Einwohnerutopie« entgegen,

Städte zum drin leben, zum Überleben. Im Berlin mit Grünen und Hausbesetzungen ein heikles Thema, er ist aber sehr diskret.
In der Ausstellung finde ich, was die »Vergangenheit« betrifft, wenig Neues. Denken, daß das einmal mein Hauptthema war und ich mehrere Vorträge und Aufsätze über das Thema verfaßt habe. Vor zwanzig Jahren? Treffe ausgerechnet Conrads, von der Bauwelt, der den ersten damals veröffentlichte. Immer höher, immer leichter, immer lichter, schließlich hebt sich das Habitat des Menschen ab und fliegt in die Stratosphäre ... Ein Wahnsinn: genau wie jene Anti-Utopisten, denen eine Abteilung der Ausstellung gewidmet ist – und jetzt verkünden: eine Stadt muß brennen. Eine Stadt muß vor allem »bewohnbar« sein. Da sind die *bidonvilles* von Yona sicher bessere Vorbilder als die unterirdischen, Unterwasser-, Wüstenturm- und Satellitenstädte der Stadtphantasten. Ich bin ganz glücklich hier in meinem alten, etwas ramponierten Grunewald ...
Danach Treffen im Café Einstein, Kurfürstenstraße. Wichtiges Gespräch mit dem Leiter der Kunsthalle, Dieter Ruckhaberle, über mein Ausstellungsprojekt »Berlin–Wien«. Er springt sofort an. »Warten Sie vierzehn Tage, dann bin ich vielleicht Ihr Mann.«
Gegen Mitternacht Hagenstraße 5 (worauf ich mich schon seit zwei Tagen freue). Es herrscht großer Betrieb. Muriel macht mir sofort süße Augen und rauf geht's – eine Supernummer. Nebenan eine grölende, quietschende *partouze*. Die Mädels huschen nackt, nur eben ein Handtuch umgeworfen, hinunter, um Champagner und Bier nachzuholen. Rauche anschließend noch genußvoll eine Zigarre an der Bar. Die Mädels sind teilweise wirklich auffallend hübsch und »distinguiert«. Man könnte sich mit ihnen überall zeigen. Helen kommt aus Sizilien, braungebrannt – was man eine *fille superbe* nennt. Wir verabreden uns für nächste Woche. Auch das feine blonde Geschöpf ist diesmal da – Marion. Die Kleine erzählt von anderen Etablissements und daß sie es gerne mit Mädchen tut. Na – ein ganzes Programm.

Samstag, den 23. Oktober
Kaufe Blumen für Monika Wapnewski (»gerne«). Suche vergeblich nach der »Verteidigung der Schmetterlinge« und gehe dann gegen 12 Uhr am Hagenplatz auf der Terrasse frühstücken, weil Ursula da

ist, zum Saubermachen. Es ist ein strahlender, goldener Spätherbsttag, zum Weinen schön. Nachmittags etwas Hutten-Czapski, etwas Schlafen, etwas Tagebuch schreiben.
Bei Wapnewskis langes Gespräch mit Kevenig, mit dem ich gleichzeitig ankomme. Anschließend lange Unterhaltung mit dem stillen Fietkau, mit den schönen Cockeraugen, über Carl Schmitt und Kaiser Wilhelm. Worüber sonst? Ich entwickle ihm die »Sündenbocktheorie«, *la victime consentante.* Ich war wieder ganz überzeugt und wohl auch überzeugend. Rolle des Königs als designiertes Opfer. Mir fällt zum ersten Mal ein: Vergleich mit der Dreyfusaffäre, in der Zähigkeit des Festhaltens an einem Irrtum. Fietkau verweist auf Bataille. Natürlich. Seinen Souveränitätsbegriff – von da Brückenschlag zu Benjamins »tragischer« Konzeption der Souveränität, Macht und Ohnmacht, Souveränität als Ohnmacht. »Sie müssen aus ihren beiden Büchern ein Buch machen!« Ja, aber wie? Beflügelndes Gespräch. Als wir dann zu Krockow stießen, der mit viel Selbstgefälligkeit und salbungsvoll pontifizierte und sich ja auch für diesen Themenkreis interessiert – er »arbeitet« über Monarchie –, war es evident, daß mit ihm nicht nur ein derartiges Gespräch unmöglich wäre, sondern er auch gar nicht verstehen würde, worüber wir sprechen.
Das wichtigste Neue des Abends: Marianne, die Frau des Senators, eine stattliche, strahlende Blondine, um die vierzig, die mir schon im Gropiusbau aufgefallen war. Eine auffällig elegante und damenhafte Erscheinung, ganz ungewöhnlich in unserer politischen Klasse. Schöne, ausdrucksvolle Augen und ein Grübchen über dem linken Mundwinkel, der irresistibel ist. Ja, so eine Frau... aber sie würde auch in die Hagenstraße passen.
Shepard Stone, der als Direktor des Aspen-Instituts zu den wichtigen Männern der Berliner Kulturszene gehört, verlangt, mich zu begrüßen. Er hatte 1930 bei meinem Vater in Berlin gehört.
Ich erinnerte ihn daran, daß ich ihn 1952 in Königstein bei Frankfurt in der Villa, in der er als amerikanischer Besatzungsoffizier wohnte, mit Tutti und Goffie Bermann-Fischer besucht hatte.

Sonntag, den 24. Oktober
Um zehn Uhr mit allergrößter Mühe aus dem Bett.
Allerdings nach der Rückkehr von Wapnewskis Party gegen Mitter-

nacht noch bis um halb drei in Hutten-Czapski gelesen. Ich finde im Stil, in der Auffassung viel Ähnlichkeit mit Harry Kessler. War Hutten-Czapski auch *pédé*? Drei Kriterien: Junggeselle, schwärmt für alte Damen, ist in seiner Karriere immer auf bedeutende Männer, Vaterfiguren bezogen – Manteuffel, Hohenlohe –, kein Wunder in dieser Männergesellschaft.
Dejeuner bei Wolodja Lindenberg. Es waren anwesend: seine Schwester mit Tochter und Enkelin, die von Generation zu Generation nicht nur jünger, sondern auch blonder und rundlicher werden. Ein – offenbar bekannter – Schauspieler, der am Kurfürstendamm spielt. Otto von Simson, mit seiner Nichte Helena Wolff-Metternich, eine fesche kleine Comtesse, wie ich sie mir für Michael wünsche. (Auch nicht besser als die besseren Mädchen aus der Hagenstraße 5 – spricht natürlich anders. »Tausend Dank für das wahnsinnig gemütliche Mittagessen.« Dort würde es heißen: »War spitze!«)
Wolodjas Zuneigung zu mir beruht auf der Fiktion, daß er im Haus der Eltern verkehrt hat und mich dort als »besonders schönen Knaben« erlebt hat. Er weiß viel von dem »großen Hause«, den »interessanten Menschen« und der »königlichen Erscheinung« meiner Mutter zu berichten – »eines der ganz wenigen Häuser des damaligen Berlin, das ein gesellschaftlicher Mittelpunkt war«. Ich bin nicht sicher, ob das nicht alles nur in seiner Phantasie stattgefunden hat, aber es schmeichelt mir, und ich höre ihm andächtig zu – ein Stück von außen an mich herangetragener Familienroman.
Von Carl Schmitt wußte er natürlich auch. Er hat als Student in Bonn noch seine erste Frau Dorotić erlebt, die aber von »der Gesellschaft« abgelehnt wurde. Er sah – den damaligen – Carl Schmitt als »social climber«.

Dienstag, den 26. Oktober
Telefonate mit Margit aus München, die nächstes Wochenende kommt. Und mit B…, die mir gestern Abend ihr Herz ausgeschüttet und etwas geflirtet hat. Sie muß schon über vierzig sein, hat aber den Körper einer Zwanzigjährigen, ist *vive* und sexy. Kleine flinke Augen, wunderschöne blitzende Zähne.
Viesel, mein Anarchist-Antiquar, bringt mir die Erstausgabe von »Prinz Kuckuck«: DM 120,–, was mir *une affaire* schien, nachdem ich

ein häßlich gebundenes Exemplar für zweihundert Mark in der Leibnizstraße gesehen hatte.

Übrigens, gestern aß Christian Meier bei uns – der Präsident des Wissenschaftlichen Beirats, der sein Veto gegen meine Kandidatur eingelegt hatte. Er fragte leutselig, als Zeichen allerhöchsten Wohlwollens, nach dem Fortgang meiner Arbeit – das Bürschlein ist zwanzig Jahre jünger als ich: »Nun, kommen Sie mit Ihrem Wilhelm gut voran?« (Meinem!)

Ich exzerpiere schließlich den Hutten-Czapski, über den ich Bussche gestern auszufragen versuchte. In Paris soll es einen »Sohn« geben, siebzigjährig, sehr polnisch, »Salonmaler«. Kann nur adoptiert sein. Im übrigen war das, was er über die »Polen« sagte – daß er nicht Polacken sagte, war ein Wunder –, wieder unglaublich »echt« – das preußisch-russische Einverständnis, die Burschen »klein« zu halten. »Wissen Sie, das ist ja eigentlich 'ne Monarchie – Wahlkönigtum, aber dazu sind se gar nicht fähig.« Ob Hutten-Czapski vielleicht polnischer König werden wollte? Bei Haffner stünde, Ende des Krieges hätten »wir« ein polnisches Königreich geschaffen (stimmt) ... Erzählt ohne Entrüstung eine Polenexekution, die er zu Anfang des Polenfeldzuges erlebt hat. Feldgendarmerie kommt in das Dorf, das sein Zug gerade eingenommen hat, und läßt alle Männer zusammentreten. Katholiken rechts raus. Die werden erschossen. »Alle Katholiken sind Polen, die Evangelischen sind Volksdeutsche.« Czapski war natürlich Katholik, aber Protegé des Kaisers.

Am Abend war, nach gemeinsamem Abendessen, der erste große Empfang im Kolleg. Hundert Menschen, Kulturbetrieb, Wissenschaft, Literatur. Ich hatte Brigitte Wachmann eingeladen, die mit Lederhosen Aufsehen erregte. Der Knabe Tietz war gekommen und das Mädchen D... Ich saß in einer Ecke und hielt hof. Langes Gespräch mit Wagenbach, der meinetwegen gekommen war. Er erzählte von seinem Kafkabuch. Gehört in die Kategorie von Menschen, denen es gelungen ist, genau das zu machen, und nur das zu machen, was ihnen Spaß macht – für ihn eine bestimmte Sorte von Büchern – und davon dann (gut) zu leben.

Mittwoch, den 27. Oktober
Treffen mit Marschall von Bieberstein und Krosigk im Reichstag, um die 4. Europäische Kulturministerkonferenz vorzubereiten. Wie unendlich fern ist mir das alles – wie schrecklich der Gedanke, je dahin zurückkehren zu sollen! Nein. Ich lade sie zum Mittagessen ins Kolleg, sie sind sehr angetan.
Mittwochabend Vernissage von Monika Wapnewskis Federbildern in einer kleinen Etagengalerie. *Tout Berlin.* Ich bin in Begleitung von D… hingegangen. Später, nach einem kurzen Abendessen in der »Paris Bar«, in eine »In-Kneipe«, wo sich die ganze Gesellschaft wieder zusammengefunden hat. Wieder fabelhafte Gespräche mit Cullen und dem Komponisten Rihm. Ich schlage ihm Beckfords »Vathek« als Opernstoff – nach dem er Ausschau hält – vor. Ich muß ein bißchen dafür sorgen, daß sich herumspricht, daß ich mich nicht nur für Wilhelm II. interessiere.
Während der ganzen Zeit saß D… neben mir wie eine kleine Schmusekatze und strahlte mich an, wenn sie mir nicht die Hand hielt und sie streichelte. Dabei hatte sie ihre »große Liebe« – den Griechen, der »Zeitgeist« gemacht hat und zur Berliner Kulturprominenz gehört – getroffen, »wiedergefunden«. Sie ging ein- oder zweimal kurz zu ihm herüber, kam aber immer wieder zu mir zurück. Nun gut, dachte ich mir, wie nett, ich werde sie heute nacht mit nach Hause nehmen. Schritt also wohlgemut mit ihr am Arm zum Auto. Wir stiegen ein. »Also, wohin fahren wir jetzt?« – »Das Furchtbare ist eben, daß ich jetzt nicht mit dir kommen kann!« – »Ja wieso?« – »Weil ich jetzt zu ihm gehen muß!« *Tableau!* Das sind Verhaltensweisen, die ich nicht nachvollziehen kann. Ich ließ sie ohne Kommentar gehen.
Schaute nun aber, angeturned wie ich war, in die Hagenstraße 5. Miriam war vergeben, ich griff mir also Helena, die mir wieder schön wie eine Göttin erschien. (Es haperte, wie sich herausstellte, etwas an den Beinen.) Es ist erstaunlich, wie nett diese Mädchen sind, wie liebevoll bemüht, es einem recht und angenehm zu machen. Es war ein Spiegel in diesem Zimmer, und ich erlebte unser Zusammensein als Voyeur. Erst um drei ins Bett.

Donnerstag, den 28. Oktober
Zum Tee die Kellers und Josef Tal. Small talk, sehr herzlich. Nicht mehr, leider. Gespräch über die Einzigartigkeit des »Berliner'schen« Dialekts, der nicht nur eine Sprache, sondern eine Denkweise sei. Obwohl die Quellen versiegt sind: jiddischer Einfluß, slawisches Kauderwelsch, Kasinosprache – wirkt der Sprachgenius fort? Nur hier? (Ob auch in Ost-Berlin?)

Freitag, den 29. Oktober (9 Uhr)
Nach dem ersten Aufwachen, gegen sechs, zwei Träume, die haften bleiben:
– In dem einen mache ich eine systematische Aufstellung aller Reichsinstanzen, die zum Kaiser in Beziehung zu setzen sind, um das Durcheinander zu entwirren, als das mir zu Traumbeginn besonders die personellen Verhältnisse erscheinen. Besonders auch eine Übersicht über die Verbindung von Reichsämtern und preußischem Staatsministerium. Alles geht ohne Rest auf, ich bin sehr befriedigt. Eine saubere »wissenschaftliche Arbeit«, wie ich sie oft im Traum vollziehe.
– Der zweite Traum, der, Gott sei Dank, auch mit einem Happy-End ausgeht, ist schweißtreibend: In einer mediterranen Hafenstadt in einer Kneipe wohne ich einer Schaustellung bei, man sitzt an kleinen Tischen. Ich bin in Begleitung, erinnere aber nicht von wem. Thamara? Ich habe einen kleinen Lederkoffer bei mir, den ich vor mir auf dem Tisch stehen habe, um ihn im Auge zu behalten. Dann aber verlassen wir in einer Pause den Raum, und als wir zurückkommen, ist der Koffer weg, offensichtlich gestohlen. Es konnte nicht anders sein. Wie konnte ich so leichtsinnig sein, den Koffer auch nur eine Minute unbewacht zu lassen. Ich wußte doch, daß hier ein solcher Koffer sofort verschwinden würde. Ich bin verzweifelt, weil in dem Koffer zwei, ja drei unersetzliche Manuskripte sind. Ich erzähle das den Leuten, die um mich herumziehen, und gucke noch einmal unter den Stühlen, wie man das so tut, sinnloserweise. Ich würde ja gerne auf den Koffer verzichten – obwohl er mir lieb sei, ein Erinnerungsstück an meine Mutter –, wenn ich nur die Manuskripte zurückbekäme. Ich muß eine Annonce aufgeben. Sofort. Es ist nach Mitternacht. Wo? Ich frage die Leute. Es gibt Hunderte von

Zeitungen. Welche wird am ehesten von Leuten gelesen, die solche Koffer stehlen? Das sind doch organisierte Banden – die haben den Koffer längst weggeschmissen, nachdem sie gesehen haben, daß da nur Papier drin ist. Meine Verzweiflung wächst. Ich gehe jetzt auf der Straße in Richtung Stadt – wir sind in einem Vorort, die Straße folgt dem Meer, das man zwischen den Häusern sieht. Ich frage viele Menschen nach der Zeitung, nach der Adresse, ich formuliere die Annonce, ich sitze an einem Tischchen auf der Straße und spreche mit einem jüngeren Menschen, der mich berät. Ich schreibe den Text auf ein Papier, wohl eine Serviette. Als er meine Schrift sieht, sagt er: »Einen Moment mal«, verschwindet hinter dem Haus und kommt mit dem Koffer wieder. Hinter dem Haus ist ein Lager von Jungen. Jetzt erinnere ich mich, daß in dem Lokal am Nebentisch ein Junge saß, der mir auffiel, weil er hübsch war.

Das ist also der klassische Kofferverliertraum, mein Standard-Cauchemar. Dazu bedurfte es gar nicht der Frage von Bazon, ob ich eine Kopie meines kostbaren Manuskriptes in einem Banksafe verwahrt hätte. »Ich kenne mehrere Fälle, wo Autoren ihre Manuskripte in der Bahn haben liegen lassen ...«

Dann das Mütterchen, das ich gestern in der Wallotstraße aufgelesen habe, eine Altersheiminsassin, die sich verlaufen hatte, aber auch ihre Adresse nicht wußte. Sie war völlig erschöpft, in Tränen aufgelöst, total verloren. Obendrein konnte sie kaum gehen, hinkte nur mühsam am Stock. Gott sei Dank wußte sie ihren Namen. Lotte Vogel. Wir haben dann die Polizei rufen müssen, die sich ihrer sehr nett angenommen hat. »Det kommt alle Tage vor!« meinten die Bullen nur.

Hiobsbotschaften aus Straßburg. Elisabeth hat eine *grossesse extra-utérienne* und muß operiert werden. Thamara fliegt nach Wien. Elisabeth wird noch zum Opfer ihres total unfähigen Wiener Arztes werden, der seit Jahren eine Fehldiagnose nach der anderen macht. Die Hochzeit bereitet sich vor. Erhielt das *faire-part,* auf dem ich als »Nicolas« erscheine. Zur Rede gestellt gibt Thamara zu, selbst den Fehler gemacht zu haben. Es ist vielleicht charakteristisch für unsere Ehe, daß sie seit über dreißig Jahren meinen Namen noch immer nicht weiß.

D... – der ich eine Postkarte geschrieben habe, die sie aber noch nicht bekommen haben kann – ruft an, um gut Wetter zu machen. Sie ist ein liebes, hilfloses Ding. *Totalement paumée.*

Samstag, den 30. Oktober
Im »Spezialitätenkontor« in der Danckelmannstraße. Eine Weinhandlung, in der man Austern bekommt und an kleinen Marmortischen, zwischen Weinkisten, schlürfen kann. Der Treffpunkt einer Gruppe von Berliner Kulturprominenz, initiiert durch Monika W., die auch kam. Ich war von Cullen mitgebracht worden, nicht unwidersprochen. Das Protokoll will, daß keine »Fellows« zur Runde gehören. Marianne Frisch, auf die ich mich gefreut hatte, und Grützke, von dem ich ein Porträt will, erschienen nicht.
Dann bei Cullen erst einmal Siesta. Danach ein Willy-Reichstag-Gespräch. Das Problem: Warum war Wilhelm gegen den Wallotschen Bau, der doch so perfekt wilhelminische Ästhetik zur Darstellung bringt. Ja, warum? Weil er gegen den Reichstag als Institution war und seine Animosität auf den Bau und seinen Architekten projizierte? Weil Begas ihn beeinflußte, der auf Wallot neidisch war, er wollte selber derjenige sein welcher? Meine Antwort: Weil der Kaiser eben einen sehr guten Geschmack hatte – er liebte Schlüter und das Neue Palais, in Straßburg das Palais des Statthalters, gutes *dix-huitième*, und nicht das »Elefantenhaus«, das man ihm hingesetzt hatte.
Es ist immer sehr anstrengend, mit Michael (Maikel) zu diskutieren, er ist so intensiv, immer am Ball, am liebsten würde er in einen hineinkriechen, um alles an Informationen aus einem herauszuholen. Wissen, Substanz. Weiß dabei eigentlich schon alles. Ganz und gar jüdisch diese Aneignungsintensität, als ginge es ums Leben.
Für mich eine Entdeckung: Der Reichstagsentwurf von Friedrich Gösling (1837–1899) – eine gotische Kristallformation mit 130 Meter hohem Turm – der Turm von Beckford! Innen ungefähr wie das Große Theater von Poelzig 50 Jahre später. Kein rechter Winkel, kristallinische Symmetrie. Gaudí fällt einem natürlich ein – es ist aber besser. Wurde damals (1882) verlacht. Ein tolles, völlig unbekanntes Stück phantastischer Architektur. Das Album, das alle Entwürfe enthält, zeigt eine große Gleichförmigkeit der Konzeptionen. Wallot ist nicht schlechter als alle anderen. Warum erhielt er den Zuschlag? Ruhiger Abend. Lese, zum zweiten Mal, in der vollständigen Fas-

sung, den »Prinz Kuckuck« von Bierbaum. Ein herrliches Buch! Ein wahres Verbrechen, es gekürzt auf den Markt zu bringen. Ist jemand auf die Idee gekommen, vom »Zauberberg« eine Digestfassung zu vermarkten?
Spätes Telefongespräch mit Wien. Die Operation ist offenbar gut verlaufen. Das arme Ding ist sehr elend und hat furchtbare Schmerzen. Gut, daß Thamara bei ihr ist. Armer Swen.

Sonntag, den 31. Oktober
Durch das Laub schlurfen. Welch sinnliches Vergnügen. Lust – früheste Kindheitsspaziergänge. Dazu gehört die Sinnlichkeit der Kastanien, die goldbraun glänzend, wie lackiert, wie nackte Haut, aus ihrer grünen Stachelschale herausspringen. Ja, eigentlich die genaueste Entsprechung für das Wort nackt, das auszusprechen, ja zu denken, schon ein Genuß ist. Es war für mich immer traurig, daß diese herrlichen, kostbaren Früchte nicht zu essen waren, daß man eigentlich nichts mit ihnen anfangen konnte, was ihrer würdig war. Sie in den Mund nehmen und lutschen – dafür aber waren sie eigentlich zu groß und schmeckten nach nichts. Es gibt Frauen, die so sind.
D... ruft, wie erwartet, wie erhofft, Sonntagabend gegen zehn Uhr an. Sie will kommen. Bestellt sich ein Taxi.
Sie ist sichtlich erschöpft von dem Besuch ihres Vaters, den ich ausführlich erzählt bekomme. Sie ist erschöpft auch durch ihre Wohnungsvermietungsgeschichte ihrer Mühle in Frankreich, sie ist erschöpft durch ihre Liebesgeschichte mit dem levantinischen Ausstellungsmann, die sich wesentlich in ihrem Kopf abspielt, und was weiß ich noch alles. Läßt sich verwöhnen, hockt Zigaretten rauchend auf dem Diwan, ißt, trinkt und plaudert. Dann nimmt sie ein Bad.
Sie hat eine schöne stramme Figur, glatt, aus dem Ei gepellt, rundlich aber fest, appetitlich. Ja, und dann will sie, daß ich das Gästebett mache, schlüpft noch vom Bade dampfend hinein, schlingt ihre Arme um meinen Hals, um nur gute Nacht zu wünschen, und schläft ein. Ich liege dann drüben, kann keinen Schlaf finden, das geht bis in den Morgen. Schließlich stehe ich auf und finde auch sie schlaflos, nehme sie zu mir herüber, dort aber bleibt sie völlig unnahbar, es ist nicht auszuhalten.

Sie muß dann gehen, wegen der Wohnungsgeschichte. Wir sitzen uns noch etwas verstört gegenüber. Eine Stunde später rufe ich an, um ihr zu sagen, daß eine solche Beziehung für mich nicht erträglich ist. »Ich bin kein Sublimierer, sondern ein Erotiker.« Vor dem gerade hätte sie Angst – ich sei für sie der, der »darüber« steht. Danke vielmals. *The right man at the wrong moment.* Ja, das hätte sie auch schon gedacht. *Fini.*

Dienstag, den 2. November
Meine Denkschrift über die »gemeinsame Mittagsmahlzeit« wird jetzt rezipiert. Wir beschließen mit Wapnewski, sie Mittwochabend offiziell zur Diskussion zu stellen.
Abends kommt Bernd Weyergraf zu mir. Ein schmalköpfiger, sensibler, hochgebildeter Ästhet (42). Er entwickelt seine Idee einer »Europäischen Kulturenzyklopädie«, in der die europäische Kultur ethnologisch, soziologisch auf dem Stand der neuesten interdisziplinären Interpretationstechniken (Psychohistorie, Mythenforschung etc.) in großen Abhandlungen unter Stichworten (Traum, Monarchie, Metropole ...) dargestellt wird. Eine »Summe des Zeitgeistes«, wie seinerzeit die Enzyklopädie von Diderot. Zehn Lexikonbände in zehn Jahren! Es gäbe jetzt die Leute, die das machen könnten, bevor diese Kultur definitiv versinkt.
Ein gewaltiges Unternehmen! Wer kann das bezahlen – kein Verlag, keine Verwaltung, nur ein Mäzen, der, wie der Begründer der »Enceclopedia Italiana«, eine Stiftung für diese Aufgabe ins Leben ruft – ein Springer zum Beispiel. Aber ist eine Enzyklopädie tatsächlich das beste Mittel, den verfolgten Zweck zu erreichen? Ich schlage eher eine Zeitschrift vor, wenigstens als vorläufiges Experimentierfeld. Es gibt so viele esoterische Konventikel, Kolloquien, Networks. Überall in der Welt, in der dieses interdisziplinäre Denken geübt wird, von denen wir keine Ahnung haben (z. B. die Tagungen in Enna, zu denen René Berger mich einlud). Es wäre doch schon einmal eine interessante Aufgabe, ein Organ zu schaffen, in dem über diese Arbeit regelmäßig berichtet würde. So eine Zeitschrift, die man auch wieder einstellen könnte, wenn man keine Lust mehr hat (oder sich verfahren hat!), kostet viel weniger, bedarf nicht so gewaltiger Investitionen wie die Enzyklopädie. Man könnte leichter einen Mäzen

dafür finden. Warum nicht Hubert? Weyergraf soll mit Michel Krüger, der sein Freund ist, darüber sprechen.

Dann über seine Privatprobleme, über die er willentlich, ja begierig spricht. Die »schöne Frau« (ich hatte schon von ihr gehört), die die »Frau seines Lebens« sei, ihn aber jetzt verließe. Eifersuchtspein, Selbstgefühlschädigung, Lebenskrise. Nach allem, was er erzählt, die Beziehung eines Voyeurs und einer narzißtischen, zu einer echten Objektbeziehung unfähigen Frau. Er weiblich, zärtlich, mit einer starken homosexuellen Komponente, die er nicht verleugnet, sie auf der Suche nach einem »Herrscher«. Man kann stundenlang über so einen Fall sprechen, aber helfen, raten kann man nicht. Man muß lernen, daß alles im Leben seine Zeit hat.

Mittwoch, den 3. November

Fellowessen am Abend, nachdem meine »Denkschrift über die gemeinsame Mahlzeit« zur Sprache gebracht wurde. Es lagen inzwischen eine ganze Reihe schriftlicher Stellungnahmen vor, die sich zum Teil auf ein Memo von Herrn Meier bezogen, der den meinen konträre Vorschläge gemacht hatte, die als zu demokratisch empfunden wurden (kleine Tische, das Personal ißt mit), während meine Ideen als »elitärer« galten. Die Diskussion war lamentabel. Nur nichts ändern! Herr Nettelbeck von der Verwaltung war sowieso dagegen, weil er für die Mißstände, oder sagen wir lieber die Fehlkonzeption des bestehenden Systems, verantwortlich ist. Sonderbar die Unterstellungen: ich hatte von weißen Tischtüchern gesprochen, jetzt aber war von Damasttüchern, Porzellan und Silberbesteck die Rede. Ich hatte von Karaffen gesprochen – es wurde aber von Kristallkaraffen gefaselt ... Kurz, meine Vorschläge wurden als eine Art von Attentat auf die guten Sitten empfunden. Ein Triumph des Konformismus und des kleinbürgerlichen Muckertums. Die, die meiner Ansicht waren und mir das gesagt hatten, hielten sich in der Diskussion zurück oder schwiegen ganz. Am infamsten war der immer verbindlich grinsende Kraus, dieser Nihilismusforscher aus Wien, der erklärte, er stünde gerne Schlange, er hätte genug im Sacher gegessen, um die Kantinenatmosphäre durchaus zu schätzen, im übrigen sei der Raum dort unten kein »Keller«, sondern wunderschön – er liebe ihn. Na, schauen's!

Fietkau wollte – in meinem Interesse – das Problem auf ein höheres Niveau heben und interpretierte mich als »konservativen Revolutionär« – ich ging nicht darauf ein, weil mehrere Herren gesagt hatten, sie hielten dieses Gespräch für Zeitverschwendung – sie seien hier um »wissenschaftlich zu arbeiten«, nicht um über das Essen zu reden.
Warum waren die Leute so sehr gegen etwas, was doch in ihrem Interesse lag, eine Verbesserung ihrer Lebensbedingungen bedeutete? Bollack kam am folgenden Tag zu mir, um mich zu trösten. »*Vous devez comprendre, c'est des universitaires, je les connais, ils sont comme ça! Petits bourgeois, craintifs et peureux. Des lèches. Ils n'osent pas assumer leurs désirs!*« Das war das treffende Wort. Ich muß gestehen, daß meine Hochachtung für die Herren Kollegen einen schweren Schlag bekommen hat!
Um meinen Ärger zu vergessen, einen Sprung in die Hagenstraße. Muriel war leider wieder nicht da. (»Mitgenommen« – das ist möglich, wenn man dem Etablissement drei Stunden bezahlt).

Donnerstag, den 4. November

Am Mittwochnachmittag eine Besprechung über mein Ausstellungsprojekt »Berlin–Wien« mit Weick, meinem künftigen Hauptgeschäftsführer, der den Entwurf eines Haushaltsplanes für das Unternehmen erstellt hat. Drei Jahre (Beginn: Oktober 1983), 3,5 Millionen. Das ist ganz bescheiden.
Abends im Kino mit B…, »Dr. Faustus« – ein furchtbarer Mist, man hätte es wissen können. Aber verspieltes Händchenhalten. Danach »Paris Bar«. Offenbar kann man in Berlin nirgendwo anders hingehen. »Beinah« wäre sie mitgekommen.

Freitag, den 5. November

Ich verfasse ein »Ego-Statement« – wir sollen uns jeder in fünf Minuten vorstellen –, in dem ich das denkwürdige »Mahlzeitgespräch« wieder aufnehme und, Fietkau antwortend, mich als »Utopisten« definiere, einen Utopisten Fourierscher Observanz, der das Kolleg zu einem Mini-Phalanstère hätte machen wollen.
Freitagabend. Privatkolloquium Carl Schmitt in der Hagenstraße 26.

Es waren anwesend: Richard Faber, H. D. Kittsteiner, Fietkau (mit einer kleinen Freundin aus Essen) und Weyergraf. Es ging hoch her, die Kleine staunte nur so, wie ich da meine Gesprächsteilnehmer von theologischen auf rechtsphilosophische, dann auf historische Themen und schließlich zum Nervus rerum – die Sexualität – brachte. Man will sich in vierzehn Tagen wiedertreffen und dann den Plan eines Kolloquiums im Kolleg beraten: Thema »Ordnung und Chaos«. Das sind alles jüngere Leute um die vierzig, denen ich als Greis erscheinen muß. Ich empfinde sie als gleichaltrig. Es herrschte ein Klima starker gegenseitiger Sympathie. Weyergraf warf mir verliebte Blicke zu und zog mich, beim Abschied, zärtlich in seinen Arm. Die Freundin von Fietkau (Lehrerin in Examensängsten), war so »angemacht«, daß sie am liebsten bei mir geblieben wäre. Nein, ich irre mich nicht, das war ganz stark fühl- und sichtbar. Ich küßte sie auf Stirn und Wangen.
Es ist erstaunlich, wie viel diese Burschen wissen (sie sind fast alle Taubes-Schüler). Gleichzeitig die totale Ignoranz einer »Studentin der Politik«, wie meine kleine Schreibhilfe, Anke.

Samstag, den 6. November
Mittags zum Austernfrühstück in das Delikatessenkontor, wo Monika Wapnewski, Marianne Frisch und eine dritte Dame erschienen, Ingrid Hoesch. Ich war mit dem immer lachenden, den passenden Idiotismus auf den Lippen habenden, Michael Cullen gekommen, nicht ohne vorher bei ihm Fotokopien ausgetauscht zu haben. Das erinnert mich ans Briefmarkentauschen.
Das Gespräch kreiste sehr bald um die Möglichkeiten, meinen sechzigsten Geburtstag im nächsten Mai würdig und originell zu feiern. Wo? Plötzlich kamen wir auf das Jagdschlößchen am Grunewaldsee! Allgemeine Begeisterung. Zum Szenario würde auch gehören, daß der Kaiser erscheint und mir einen Orden überreicht. Auch könnte das Porträt, das Grützke bis dahin von mir gemacht hat, anläßlich dieser Feierlichkeiten enthüllt werden.
Wir fuhren sofort alle an den Grunewaldsee. Es war märchenhaft, traumhaft schön. Das kleine Jagdschloß ist jetzt Museum mit herrlichen Bildern des Barock und Manierismus. Der ganze »Zeitgeist« ein Mist dagegen. Natürlich kommt der Ort für das Fest nicht in

Frage, wohl aber das Forsthaus Paulsborn unmittelbar daneben. Dort habe ich reiten gelernt! Leider war es geschlossen, »wegen Umbau«. Wir haben uns zur Erinnerung die kleine Broschüre über das Jagdschloß gegenseitig dediziert. »Geburtsstunde eines Geburtstags.«
Am Abend: Iris, die für ein Kolloquium in Berlin ist – eine dieser unzähligen bundfinanzierten Veranstaltungen, die Berlin als geistiges Zentrum bestätigen helfen sollen, indem alle möglichen Menschen zur Diskussion, alle möglichen Themen »aus dem Westen« eingeflogen werden. Diesmal ging es um »Populismus«. Kein Mensch wußte, was mit dem Terminus eigentlich gemeint ist. Sie holte mich ab, um mit mir ins Theater zu gehen. »Königin Elizabeth« von Bruckner, in der Inszenierung von Nolte.
In der ersten Phase des Abends ganz zärtlich, dann, in der »Paris Bar«, wo ihr plötzlich etwas nicht gefiel, kam ihre wehleidig-aggressive Stänkernatur heraus, und der Abend endete eiskalt, feindselig, mit einem letzten Glas Champagner bei mir. Sie verabschiedete sich – blieb also nicht die Nacht, wie ich es mir ursprünglich erhofft, ja für selbstverständlich gehalten hatte – kurz und trocken. Damit ist diese Geschichte nun definitiv zu Ende.
Es ist mit dieser Frau ganz sonderbar. Auf eine plebejische Natur ist eine kultivierte Intellektuelle »aufgesetzt«, so wie ihre Brille, die durchaus originell auf ihrer kleinen Nase sitzt und ihrem Gesicht nicht nur einen ganz besonderen Charme gibt, sondern auch Sophistikation. Sobald sie sie abnimmt, ist der Zauber vorbei. Es erscheint darunter ein tieftrauriges, zerstörtes Gesicht, das eigentlich ordinär ist, ja vulgär. Es wird nicht durch die kleinen flinken Augen bestimmt, die hinter den großen Brillengläsern funkeln, sondern durch starke Backenknochen und eingefallene Wangen. Der Blick ist jetzt eine Mischung von verheult und böse. Das ist dann die *mégère*, vor der ich davongelaufen bin, genauso, wie ich erst einmal von der raffinierten Maske angezogen war. Das Lustige ist, daß sie auch in ihrer Stimme zwei ganz unterschiedliche Register hat: ein verführerisches, auf jeden Fall sehr erotisches, süßes Säuseln mit einem sehr gepflegten intellektuellen Vokabular, das besonders am Telefon zur Geltung kommt. Es ist genauso »aufgesetzt« wie die Brille, auf eine rauhe Alltagsstimme, in der sie mit einem Gossenwortschatz gehässig daherredet und nicht nur andere, sondern auch sich selbst heruntermacht. Auch in ihrem Körperbau findet sich diese Dichotomie wie-

der: in dem Kontrast nämlich zwischen einem sehr fragilen Oberkörper mit zarten, ganz mädchenhaften Brüsten und den schweren, muskulösen, durchaus männlich-straffen Oberschenkeln starker, stämmiger Beine. Beides, muß ich gestehen, in dieser Kombination, hat mich von der ersten Sekunde, in der sie sich in der Rue du Moulin willfährig auszog, während die rundlich üppige Ulla schon erwartungsvoll ungeduldig nackt neben mir kauerte, angezogen.
Diesmal frage ich sie, als ich längst wußte, daß sie zu gehen entschlossen war, um sie zu provozieren, recht unvermittelt: »Willst du dich jetzt nicht ausziehen?« Sie wählte für ihre Antwort das sanfte Register und sagte nur: »Wo denkst du hin!« Sie hätte aber auch sagen können: »Leck mich am Arsch.«

Sonntag, den 7. November
Sonntag wieder zum Mittagessen bei Wolodja. Noch immer strahlendes Wetter, doch jetzt empfindlich kalt. Dort Kyra von Preußen, jüngste Tochter von Louis Ferdinand, mit schlecht erzogenem Töchterchen. Sie ist jetzt von dem Amerikaner, den sie geheiratet hatte, geschieden. Unscheinbar, grau, mit ungesunder Haut (sie soll ganz schlechte Augen haben, was man aber nicht bemerkt); ungepflegt, unelegant. Ganz »Landadel«.
Außer ihr ein Dr. Wilutzki, Arzt, der aus Altersgründen, die man ihm nicht ansieht, jetzt seine Praxis aufgibt. Nadelstreifen, aber Nylonhemd mit Brusttasche. Sodann Gräfin Rothkirch, die ein Buch über den Prinzen Karl Leopold verfaßt hat, den Schöpfer des Glienicker Schlosses. Sammler und »Freund des Schönen«, über den sie am Nachmittag einen Vortrag in einem Gemeindesaal hält, zu dem die ganze Gesellschaft fährt.
Ich werde, nach dem guten Essen, von Schlaf überwältigt, den ich nur unvollkommen bekämpfe. (Das Menü: Fenchelsuppe, Martinsgans mit Rotkohl und Hirsebrei, märchenhafte Schwedische Früchte mit Schlagsahne, von denen ich dreimal nehme.)
Am Abend, erfahre ich, gibt der Berliner Senat einen Empfang zu Ehren des Prätendenten. Er feiert diese Woche seinen 75. Geburtstag. Warum bin ich dazu nicht eingeladen?
Am späteren Nachmittag lange Telefonate mit B… und D… D… hat es wirklich nicht leicht. Der verlassene Freund ist unerwartet

nach Berlin zurückgekehrt und verfolgt sie mit Morddrohungen. Ihr angebeteter Ausstellungsmacher nutzt sie zu episodischem Beischlaf aus, läßt sie aber nicht heran, so wie sie sich's wünschte. Sie tröstet sich bei dem sanguinischen Rihm, der offenbar »nichts« von ihr will, im Gegensatz zu mir, der sie mit meinen erotischen Forderungen verschreckt ... Ich traf sie gestern in der »Paris Bar«, was nicht zur Stimmung Iris' beigetragen hat.
B... hatte wieder einen übervollen Tag hinter sich und wollte nur gute Nacht wünschen, was eine halbe Stunde dauert. »Ich komme schon mal.« Ich bin gespannt.
Lektüre: Aufsatz von Zimmer (in der »ZEIT«) gegen die Psychoanalyse. Da bleibt aber auch nichts mehr dran ... und doch bin ich nicht überzeugt. (Also gläubig.)
Lamar Cecil – »Nobilitation in Prussia (1871–1918)«. Rein quantitative Aufarbeitung von einigen 2000 (bekannten) Fällen. Immer, wenn von Wilhelm II. die Rede ist, ganz unmotiviert pejorative, abfällige, spöttische Seitenhiebe. Warum?

Montag, den 8. November
Früh – gegen zehn – das Manuskript des »Selbstporträts« ins Schreibbüro (Delbrückstraße) gebracht.
Dem Baron guten Morgen gewünscht, der da schon seit aller Herrgottsfrühe an seinem Schreibtisch sitzt. Ich möchte gerne wissen, was er eigentlich macht?
Sofort wieder: »Wissen Sie, daß die Churchills alle Prinzen von Ingelheim sind? Standesherrenball in München, Gotha, Zweite Abteilung, ganz exklusiv. Ich habe mir immer gewünscht, ›Erlaucht‹ zu sein.« Das ging so den ganzen Vormittag. Der Zuspruch der Geschichte als *papotages aristocratiques*.
Dann beschließe ich, in die alte Schule zu fahren und meinen Abituraufsatz, vor allem aber den »Lebenslauf«, der damals Sensation machte (unter den Lehrern, versteht sich), einzusehen und zu holen. Ich hatte die Manuskripte bei einem ersten Besuch 1954 gesehen *(de mes yeux vu)*. Enttäuschung! Der jetzige Direktor, meine Generation, der mich sehr nett empfängt, eröffnet mir, daß nichts mehr aus meiner Zeit vorhanden ist. Also, sage ich ihm, ist das Archiv, das 1954 noch bestand, seitdem vernichtet worden! »Wissen Sie, damals wurde hier

umgebaut …« Ich finde das doch skandalös. Kaufe eine »Geschichte« der Schule und gehe sehr verärgert und betrübt davon.
Damit ist schon wieder ein Vormittag um.

Dienstag, den 9. November
Mittags hatte ich meine »Selbstdarstellung« vorgetragen – ungefähr wie der vorbereitete Text, natürlich weniger pointiert und anspielungsreich.
Babsi aus Chicago ruft unerwartet an. Sie akzeptiert, sich für DM 1000,– zu »verkaufen«.
Arbeit am »Berlin–Wien«-Projekt.

Mittwoch, den 10. November
Mit B… in der Stadt, um einen Ring für Diane zu kaufen. Finde etwas Brauchbares (etwas zu klein und zu teuer), eine kleine Rose, Saphir mit Brillanten. Keine Zeit, länger zu suchen.
Fellowabend mit öffentlichem Vortrag Krockows zur Bücherverbrennung: »Macht versus Geist«. Lamentable Vulgarisation aus dritter Hand. Sehr schlechter Eindruck für das Wissenschaftskolleg. Diskussion genauso schlecht, konnte aber nicht besser sein. Sage nichts, da unmöglich, Kollegen vor aller Öffentlichkeit bloßzustellen. Das ist das Dilemma dieser literarischen Veranstaltungen.
Um 23 Uhr erscheint Babsi; zeitlich, wie verabredet. Ich hatte die Räume, wie von ihr gewünscht, mit Blumen, herrlichen weißen Lilien, und Kerzen geschmückt. Champagner. Ich gebe ihr das Bündel blauer Scheine. Sie entkleidet sich anstandslos und spielt durchaus glaubwürdig ihre Callgirlrolle. Es war sicher nicht das erste Mal.
Besser, auf jeden Fall, als alles, was vorher von ihr gehabt und erlebt. Bleibt bis neun Uhr morgens. Weiß der Henker, was sie ihrer Familie erzählt, bei der sie wohnt.

Donnerstag, den 11. November
Ich reserviere das »Gehrhus« für den 10. Mai 1983!
Babsi kommt um 20 Uhr für einige Stunden, ist aber »zu müde«, wieder die Alte. Aber sehr lieb und vernünftig in dem, was sie über

ihre Ehe, ihre Vorstellungen vom Tode und von der Liebe erzählt. Das Tolle ist eben, daß sie das getan hat und tun konnte, was sie gestern getan hat, sie es wollte und sich fast stolz, lustvoll dazu bekennt, das in totalem Widerspruch zu all den Auffassungen steht.

Freitag bis Montag, 12.–15. November
Ausflug nach Straßburg zur Hochzeit von Diane.
Freitagabend Familienabendessen mit allen Kindern, Mucki und Hubert.
Samstag: 15 Uhr standesamtliche Trauung in der Mairie. Pflimlin persönlich, der, wie erwartet, eine sehr schöne Rede hält. 17 Uhr kirchliche Trauung in der Krypta der Kathedrale. Hubert schickt sein Auto und Chauffeur, in dem ich Diane als »Brautvater« zur Kirche fahre. Sie ist sehr schön, in einem weißen, mittellangen Spitzenkleid, um die Stirn ein Band mit Blüten und Perlen.
Die Messe wird zelebriert von Monsignore Bardelli und Dompropst Böckel. Ich bin sehr ergriffen von der »Theologie der Ehe«, die er in der Homilie entwickelt. Mein Gott, wie werden diese Kinder vor diesem Anspruch bestehen können!
Danach großer Empfang in unserem Haus, hundert Gäste. Vierzig Flaschen Champagner. Ninetta ist aus Basel gekomen. (Ein Bruder des Bräutigams »flippt aus« – ich merke nichts von dem kleinen Skandal.)
Am Sonntag, auf meinen Wunsch, noch ein Festessen für beide Familien. Halte – was meine Absicht war – eine große Rede, die allen gefällt. Konnte streckenweise vor Emotion kaum sprechen.
Abends gibt Hubert in Fessenbach ein kleines Fest, zu dem wir alle fahren, ich mit Thamara in seinem Mercedes. Ein Luxusbuffet! Sehr warme, freundschaftliche Atmosphäre. Übernachte dort und nehme Montag früh den Zug nach Offenburg.
In Berlin etwas desorientiert. Weiß nicht, an welchem Ende die Arbeit anpacken. Starke zentrifugale Kräfte.
Babsi hatte mich am Flugplatz abgeholt, in meinem Wagen, den ich ihr für das Wochenende geliehen habe. Sie ist leidend (Blasenentzündung) und zu keinerlei »Späßen« aufgelegt.

Dienstag, den 16. November
Um elf Uhr nachts kommt Maurizio Serra, der mir drei Stunden lang seine Liebe, Qual und Pein wegen meiner Tochter Elisabeth beichtet, in der sehr negativen Form der Entrüstung: er könnte es nicht ertragen, so schmählich behandelt zu werden. Ich höre nur zu – was soll ich sagen? Aber er ist ja auch nicht gekommen, damit ich ihm etwas sage, sondern um sich auszuweinen.

Mittwoch, den 17. November
B… sitzt auf demselben Beichtdiwan und erzählt von ihrem Unglück. Sie kommt nicht los von einem Typen, der offenbar zu der Zuhälterkategorie gehört – die einzigen Männer, die »Macht« über Frauen gewinnen und auch behalten können. Dazu gehört proletarische Herkunft. Ich lese ihr meinen kleinen »Traktat über Dirne und Zuhälter« vor, den ich in Lindos Nike diktiert hatte. Ich hatte den Text gerade wieder hervorgeholt, um ihn Mathias Nolte für »Penthouse« vorzuschlagen.
B… ließ sich dann wenigstens »trösten«. *Ça n'était pas fameux,* aber lieb. Während sie ihre Kümmernisse erzählte, rief M. aus der Hagenstraße 5 an. Eine nette Überraschung, natürlich im ungünstigen Augenblick. *De loin le meilleur coup, jusqu'à présent.*

Donnerstag, den 18. November
Ich habe C. C. Pfuel und Fritz Arnold zum gemeinsamen Mittagessen eingeladen – es ergab sich so.
Arnold war am Mittwochnachmittag zum Tee gekommen, wir haben im wesentlichen über Berlin gesprochen, wobei sich etwas von meiner Begeisterung auf ihn zu übertragen schien. Ihn holte dann ein Freund ab, der von einer Winckelmann-Tagung kam. Ich stellte die Frage, ob man schon einmal den inneren Zusammenhang von Päderastie und Archäologie, als einen für die Archäologie konstitutiven Faktor, untersucht hätte. Die Erfindung der Archäologie als Folgeerscheinung der Päderastie (als spezifische Variante der Sublimierung, schlug Arnold vor, aber das genügt mir nicht). Die über die Archäologie-Päderastie dekretierte, aufgezwungene Ästhetik, das dadurch geprägte Ideal des schönen Menschen, das nolens volens auch

von den anderen, sogenannten Normalen übernommen wird und nicht nur ihr ästhetisches, sondern auch ihr sexuelles Verhalten determiniert. Heute spielt die Archäologie diese Rolle nicht mehr. Die homosexuelle Geschmacksdiktatur wirkt sich über die Haute Couture und die Modefotografie aus, die der modernen Kulturmenschheit das Ideal des androgynen Mannequins oktroyiert hat, dem sich auch die Frauen unterwerfen müssen. Der Häßlichkeitskult der Emanzen richtet sich im Grunde gar nicht gegen einen Versuch der Männer, sie zu Luxusweibchen und »Objekten« zu machen, sondern gegen die Diktatur der Homosexuellen, sie zu Knaben umzufunktionieren.

Von Freitag, 4 Uhr, bis Sonntag, 10 Uhr
(19.–21. November 1982)

Besuch von Margit aus München!
Trotz aller Befürchtungen und Risiken ein voller Erfolg – *une réussite*. Ein kleines Wunder, ein Geschenk des Lebens. Reine Poesie, ein erotisches Gedicht. *La mise en œuvre d'un phantasme.*
Ich war zur Treppe gegangen, um sie zu empfangen, zu sehen, wer da zu mir heraufkommen würde – auf das Schlimmste gefaßt. Der erste Eindruck – außergewöhnlich ausdrucksvolle, große braune Augen in einem Kindergesicht, die hilfesuchend, schüchtern lächelnd zu mir aufschauen. Ein bißchen verschmitzt auch. Ich nehme sie sofort in den Arm, sie schmiegt sich zärtlich an mich.
Doch bleibe ich auf der Hut. Ob sie etwas trinken wolle? Ja, gerne. Wasser. Ob sie etwas ruhen wolle? Ja, das wäre eine gute Idee. Ich führe sie zu dem großen Bett mit der Pelzdecke. (Versuche, unter einem gürtellosen Kittelkleid ihren Körper zu erraten. Bin aber ganz Distanz.) Ob sie nicht ihr Kleid ausziehen dürfte? Ich bleibe perplex, mit der roten Decke in den Händen, und schaue zu, wie sie sich, ohne Umstände, das Kleid von den Schultern knöpft – nackt darunter, ohne BH, der auch keine echte Existenzberechtigung hätte, nur schwarze Strümpfe, ein ebenso schwarzer Strumpfhalter und ein winzig schwarzer Slip.
Eine ganz zierliche Figur, mit schön modellierten, gut eingehängten Beinen und fragilen Schultern. Man kann die Rippen und Wirbel zählen. Dabei die schönste goldene blanke Haut. Jede Bewegung

graziös. Das Gehabe eines professionellen Callgirls. Aber das ist sie offenbar nicht.

Ihre Rede ein ständiges Sich-Zurücknehmen, vorsichtiges, nein, energisches Sich-Verwahren, Absichern. Ihr Agieren ein ständiges Sich-Anbieten, Darreichen, Locken, lasziöses Spielen.

Jeder Zärtlichkeit zugänglich, zu jeder Geste bereit – nur nicht dem Einen, der Penetration. Sie erklärt sehr schnell, daß sie »dort« völlig unempfindlich sei, obwohl sie ihre Scham exhibitionistisch zeigt. Sie ist eine Künstlerin der manuellen und labialen Exitation. Unglaublich behend gleitet sie um den Körper des Partners herum, streichelt ihn mit der Haut ihrer Schenkel und Hüften, spielt mit ihren feinen, wohlgeformten Fingern herum, leckt und schleckt – man soll sich nur nicht rühren. So müssen es die kleinen Thai-Mädchen können, deren Haut dieselbe Farbe hat. Selber will sie nichts, und in den langen Stunden findet sie nur einmal zu ekstatischer Lust, indem sie sich, durch festes Zusammenpressen der Oberschenkel, masturbiert. Aber sie sagt, es sei ihr eher schmerzhaft als angenehm, sie wüßte nicht, was ein Orgasmus sei, ihre einzige Freude sei es, mit ihren Künsten die Männer zu befriedigen. Sie nennt das »Dienstleistung«, und ihre Haltung ist auch demütig, während ihr Diskurs offen gegen die blöde Fickerei, den Male-Chauvinisme und Machismus opponiert.

Von Robakidse las ich als Junge eine Novelle: »Die keusche Bacchantin« (oder war es »Bajadere«?). Wenn das Bajaderenhafte voll entfaltet war, so war die Keuschheit ja keine moralische Entscheidung, sondern eine Perversität, schlimmer, eine Defizienz. Die Unmöglichkeit, etwas zu tun, die etwas zwanghaft Phobisches hat. Dazu kommen dann die Berichte, daß es ihr geschieht, sich vor dem Spiegel das Gesicht wund zu kratzen, und die plötzlich in den Augen aufscheinende tiefe Traurigkeit. Was bringt dieses Mädchen dazu, von München nach Berlin zu fliegen? Männer hat sie, so viel sie will. Und ich habe ihr wirklich nur den Flug bezahlt. Abenteuerlust kann es nicht sein, denn sie ist nicht besessen von dem Wunsch zu Wissen. Die Suche nach »Selbstbestätigung«? Daß sie die kurze Illusion des Gefühls der Geborgenheit finden würde, konnte sie nicht wissen. Floh sie vor etwas? Wovor? Sie hatte schon so etwas von einem verstörten, gejagten Tier. Wie kann so ein Leben weitergehen?

Was soll ich sagen, es war sehr schön, aber einen rechten Reim habe

ich mir nicht machen können. Sie bestreitet lebhaft, was doch ins Auge zu springen scheint, daß sie das beruflich treibt. Wovon lebt sie, zahlt die Kleider, die sie trägt, das Parfum? Doch nicht von den müden DM 1000,–, die sie angeblich von ihren Eltern zum Studium bekommt. Sie genießt offensichtlich das Gefühl von Geborgenheit und Zärtlichkeit, das sie bei mir findet, fühlt sich verwöhnt, ist dankbar, zu allem bereit – z. B. mit Babsi zusammen, die aber ist nicht dazu zu bewegen, und wir verkrachen uns wieder einmal wegen ihrer »Spießigkeit« – oder hätte ich wieder DM 1000,- bieten müssen? Da verstehe mir einer die Frauen. Beide gleich alt – die eine bürgerlich, prüde, spießig, läßt sich kaufen, die andere lasziv, hurenhaft, nimmt keinen Sous!
Ich habe sie zweimal in die »Paris Bar« mitgenommen, mir durchaus der Wirkung dort bewußt. Wir waren im Aquarium, im KaDeWe, im »Café Einstein«, am Grunewaldsee, wie ein verliebtes Paar, *la main dans la main.* »Weißt du, ich mag es eigentlich gar nicht, so eingehängt gehen, aber heute gefällt es mir.« Dann ist sie, am Sonntagmorgen, abgefahren. Trotz aller Versicherungen des Gegenteils zweifle ich, ob wir uns wiedersehen.
Wir haben viele Fotos gemacht. Ohne daß es nötig wäre, ein Wort zu sagen, findet sie die fotogene Pose. Ein ideales Modell.

Sonntag, den 28. November
Ich komme absolut nicht nach oder mit. Es geschieht zuviel! Ich müßte den ganzen Sonntag nichts anderes tun als dieses Tagebuch schreiben! Aber ich werde wieder nicht dazu kommen. Der ganze Sonntag ist verplant. Ich habe jetzt eine knappe halbe Stunde, bevor ich die Prinzessin abhole, um zum Fürsten Tschebitscheff nach Tegel zum Lunch zu fahren.
Ich will also schnell auflisten, was es Wichtiges in der letzten Woche gab, nur um es nicht zu vergessen.
– Arbeit an der Besprechung von »Prinz Kuckuck«.
– »Berlin–Wien«-Memorandum an Kevenig geschickt.
– Fellowabend. Wolfgang Kraus: Aktualität des Nihilismus.
– Babsi. (Sie braucht dringend wieder DM 1000,–, ist todunglücklich, weil ihr Hund stirbt.)
– Ich entdecke Bernhard.

– Mein Schulkamerad Klaus Wilkner aus London taucht auf. Wir sehen uns seit vierzig Jahren zum ersten Mal wieder! Berichtet Wunderdinge von Wilhelmstraße 70.

Kurmärker Adelsball. Tanz / Flirt mit Kyra von Preußen, die mir gegenüber plaziert ist.

Zum Mittagessen bei Wolodja – Fürst Tschebitscheff, wie er auf dem Adelsball genannt wurde. Er hatte mich gebeten, Prinzessin Kyra mitzubringen. Ich hole sie pünktlich in der Königsallee ab. Bringt ein Töchterchen mit, das ihr sehr ähnlich ist, dieselben Katzenaugen. Kyra Marina.
Im Gartenhäuschen Thomalla und Gräfin Marion York mit Begleiter, einem Berliner Rechtsanwalt, Biehl, der mir merkwürdigerweise sehr österreichisch vorkommt. Will alles über das Kolleg wissen, ist aber eher mißgünstig. Ich bin wieder zum nächsten Sonntag eingeladen – vielleicht bleibt die Prinzessin noch so lange in Berlin, dann darf ich sie wieder abholen.
Eine sich ganz natürlich gebende Frau von Vierzig. Eher mädchenhaft. Sicher keine Schönheit, eher schlecht gekleidet (nur schönen Schmuck), ein Blitzen (nicht Leuchten) in den schmalen, wasserblauen Katzenaugen. Aber für mich, in meinem Kopf, die Urenkelin Kaiser Wilhelms, eine Hohenzollernprinzessin. Ich kann da nicht unbefangen sein, *je regrette, ça me fait quelque chose.* Sie beim Tanzen im Arm zu halten versetzte mich in einen Zustand gelinder, keineswegs erotischer Erregung, als ob ich etwas sehr Kostbares hielte, das ich nicht fallen lassen dürfte. Die Berührung mit dem *sacré*.

Montag, den 29. November

Weyergraf zum Essen im Kolleg.
Selbstvorstellung von Lem, sehr drollig. Die Berichte werden immer länger und anekdotischer. Man fragt sich natürlich, warum ist dieser Science-fiction-Autor, vielfacher Millionär, hier im Kolleg?
Von fünf bis sieben B…, die sich bei einer Flasche »Bandol« ausweint – richtig ausweint, wegen ihres »Kerls«, der sie wirklich fies behandelt. Aber Frauen hängen nur an Männern, die sie schlecht behandeln. Meine Rolle als Tröster, den man »lieb« findet, während

man den anderen in der Haut hat, fing mit Barbara Nützel in München an (1948!) und hörte mit Nike Wagner auf.
Ich könnte ja eine Sprechstunde für Zuspruch und Beratung unglücklicher Frauen aufmachen.
Abendessen mit Maurizio Serra, auch Ariès, Schiera und – eine neue Bekanntschaft – Angelo Bolaffi, der einen Lehrauftrag an der FU hat und über Carl Schmitt liest. Bolaffi kommt gerade von einem Kolloquium in Brüssel, über C. S. und Gehlen, wo Lübbe und Fetscher u. a. getönt haben. Warum wurde ich nicht eingeladen?
Die typisch deutsche Macht- (und Real-)Politik, Theorie/Dogmatik als Legitimationskonstrukt. In der tiefen Überzeugung von der Illegitimität des Reiches gab es gar keine andere Möglichkeit. Loyalität, Tradition, Charisma reichen eben nicht. Nur die normative Kraft des Faktischen. Das Pendant: Kultur mit K. Als das schlechthin »Deutsche«. Der Erfolg Carl Schmitts? Er liefert den Ohnmächtigen die Denkmöglichkeiten, sich »stark« zu fühlen, sich abzusichern, zu schätzen.
Bolaffi insistiert, daß die ganze Entscheidungstheorie von Grund auf falsch sei, weil sich niemand entscheide – vor allem in der Politik nicht! Er hat dort praktische Erfahrung. Gerade darum der Erfolg der Theorie. Sein Fetischcharakter.

Dienstag, den 30. November
György Konrád stellt sich vor. »Ich bin Ungar, ich bin Jude« ... Es ist sehr lustig. Wie in diesen Balkan-Biographien, bei denen trotz aller Okkupationen, Deportationen, Inkarzerationen, Torturen ein Element von Unernsthaftigkeit und Lebenslust durchscheint. Auch wenn sie aus größeren Städten stammen, hat ihr Lebensgefühl etwas anheimelnd Kleinstädtisches und alles, zumindest die eigene Generation, kennt sich und steht zueinander im Verhältnis von Schulkameraden, was wichtiger ist als jede spätere berufliche oder politische Option. Eine gewisse Wärme, schon in der Stimme und der Sprechweise.
Das Gegenteil von Johan Galtung – der ja auch aus einem kleinen Land stammt, dem alles aber zur Abstraktion gerinnt. Er lächelt immer, aber es ist ein kaltes, aseptisches Lächeln. Cool.

Babsi, nachdem sie zweimal abends nicht gekommen war, hat sich für acht Uhr angesagt. Ich hatte mich gefreut. Endlich! Wir haben ein langes Gespräch über ihre Ehe. Es kommt klar heraus, daß sie ganz kalt kalkuliert hat und jetzt ebenso kalt überlegt, wie sie die »Krise« ausnutzen kann. Wenn er sich scheiden lassen will, kostet ihn das 250.000 Dollar. Armer Kerl! Genauso kühl verläßt sie mich, ohne eine Geste der Zärtlichkeit, geschweige denn echter Zuneigung. »Aber wir sehen uns doch noch! Versteh doch, daß es Tage gibt, wo mir nicht danach ist.« Wie oft habe ich das zu hören bekommen. Ich bin sicher, daß sie sofort zu allem bereit gewesen wäre, wenn ich zwei Fünfhunderter hingeblättert hätte. Ich lasse sie grollend gehen. Gebe ihr aber nicht die Packung Valium, die ich, auf ihren Wunsch, mit viel Mühe über B... besorgt hatte. Ich will sie nicht wiedersehen, es sei denn, sie kommt »nackt«.

Anfang Dezember
Die letzte Aufzeichnung ist vom 30. November! Mein Gott, was ist seitdem alles passiert! Entscheidendes für meine Biographie.
Ich kann nicht chronologisch vorgehen, dazu ist das Geschehen zu dicht. Ich fasse also das Wichtigste in einem die Tage übergreifenden Bericht zusammen.

VORSPIEL
Nach den enthusiastischen Berichten von Klaus Wilkner hatte ich beschlossen, die Kiste in der Wilhelmstraße 70 zu inspizieren (auch schon die Adresse recherchiert, um die besten Besuchsbedingungen zu explorieren; man sagte mir: abends, gegen neun). Ich ging also, sehr vergnügt, Donnerstagabend, gegen neun, dorthin. Enttäuschung: es waren nur vier Mädchen da, die schöne Mulattin und die englische Stewardeß waren »krank«, dafür aber, und das war noch schlimmer, wimmelte es von Männern, ein Dutzend und mehr saß nackt und gelangweilt auf den Sofas herum, die den kaum dekorierten Raum umlaufen. Und es kamen immer noch mehr, zuletzt eine ganze Truppe stämmiger, behaarter, muskulöser, dabei auch bäuchiger Typen. Lastkraftfahrer? Sie hockten sich an die Bar und soffen. Ich ließ mir erklären, daß das nie so sei. Offenbar wirkte sich der Monatsanfang aus, was hier zu einem deutlichen Überhang der Nach-

frage führte. Ich saß also (entkleidet) und dachte: da kommt nichts, du gehst besser gleich. Ging aber nicht, weil mir ein achtzehnjähriger, blonder, gertenschlanker Junge mit sehr hübschem Gesicht auffiel, der da ebenfalls gelangweilt der Dinge harrte, die er zu sehen gekommen war, und wofür er auch, wie ich, seine sechzig Mark bezahlt hatte.
Ich setzte mich zu ihm und zog ihn ins Gespräch. Angeblich Student aus Hamburg, der die Adresse einem »Führer durch Berlin für Männer« entnommen hatte.
Ich sagte ihm, daß wir hier wohl nicht auf unsere Kosten kommen würden und besser daran täten, uns nach etwas anderem umzusehen. Ich dachte natürlich an die Hagenstraße 5 und faßte sofort den Plan, ihn und Miriam zu einer Mini-*partouze* zu verführen. Es kam anders.
Zunächst wollte er bleiben – es würde schon etwas kommen, die Mädchen wollten ja ihr Geld verdienen. Das war richtig, ich war wieder einmal zu ungeduldig. Nach zweistündigem Herumsitzen formierte sich eine, wie es heißt, »Partie«. Ein großes Schaumgummilager wurde aufgerollt und mit Badelaken bedeckt. Darauf legten sich acht Paare (mehr Mädchen waren nicht da), eines neben das andere und jedes begann für sich zu »flirten« – die Männer waren müde, es blieb beim Pumpen. Man hatte das Gefühl, eine Robbenkolonie zu beobachten, die sich in langsamen Wellenbewegungen aneinander rieb. Da habe ich Besseres gesehen. Es war total unerotisch. Das einzig Komische war die Gruppe der haarigen Affen an der Bar, die, ohne von dem Geschehen zu ihren Füßen die geringste Notiz zu nehmen, soff und gröhlte. Jetzt konnten wir gehen.
»Ich-bin-Peter« hatte ein Auto mit HH-Nummer und fuhr hinter mir her in die Hagenstraße 5, nachdem ich ihm noch einmal versichert hatte, daß er »eingeladen« sei. Aber da war dieselbe Situation. Gleichzeitig mit uns kam ein Rudel von Handelsvertretern oder Kongreßteilnehmern und füllte die kleinen Räume, so daß man vor Männern die Mädchen gar nicht sehen konnte. Miriam war außerdem nicht da. Wir drehten also auf dem Absatz um.
»Jetzt bleibt uns nur die Möglichkeit, zu mir zu gehen, und unser Pech zu begießen.« Peter war einverstanden, sagte aber, bevor er das Haus betrat: »Du erwartest doch nichts von mir?« Nein. Da saßen wir, ich hatte noch etwas Sekt. Warum lassen wir uns nicht einfach

ein Mädchen kommen? Ja, ob das denn so einfach ginge? Ganz einfach. Ich zog die BZ-Seiten heraus, er solle sich was aussuchen. Nach drei Anrufen meldete sich Gina, »Top-Fotomodell, 19 Jahre«. Sehr sachlich beschrieb sie sich: Körpergröße, BH-Nummer, Haarfarbe und -länge. Ob sie wirklich neunzehn sei? Ja, achtzehn. Also sie kam, aus Kreuzberg, das arme Ding. Sie war schon, wie sie erzählte, ins Bett gegangen, und wollte gerade das Telefon abstellen, als unser Anruf kam. Ich hatte natürlich gesagt, daß wir zwei Männer seien, ein alter und ein junger. Einverstanden, natürlich doppelter Preis.

Sie war wirklich sehr hübsch und ganz jung. Dann lagen wir alle drei nackt auf der Felldecke. »Wer fängt an?« Sie wendete sich zu mir und machte alles, was ich erwarten durfte, nur auf den Mund küssen ließ sie sich nicht, ließ sich aber »französisch« … Zum Finale hockte sie über mir, und da hatte ich den Mut, den Buben, der neben uns lag, zu streicheln, was mich ungeheuer »anmachte«. Er ließ es, mit leichtem Stöhnen, geschehen. Als das Mädchen sich dann seiner annahm, kam es zu keinem befriedigenden Resultat. Er »bekam ihn nicht hoch«, weil er in der ersten Lokalität, unter dem Eindruck der Robbenvögelei doch so erregt worden war, daß er sich auf der Toilette einen abgewichst hatte, was ich nicht weiter bemerkt hatte. Das lag immerhin zwei Stunden zurück und sollte bei einem so jungen Burschen weiß Gott keine Rolle spielen. Aber so war es nun einmal, und Gina verabschiedete sich, mit einem gewinnenden Lächeln, in dem sie ihr Schuldgefühl, »professionell« versagt zu haben, zaghaft zum Ausdruck brachte. Nicht küssen lassen, aber »kommen« muß der Freier – das gehört zum Berufsethos.

Warum ich das alles lang und breit erzähle? Weil es am Vorabend der Ankunft von Diego wie eine Art von Generalprobe war. Eine Koinzidenz, die natürlich keine war, sondern das unbekannte Programm, nach dem wir leben. Es gehört auch zu Berlin, zu dem Berlin, das ich jetzt erlebe, daß solche Dinge möglich sind, sich von selbst ergeben. Habe ich berichtet, daß er aus heiterem Himmel anrief – ich hielt meine Siesta –, um sich anzusagen? Seit diesem Augenblick war ich elektrisiert und wünschte mir ganz intensiv, daß ich die Erfahrung machen würde, die ich dann gemacht habe, an die ich nur nicht glauben konnte, schon weil mein Vorstellungsvermögen nicht bis dahin reichte, wo es anfangen würde, erregend und neu zu sein.

DIEGO UND MIRANDA

Dann war der schöne Knabe plötzlich da, nach einer zehnstündigen Nachtfahrt im Zug von Basel. Er wollte erst drei Tage, von Freitag bis Sonntag, bleiben, blieb aber dann bis Mittwoch. Wir hatten also Zeit.

Es war sofort klar, daß er zu allem bereit war. Ich sagte ihm, daß ich ihn liebe, daß aber er mich verführen müsse, weil ich nicht wüßte, wie ich ihn verführen sollte. Aus seinen Erzählungen ging dann hervor, wie erfahren er war, mit Männern und Frauen und Drogen (auch mit Autos). Völlig gelassen nahm er die Führung in die Hand, aber so, als hätte ich eine unwiderstehliche Faszination für ihn. Weil er mich liebte, so ließ er mich spüren, gab er sich hin. Ich war völlig überwältigt von seiner Schönheit, Grazie und inneren Noblesse. Es war wirklich die Visitation eines Gottes, eine Epiphanie. Auch das gehört dazu: Wenige Tage zuvor hatte mir Bernhard den posthumen Essay von Simmel über platonischen und modernen Eros zu lesen gegeben. In der Schönheit des Geliebten erlebt der griechische Mann die Gottheit: das ist die Liebe. Nicht die (moderne, romantische) Begegnung zweier Individuen. Ich fühlte mich ganz als Heide, in der mit Seele und Leib erfahrenen Präsenz des Göttlichen.

Nun erfuhr dieses erste ausgelebte Abenteuer mit einem Knaben noch eine unvorhersehbare Steigerung. Bernhard kam am Sonntag zum Tee und brachte seine Freundin Miranda mit, eine rothaarige, weißhäutige, blitzgescheite Jüdin. Bernhard hatte versprochen, mich zu Wolodja hinauszufahren, der eine Sankt-Nikolaus-Jause veranstaltet hatte, der ich nicht fernbleiben wollte. Miranda blieb mit Diego zurück. Bei meiner Rückkehr, anderthalb Stunden später, fand ich die beiden ins Gespräch vertieft vor. Ich sollte später erfahren, daß Miranda meinetwegen dageblieben war. Tatsächlich verbrachte sie die Nacht mit mir, wollte aber von Diego, der auf das Sofa verbannt war, nichts wissen. Das änderte sich in der nächsten Nacht, in der ich sie für ein *threesome* gewann. Aus Liebe zu mir, wie sie betonte, denn sie liebe junge Männer nicht. Daraus wurde eines der schönsten Erlebnisse meines Lebens: mein Urphantasma wurde, wie nie, in vollkommener Schönheit und Harmonie, in sich zur Leidenschaft steigernder Verspieltheit, zur Wirklichkeit. Ich war völlig trunken vor Glück und überwältigt von dem Gefühl der Dankbarkeit für diese beiden Menschen, die zusammen viel jünger sind als ich, sich so vorbehaltlos und lustvoll in das Szenario meiner Obsession einfügten. Ich fand alle meine »Theorien« bestätigt, wie der Flux des Begehrens durch die Dreiersituation eine Art von Akkumulation erfährt, bis zu dem Augenblick, in dem die Leiber entgrenzt sind und alles sich auflöst in ein Bad von Zärtlichkeit. In dieser Stunde nahm Diego physisch von mir Besitz, wie es, solange wir auf unsere beiden Körper allein angewiesen waren, gar nicht möglich gewesen ist. Miranda lag über mir, während Diego sie von hinten nahm, wobei er ihre Beine unter seine Achseln zog. In ganz leichten, kaum wahrnehmbaren Stößen, die sich über ihren Körper auf den meinen übertrugen, löste er immer neue, nicht abreißen wollende Lustwallungen in uns aus. Mirandas Hände verkrampften sich in meinen Schultern und sie heulte auf, so daß ich ihr den Mund zuhalten mußte. Wenn sie nicht schrie, weil der Junge ihr etwas Ruhe gab, stöhnte sie nur: Oh mein Gott, Oh mein Gott! Es war mir aber so, als dringe er in mich. Vermittelt durch den Leib des Mädchens fühlte ich, wie seine Leidenschaft in mich Einlass suchte und mich heiß durchströmte. Während der ganzen Zeit schaute ich Diego in die schwarzen, vor Sinnlichkeit glühenden Augen, entzückt durch das helle Lächeln, das seine schönen Züge verklärte.

Alles was dann noch geschah, und es geschah viel in den kommenden Tagen und Nächten, war nur eine Variation derselben Grundfigur. Auch wenn wir nur im Auto saßen, in einer Vorlesung oder im Restaurant, umgeben von anderen Menschen, die Komplizität, die uns drei verband, wirkte wie ein permanentes Stimulans unserer Sinnlichkeit. Wir standen im Banne des *flux circulaire* unseres gegenseitigen Begehrens.

Mittwochabend haben wir Diego dann an den Bahnhof Zoo gebracht, wo er, mit seiner Windjacke und einem kleinen Ranzen, wie ein wandernder Handwerksbursche im Zug verschwand. Fortunatus, ein Hans im Glück, ganz unbeschwert. Ich würde ihm fehlen, war das einzige zärtliche Wort. Miranda und ich blieben verwaist, aber beglückt zurück.

Es ist schon merkwürdig, daß ich mein sechzigstes Lebensjahr erreichen mußte, um diese Erfahrung zu machen. Welch ein furchtbarer Gedanke, daß ich vorher hätte sterben können. Alles deutet darauf hin, daß mein Leben überhaupt jetzt erst beginnt.

In den Gesprächen mit Miranda, ich habe sie so getauft, weil ich

mich ganz in meiner Rolle als Prospero fühle, war mir plötzlich mein Roman-Projekt »Kanadische Irrfahrt« voll gegenwärtig. Jetzt erst verfüge ich über alle Erfahrungen, deren es bedarf, um ihn zu schreiben.
Aber wie seltsam wieder, daß dieses Projekt, das mich seit fünfunddreißig Jahren begleitet, die Exposition einer Lebensproblematik in sich barg, die heute, wo deren Kulminationspunkt erreicht ist, meine ganze Biographie als den Nachvollzug dieses entelechetischen Grundmusters erscheinen läßt.
Wir haben schöne Fotos gemacht in diesen Tagen.

Mittwoch, den 8. Dezember
Axel von dem Bussche bestreitet den Fellowabend mit einem Vortrag über »Israel und die Deutschen – vierzig Jahre nach dem Holocaust«. Wir haben kein Glück mit unseren Vorträgen, keiner will wirklich »wissenschaftlich« geraten. Der »Herr Baron« sehr würdig, mit seinem steifen Bein und seinem bedeutenden Kopf, präsentiert sich als larmoyanter »Sühnedeutscher«. Die Juden können gar nichts damit anfangen. Es wirkt allgemein als peinlich.
Am Montag hatten wir das erste rein interne Kolloquium. Das ist als Alternative gegen die »mondänen Mittwochabend-Veranstaltungen« gedacht.
Jean Bollack, der sich, vielleicht zu Recht, für den einzigen richtigen »Wissenschaftler« in unserem Kreis hält, bietet uns seine Analyse der Rolle von Wilamowitz-Möllendorf als unbestrittenen Papst der Altphilologie in Preußendeutschland. Beste Wissenssoziologie, Ideologiekritik und Geistesgeschichte. Hochinteressant! Bollack vertritt seine Thesen mit einer völlig humorlosen Besessenheit, wie er auch, wie besessen, dieses Kolloquium durchgesetzt hat.

Freitag, den 10. Dezember
Stadtbummel mit Mathias Eberle, den ich zum Essen ins Kolleg eingeladen hatte. Buchhandlungen und Galerien. Ich entdecke eine Ausstellung von Opplers Pavlova-Grafiken. Diejenige, die im Schlafzimmer meiner Mutter hing, war aber nicht mehr zu haben. Ich hätte sie sofort gekauft.

Samstag, den 11. Dezember
Langer Spaziergang mit Weyergraf, der mich in einem uralten Mercedes abholte. Kleistgrab, dann von der Glienicker Brücke bis zur Pfaueninsel. Es wurde auf dem Rückweg etwas strapaziös, ich bin solche Langstrecken nicht gewohnt.
Weyergraf, sehr gequält mit Frauen und Berufsproblemen, sucht Freundesrat und Freundesnähe. Seine *tournure d'esprit* ist mir aber irgendwie fremd, und ich werde nicht so recht warm; was er sagt, seine Formulierungen, verlocken mich nicht, darauf einzugehen. So kommt kein Gespräch in Gang.
Verfehltes Rendez-vous mit Bazon Brocks nach der »Hamlet«-Premiere in der Schaubühne. Saß mit Miranda in der »Paris Bar« und wartete bis um eins. Ging verärgert weg. Sie kamen aber zehn Minuten später. Wieder einmal hat mir meine Ungeduld einen Streich gespielt.

Sonntag, den 12. Dezember
»Die Schwärmer« von Musil, in die ich mit Miranda, die das Stück über alle Maßen liebt, gehen wollte. Sie war dann aber verhindert. So ging ich mit A… und dessen Freundin Irene. Inszenierung von Hans Neuenfels, ein Massaker! Das Wiener Salonstück, das Musil'sche Geplauder neurotischer Bourgeois wurde gespielt wie Schillers Jungfrau von Orléans in einer expressionistischen Aufführung. Alles brüllte und raste ununterbrochen herum, als sei es ein Verbrechen, eine Minute still zu sitzen und einen Satz parlando hinzusprechen (wie man eben spricht)! Ich bin nach zwei Akten gegangen. Ko-Fellow Wolfgang Kraus, neben dem ich zufällig saß, litt wie ich, hatte aber Intendantenkarten und glaubte, bleiben zu müssen.
Wir haben dann, nach kurzem Essen beim kleinen Italiener vom Hagenplatz den Abend, was sage ich: die Nacht bei mir verquatscht und versoffen. A… hat seine ganzen schwulen Abenteuer erzählt. Irene endete schließlich an meiner Schulter und ließ sich streicheln und küssen. Ein frisches, schwäbisch babbelndes Mädchen, nicht ohne Reiz.

Montag, den 13. Dezember
Post-Histoire-Seminar über Musil besser als das letzte Mal. Ich notiere: Nichterzählbarkeit des Lebens. Reflexion ersetzt das Erzählen. Mischung von Grausamkeit und Erleiden (bei Moosbrugger) entspricht der Mischung von Genauigkeit und Fahrlässigkeit (der Urteile über ihn). Musil sagt: Gott meint die Welt nicht wörtlich. Ich: meint Musil sein Buch wörtlich? Halte nach wie vor Musil für einen »schlechten« Schriftsteller. Summa des ungenauen Denkens.
Danach mit der ganzen Bande in der »Paris Bar«. Meinen Vortrag über das Thema »Warum sind Homosexuelle zur Politik ungeeignet« angekündigt. Dietmar Kamper spitzt die Ohren.

Mittwoch, den 15. Dezember
Wallotstraße mit Vortrag von Johan Galtung über die Dialektik von »Krise und Krisenverständnis«. Amüsant, aber völlig unbefriedigend. Mit Johan ist das so: er hat einen Legobaukasten mit einem Set von Mikrotheorien über alles und jedes, dazu die passende Graphik. Wenn er einen Vortrag hält, baut er aus diesem Bestand etwas – mal sieht es aus wie ein Auto, mal wie ein Kran, mal wie ein Häuschen. Man ist begeistert, wie geschickt er das nun wieder gemacht hat, mit seinen paar Bausteinen etwas zu konstruieren, was man erkennen kann. Der Aha-Effekt ist gesichert. Was immer er aber baut, es kommt letztlich doch nur ein »Galtung« dabei heraus, und das genügt einem nicht. Man will einen »richtigen« Kran. Daher die Enttäuschung.

Donnerstag, den 16. Dezember
Mittagessen bei Beckers. Zehn Personen, darunter fünf Fellows, aber auch Shep Stone mit Frau. Ich bin enttäuscht, weil ich mit Becker meine Privatprobleme allein besprechen wollte. Komme aber dann doch auf meine Kosten, da er mich nach dem Fortgang der anderen Gäste zurückbehält. Wir reden allein bis abends um sechs. Er findet die Ausstellungsidee gut. Sieht Schwierigkeiten für einen Honorar-Professor, aber gibt Tips für eine Strategie. Trotz aller Liebenswürdigkeit werde ich das Gefühl nicht los, daß mich der gute Hellmut *au fond* nicht mag.

Freitag, den 17. Dezember

Heute war die Weihnachtsfeier des Kollegs, mit allen Angestellten, ohne Gäste. Es begann mit einem (aufgetragenen – also es geht) Gänsebratenessen. Dann zog man hinauf in den Saal, der ein wenig geschmückt war, zu Kaffee und Kuchen.

Hier habe ich dann meine »Jugend in Berlin« zum besten gegeben – eine Stunde, was erst als exorbitant angesehen wurde von unserem Magister ludi, dem Grafen Krockow, sich dann aber als durchaus zumutbar erwies. Die Leute hörten gebannt zu. Tal sprach nach mir, zum selben Thema – wir hatten uns das als Beitrag der Altberliner zur Information der Fellows über die Stadt und den Stadtteil, in dem sie jetzt zu leben das Privileg haben, gedacht.

Ich habe an meinem Text (27 Schreibmaschinenseiten) seit Montag gearbeitet und mir richtig Mühe gegeben. Es ist natürlich ein Vorgriff auf mein Berlin-Buch. Der Erfolg war ermunternd, in dieser Richtung weiterzumachen.

Ich hatte mich auf zwei Punkte konzentriert, von denen ich meinte, daß sie meine Fellows interessieren müssten: die Juden (inklusive Carl Schmitt mit Disraeli) und die bündische Erfahrung, mit der Evokation des charismatischen Jünglings und Führers, des »Männerhelden« Haio von Einsiedel.

Aber wie vielseitig ist diese Zeit gewesen, was gehört noch alles dazu! Die guten Russen, Dahlem, Karl Supf und der literarische Klub im Arndtgymnasium, Fritz von Caprivi und alles, was ich durch ihn über die alten »Militärs« gelernt und erfahren habe, meine Theaterleidenschaft bis hin zu den fertigen Regiebüchern für den »Faust II« und die »Räuber«.

Auch an dem, was ich da jetzt unter dem Zwang zur Kürze, zusammengeschrieben habe, ist mir vieles zu ungenau, zu stilisiert. Andererseits bedurfte es dieses Druckes, damit überhaupt etwas aufs Papier kam, und darüber bin ich froh.

Vielleicht werde ich den Text so, nur ganz leicht überarbeitet, als Privatdruck herausbringen. Das wäre ein hübsches Geschenk.

Samstag, den 18. Dezember

Zum Abendessen bei Professor Jäckel, der mich unerwartet eingeladen hat. Seine junge Frau ist Richterin. Sie bewohnen eine hübsche

Dachwohnung am Mexikoplatz, *vue imprenable*. Die ganze Wohnung ist voll mit schöner, farbiger Keramik – Töpfe, Teller, Vasen, Terrinen einer schlesischen Manufaktur, Bunzlau. Jetzt sehr selten und gesucht. Die beiden haben daraus ein Hobby gemacht. Ihre Sammlung hat beachtliche Proportionen, es soll eine Monographie daraus werden. Dort auch Lämmert, der Präsident der FU, den ich wegen der Möglichkeiten eines Lehrauftrages konsultiere.
Das Gespräch, Jäckel ist Politologe an der FU, behandelt die Vertrauensfrage, mit der die SPD-Regierung gestürzt wurde. *Ça ne m'intéresse absolument pas.*

Sonntag, den 19. Dezember

Ein langer Sonntag.
D… kommt, in einen langen Kaninchenpelzmantel verpackt, Strickkappe auf dem Kopf, zu einem Spaziergang um den Grunewaldsee, der in der Konditorei am Hagenplatz endet. Ich versuche sie, ziemlich vergebens, für die Schönheit und Stimmung des silbrig-milchigen Winterhimmels zu begeistern, der hinter den Silhouetten der Kiefern leuchtet und sich in den stillen Wassern des Sees spiegelt … Mache sie neugierig mit Erzählungen von Irene, die ich zum Diskomädchen stilisiere.
Miranda. Nicht enden wollende Telefonate. Sie ist ungemein drollig und gescheit. Lacan, jüdische Witze, Merleau-Ponty, Freud – das geht ihr alles leicht von der Lippe.
Zum Tee bei Marianne Frisch, die in einer sehr schönen, großen Altbauwohnung an der Kaiser-Friedrich-Kirche wohnt. Weiß und leer. Weiblich-mütterlich, an der Grenze dessen, was ich unsäglich liebe, aber nicht ertragen kann. Erinnert mich in ihrer Art an Juanita Binz (die natürlich auch in den Berliner Erinnerungen vorkommen müßte! Wie auch Valodja Koschevnikof!) Einfühlsam, intuitiv das Verborgenste erratend, schmeichlerisch auch, imstande, den anderen in einen Zustand schnurrenden Behagens zu versetzen.
Irene kommt mich um 18 Uhr abholen. Ich habe sie eingeladen in die Premiere von Puccinis »Mädchen aus dem Westen« in der Charlottenburger Oper. Sie ist das Mädchen aus dem Westen. War nie in einer Oper. Gestern kam sie am Nachmittag und ließ es dann, nach einigen Widerständen, doch mit sich geschehen. Die Oper eine Art

Prämie. Ich hatte auf den Zauber des Puccini'schen Belcanto gesetzt. Aber es wollte und wollte nichts werden. Die Fanciulla war ein Zentnergewicht. Das Dekor geeignet für einen Western. Wir gingen nach dem zweiten Akt.

Irene erzählt ein bißchen von ihren Mädchengeschichten – sie hatte eine aktive Phase in der Frauenbewegung. Intensive »Beziehungen«, »Beziehungskisten«, wenig Sex. »Davor habe ich Angst«.

Im Bett dann allerhand Schwierigkeiten, die sich schon gestern ankündigten. Herpesgefahr, wunde Schleimhäute, dazu vor ganz kurzer Zeit eine Abtreibung und keine Pille. Da vergeht einem der Spaß, und obwohl sie lieb oral und anal alles geschehen ließ, war es halt doch unbefriedigend. Sie blieb die Nacht und schläft jetzt, während ich dies schreibe, den Schlaf des Gerechten. Ein Bubengesicht.

Habe die »Berliner Jugend« mit einigen Korrekturen erneut zur Vervielfältigung gegeben. Ich habe allerhand verschickt, als »Weihnachtsgruß«.

Übrigens erzählte Miranda, daß der amerikanische, jüdische Student, den Konrád als einzigen »Gast« eingeschmuggelt hatte, zu ihr an den Tisch im »Café Einstein«, wo sie über ihren Büchern saß, getreten sei, und mysteriös gesagt hatte: »Don't let misuse you by this nationalist.« Ist das der Eindruck, den ich auf einen amerikanischen Juden mache? Auch György Konrád, fällt mir ein, war recht kühl. Na ja …

Montag, den 20. Dezember

Hubert ruft an, total begeistert von der Berlinstory. »Das Beste, was ich bisher von dir gelesen habe! Ganz groß! Das muß gedruckt werden.« Ich bin natürlich entzückt, daß mein Mäzen mit mir zufrieden ist. Was wird er mir zu Weihnachten schenken? Ohne Berlin-Dotation begännen die mageren Jahre.

Sylvia, das Callgirl der ersten Stunde, schickt einen Weihnachtsgruß als »Christian und Sylvia Scholl«, um mich vor den Fragen einer eventuellen Freundin zu bewahren. Das finde ich unwiderstehlich rührend, wenn es wohl auch nur kommerziell gemeint war. Ich werde sie im Januar wieder einladen.

Abwechselnd Miranda und Irene, der ich jeder von der anderen erzähle. Sie werden schön zusammenpassen – das kommt auch noch.

Mittwoch, den 22. Dezember
Gespräch mit Wapnewski in seinem Büro. Eine richtige »Audienz«, die ich über sein »Vorzimmer« arrangiert hatte. Ich wollte ihn von meinen diversen Plänen formell in Kenntnis setzen. Lehrveranstaltung an der FU, Ausstellungsprojekt. Er ist sehr freundschaftlich, will mich unterstützen.
Abends mit Miranda im Italiener die Möglichkeit eines *threesome* besprochen. Sie ist einverstanden. Begeistert! Ich schlage vor, sogleich Miriam aus der Hagenstraße 5 zu holen. Sie ist genau der gleiche Typ. Rothaarig, milchhäutig, rundlich, weich. Es wäre, als hätte ich es mit Zwillingsschwestern zu tun, der Traum. Leider stellt sich heraus, daß Miriam seit Wochen »verschwunden« ist. Ich sehe aber in blitzende schwarze Augen und blanke Knie, es zündet sofort. »Suzanne«. Ich kündige mich für »nach den Festen« an.
Miranda wartete draußen im Auto. Sie erschien mir plötzlich fad, jede Spur von Lust war erloschen. Was spielt sich da um Gottes Willen ab? Welche Signale habe ich da, im Bruchteil von Sekunden, wahrgenommen? »Augen«, »Knie«, ein helles Lachen? Welche Informationen haben da über mein Gehirn irgendwelche Drüsen- oder Hormonreaktionen ausgelöst? Woher kam das »Begehren«, das mich heiß durchströmte, vom Bauch bis in die Finger- und Zehenspitzen? *Je ne le saurai jamais.*

Weihnachtstage in Straßburg
(Die zweite *parenthèse* 23.–27. Dezember)
Alle vier Kinder sind da, mit Ehemännern und Karin. Wir sind ständig zehn Leute und essen ununterbrochen. Thamara hat alles sehr nett, wie immer, ausgerichtet. Hubert macht am 24. mittags einen kurzen Besuch, und steckt mir einen Umschlag mit DM 5000,– zu. Ich bin gerettet.
Vertraue Patrick die Schlüssel für die Rue du Moulin 4 an (meine dritte Straßburger Garçonnière, für ein Mädchen eingerichtet, das Straßburg danach sofort verließ.)
Fliege am Montag, den 27. Dezember zurück. Miranda am Flugplatz. Verliebt und verspielt, immer klug daherredend. Besonders mag ich, wie sie Bücher erzählt. Sie bleibt die Nacht über bei mir und ist ein wenig enttäuscht, als ich sie für den folgenden Tag »auslade«. Aber ich habe die schwarzen Blitzaugen im Kopf.

Dienstag, den 28. Dezember

Am Nachmittag kommt Irene für einen Sprung. Auch sie scheint ganz verliebt, aber ist letzten Endes kleinbürgerlich verklemmt. Wie frei ist Miranda dagegen – zwei Welten, zwei Körper. Ein Mädchen und ein Knabe.
Um 21 Uhr, wie vorgesehen, in die Hagenstraße, 5. Suzanne ist frei und setzt sich sogleich zu mir. »Ich freue mich echt«, und sage es ihr. Es stellt sich heraus, daß sie Französin ist, und wir sprechen nun nur noch Französisch.
Sie ist etwas stärker, als ich vermutet habe, aber ein schöner, fast vollendeter Körper. Das »fast« bezieht sich auf drei Zentimeter, um die der Hals zu kurz, die Taille zu breit ist. Wie bei Maßanzügen liegt der Unterschied vom Guten zum Perfekten in Millimetern. Sehr schmiegsam. Wir spielen so, als wären wir nicht in einem Puff. Plötzlich schaut sie mich wie fragend an. Ich will wissen, was los ist. *Je te trouve beau, il y a un sourire dans tes yeux, je ne sais pas …* Das ist mehr als das Protokoll vorschreibt. Ich gebe ihr beim Fortgehen DM 50,– extra in die Hand. Sie wird anrufen, ich habe ihr meine Telefonnummer gegeben. Ein herrliches Gefühl der Leichtigkeit.
Um 23 Uhr dann noch in die »Paris Bar«, wohin die beiden Ullas aus Paris kommen wollten. Man hat sich eigentlich nichts zu sagen. Ich erinnere mich dunkel, diese Augen schön gefunden zu haben. Es wurde nie etwas daraus. All die Um- und Widerstände! Wie unendlich weit ist Paris entfernt.

Am 29. Dezember

hole ich Dagmar S. um 13 Uhr vom Flugplatz ab. Das war telefonisch so ausgemacht.

1. Januar 1983

Dagmar:
Ich hatte zu Miranda gesagt, ich habe überhaupt keine Vorstellung, wie das wird. Es kann toll werden, aber auch ein Reinfall. Es war eher ein Reinfall.
Das war also die Dagmar, mit der ich, wenn auch nur sporadisch, in Stuttgart, Freiburg und Straßburg so stürmische Stunden verlebt habe.

Ich hatte nicht bedacht, daß das – so stellte sich nach einigen Berechnungen heraus – schon ganze zwölf Jahre zurückliegt; ich war damals in ihren Augen noch ein junger Mann, unter fünfzig! Sie ist nun über dreißig und hat ein sehr gezeichnetes Gesicht, die scharfe Nase der Sombart-Töchter und hart heraustretende Backenknochen. Ein Vogelkopf, was noch akzentuiert wird durch ganz kurz gehaltene Haare. Wenn sie lächelt, sind ihre Züge durch zahllose Fältchen wie schraffiert. Der Hals zieht Falten. Der Silberblick in schmalen Augen, der seinerzeit ihr großer Reiz war, hat immer noch seinen Zauber.

»Quiet days im Grunewald.« So hat sie sich das wohl von Anfang an vorgestellt. Mir fehlte das Wesentliche, wenn sie mich auch nicht richtig »anmachte«. Die erste Nacht, auf das Sofa exiliert, war trotzdem fast unerträglich. Ich ahnte nicht, ob sie sich dabei überhaupt etwas gedacht hat. Wahrscheinlich bin ich für sie in dem kanonischen Alter, bei dem Sex überhaupt nicht mehr in Betracht gezogen wird. Für sie war es ein Besuch beim »Großonkel«. Früher haben wir über unser Verwandtschaftsverhältnis gelacht.

Sie führt ein sehr selbständiges, unabhängiges, freies Leben. Der großbürgerliche Hintergrund macht auch in ihrem Fall den ganzen Unterschied aus, obwohl er zwei Generationen zurückliegt. Sie hat einen zwanzigjährigen Liebhaber, der ihr Schüler war – ein linker Striezi, nach allem, was ich herausgehört habe. Einen (Ehe-)Mann, von dem sie getrennt lebt, weil er seine »Kommunikationsfähigkeit« verloren hat, ohne geschieden zu sein. Daneben läuft eine »heiße« Sache mit einem amerikanischen (Militär-)Arzt, Jude. Dadurch war sie für dieses Thema sehr aufgeschlossen. Telefoniert hat sie mit allen dreien. Ich habe von der Ruhe profitiert, indem ich gearbeitet habe.

Silvester im Hause eines Herrn Pfefferkorn in Wannsee. »Rehwiese« gilt als besonders fein. War aber nicht elegant, sondern Boheme und familiär. Dagmar fröstelte in einem sehr ausgezogenen Abendensemble, das ihr blendend stand.

Sonntag, den 2. Januar

Dagmar zum Flugplatz gebracht.
Miranda und Irene zum Tee. Irene spielt nicht mit. Will nicht »ma-

nipuliert« werden. Als ob es darauf ankäme. Immer diese stereotype Forderung nach »Spontaneität«, die es meiner Erfahrung nach in diesen Dingen nicht gibt – nur als Ausnahme, die die Regel bestätigt. Nichts muß genauer vorbereitet werden als die Improvisation.

Montag, den 3. Januar
Das Gemeinschaftsleben des Kollegs beginnt wieder. Im Gegensatz zu vielen Kollegen liebe ich diese Mittagessen sehr. Es vergeht eigentlich keines, von dem ich nicht eine Anregung, einen Hinweis mitnähme. Ich verstehe die Opposition dagegen nicht.
»Der Baron« trägt Interessantes zu »meinem« Thema bei, das ihn offensichtlich nicht in Ruhe läßt. Zwei Aufsätze von Michael de Ferdinandy aus dem MONAT, den er gerade durcharbeitet. (Wozu?) »Karneval und Revolution« und »Hofzeremoniell Karls V.« – »Über die Rolle des Königs«. Er hat genau begriffen, worauf es mir ankommt. Vom Sohn Hassel hat er Nachricht, den Tirpitz-Nachlaß betreffend – er komme am 31. Januar, wir werden zusammen essen. Mich interessieren besonders die Urteile über den Kaiser. Dazu schreibt er: »Dabei muß man allerdings hinzufügen, daß der Kaiser an den damaligen, sehr hohen Maßstäben gemessen wurde, was Pflichterfüllung, Verantwortungsbewußtsein, Selbstdisziplin und dergl. anlangt. Heute würde der Kaiser unter den ›Großen‹ unserer Tage sicherlich wesentlich besser in der Bilanz wegkommen.«
Wolfgang Fietkau taucht wieder auf, immer sehr elegant und an der Grenze der Depression. Ich schenke ihm das Büchlein von Rossi, »Una esperienza anarchistica«, von dem ich seinerzeit zwei Exemplare binden ließ. »Anarchie« ist unser Thema. Er will meine Auffassung, so wie ich sie in dem Anarchiekapitel des Carl-Schmitt-Buches entwerfe, nicht so recht glauben. Für ihn ist Anarchie eben doch das Chaos, aus dem die Widertäufer und Rattenfänger aufsteigen. Die »entfesselten Triebe« hält auch er für eine Gefahr.
Hat mir viel aus seinem Leben erzählt.
Seine zwei Frauen – Ingrid und Brigitte, die Rose und das Gänsebümchen, die ihn jede ganz allein für sich wollten, während er beide haben will. Nicht die Männer – die Frauen sind monogam –, das ist seine Erfahrung. Vor Weihnachten war er mit Ingrid bei mir. Ich hatte auch Miranda eingeladen, und die beiden haben, wie in

einer Kontaktgruppe, ihre Probleme offengelegt, ich als Moderator, Miranda als Chor, Ingrid drohte mit Trennung – inzwischen ist sie vollzogen. Gleichzeitig hat sich aber auch das Gänseblümchen selbständig gemacht.

»Welche Chance«, sage ich ihm, »Sie sind jetzt frei für einen großen Neubeginn.« Das fällt um so besser, als ihm klar geworden ist, daß er nicht in die vergifteten Verhältnisse seiner Essener Hochschule zurückgehen kann. Er wird in Berlin bleiben.

Dienstag, den 4. Januar

MIRANDA

In meiner Kladde steht: Irene am Nachmittag, Miranda in der Nacht. Miranda wird wichtig. Ihre lebendige, helle Intelligenz setzt sich einfach durch. Sie ist überzeugend, wenn sie dasitzt, und ihre Geschichten erzählt – Lacan, E. T. A. Hoffmann, Jean Paul oder Gertrude Stein – alles klingt wie aus einem Märchen, das sie improvisiert. Manchmal habe ich richtige Zärtlichkeitsanfälle und stelle sie mir so ganz allein vor in der Welt, das Waisenkind, das aus dem Nest gefallene Vögelchen. Nenne sie das »Bildungs-Baby«. Dabei ist sie ganz selbständig in ihrer Riesenwohnung, die vollstehen muß mit unglaublichem Edelgerümpel, aber auch teilweise leer, unbenutzt. Sie trägt nur teure Boutiquefummel, aber alles durcheinander, die Hosen von diesem, die Jacke von jenem Kostüm, der andere Teil ist im Wäschekorb, in dem sich Massen von Kleidungsstücken häufen müssen. In den Strümpfen sind Laufmaschen, die schicken Schuhe haben durchgelatschte Sohlen. Macht aber nichts. Sie sieht aus wie ein zerzauster Wellensittich. Auch mit den Haaren ist das nicht so einfach. In der ersten Zeit kam sie immer mit irgendwelchen Phantasiecoiffuren, zu denen sie die Meschen aufsteckte, ohne aber unzählige kleine Haarsträhnen um Nacken und Ohren unter Kontrolle zu bringen, so daß sie immer unfrisiert wirkte. Jetzt akzeptiert sie, das Haar einfach offen zu tragen. Aber es braucht noch eine Weile, bis es sich ausgewachsen hat. Um es zu bändigen, schnitt sie für jede Gelegenheitsfrisur darin herum, was schreckliche Spuren hinterließ.

Sie ist ganz zweifellos eine richtige Prinzessin, innerlich ganz frei, ganz nach ihren Interessen und Bedürfnissen lebend, die ausschließlich seelisch-geistiger Art sind. Sie lebt in ihrer Phantasiewelt wie

Alice im Wunderland. Dahinein zieht sie auch mich. Ganz selbstverständlich nimmt sie mich an der Hand und führt mich davon, da ist man gleich hoch in den Lüften, schöne Landschaften weit unter sich ... ist sie disponibel. »Willst du kommen?« – »O.K.!«
Da ist sie, lächelt entwaffnend – in einem Plastiksack Damenbinden, im anderen psychoanalytische Literatur. Dann verschwindet sie wieder, ohne Spuren zu hinterlassen, als wäre sie nie dagewesen.
Etwas sehr Kostbares, Einmaliges ist da in mein Leben getreten, mit dem behutsam umzugehen ist. Ich will sie zum Karneval nach Venedig mitnehmen.

Mittwoch, den 5. Januar
Endlich den »Prinz Kuckuck« ins Reine schreiben lassen und an Reich-Ranicki von der »FAZ« geschickt. Ich bin sehr gespannt, was er sagen wird. Beides ist möglich, Ablehnung und Begeisterung.
Lektüre: Harden-Rathenau-Korrespondenz in den Fahnen. Aufregend, interessant. Ich soll eine große Besprechung für die »Süddeutsche Zeitung« schreiben.
Vormittags zu IKEA. Mit Miranda. Unnützes Zeug gekauft. Abends: Fellowtreffen ohne Vortrag und Gäste. Langweilig.

Donnerstag, den 6. Januar
Von der »Jugend in Berlin« habe ich inzwischen über sechzig Kopien an alle Welt geschickt, das Echo ist anhaltend positiv.
Schwab-Felisch schrieb einen netten Brief, er hatte das Spies'sche Haus wiedererkannt, in dem er auch ein- und ausging. Er will den Text im »Merkur« bringen.
Nach der »Großnichte« der »Großneffe«. Nicolas Creutzfeldt kommt ins Kolleg zum Essen, um seine Frau, eine nette New Yorker Jüdin, vorzustellen. Ich lade sie für den folgenden Tag zum Abendessen ein. Er sagt eine Viertelstunde vorher ab. Das ist typisch Creutzfeldt. Ich habe selten einen Menschen gesehen, auf den die goethische Definition des »unglücklichen Charakters« so gut paßt. Es mißrät ihm alles, und er leidet unter sich. Das Mädchen muß einen stark masochistischen Zug haben, wenn sie das erträgt. Bohrte am Großvater herum wegen seines »Deutschen Sozialismus«, sagte dabei aber ständig »dein Vater«, als ob er mich dafür verantwortlich machen wollte.

Immer wieder diese dumme »Faschismus«-Kiste.
Nachts Miranda.

Samstag, den 8. Januar
Jetzt fängt das Tagesprogramm schon beim ersten Frühstück an. Die Beckers haben in eine kleine Konditorei in der Westfälischen Straße zum »ersten französischen Frühstück« eingeladen, 9.30–11.30 Uhr. Ich komme nicht von Miranda los, die rosig strahlend in meinem Bett liegt, und bin erst gegen zwölf da. Etwa dreißig Leute werden reihum vorgestellt, kenne aber die meisten. Monika Wapnewski wieder betont unfreundlich, es wird mir langsam zu dumm.
Sehr lieb dagegen Sibylle Wirsing, die am Weihnachtsabend, von Axel eingeschmuggelt, teilgenommen und dann in der »FAZ« berichtet hatte (s. o.): Ich spreche von Wilhelm II. Sie will meine Sachen lesen, schicke SAs.
13 Uhr Spaziergang mit Weyergraf um den Grunewaldsee. Treffen RIAS-Redakteur Hoyneck mit Freundin. Er will meinen Berlin-Vortrag senden.
Wir wünschen uns eine Kommission, die beschließt, welche Neubauten (Bungalows) im alten Grunewald abgerissen werden müssen, weil sie da nicht hinpassen.
Gemeinsames Essen beim Italiener am Hagenplatz

Sonntag, den 9. Januar
Mit Graf und Gräfin Rothkirch zum Mittagessen bei Wolodja.
Der Graf erzählt zwei positive S. M.-Anekdoten: Prinz Eitel Friedrich erkältet sich (Lungenentzündung) nach einer militärischen Übung. S. M. schnauzt das Offizierskorps des Regiments bei seinem nächsten Besuch an, wegen »unkameradschaftlichem« Verhalten. Man hätte ihm einen Mantel geben sollen. Jawohl, Majestät. Tatsächlich hatte man ihm einen Mantel angeboten, den er aber nicht angenommen hat. Wenn ihr alle keinen Mantel habt, will ich auch keinen! Am nächsten Tag erscheint beim Regimentskommandeur ausgerechnet der Konzessionsschulze und reicht Beschwerde ein. Der Kaiser hätte das Offizierskorps beleidigt und müsse sich entschuldigen. »Aber wo denken Sie hin, Mann – man beschwert sich nicht über S. M.!«

Er müßte darauf bestehen, er sei in seiner Offiziersehre beleidigt. Die Sache wird weitergereicht, kommt zu S. M. Der läßt sich den Leutnant kommen. Bitte Aufklärung über den Sachverhalt. Klarstellung der Sache mit dem Mantel. »Warum hat man mir das nicht gleich gesagt? Aber was tun? Ich kann mich doch nicht selbst bestrafen.« »Majestät können sich aber entschuldigen.« Der Kaiser tat's beim nächsten Kasinobesuch. Der Leutnant macht eine glänzende Karriere. Die andere Geschichte bezieht sich auf Kriegsminister von Einem und steht in dessen Memoiren.
Spät abends Irene. Erzählt sehr lebendig und anschaulich über das Leben in ihrer Wohngemeinschaft. Über den »ideologischen Streß«, dem sie da ausgesetzt ist. Veteranen der Szene der sechziger Jahre, die da ihre linke Philosophie perpetuieren, obwohl diese Wohngemeinschaft sich längst zu reinen Mieter-Zweckverbänden gemausert haben. Haben den Jargon noch »voll drauf«. Reine »Repression«.
Bleibt die Nacht da.

Montag, den 10. Januar
Arbeit an »Jugend in Berlin«, lustbetontes Schreiben, das leicht von der Hand geht. Die Sprache trägt mich wieder. Das ist ein Gewinn, auch für meine anderen Arbeiten. Nach einem Kapitel »Mädchen« jetzt ein Porträt meines Vaters, »Der Herr Geheimrat«.
Meine Tageseinteilung hat sich inzwischen ganz schön eingespielt. Ab sieben Uhr beginnt mich der Verkehr auf der Hagenstraße zu wecken. Dann brauche ich eine Stunde, um wach zu werden und mich fertigzumachen. In der Zeit zwischen neun und elf fahre ich zum Frühstück in die Wallotstraße. Da stehen die herrlichsten Sachen bereit. Das Beste was das Kolleg bietet. Man trifft auch gelegentlich auf einen Kollegen. Die sogenannten »Hausfellows« haben meist schon früher gefrühstückt. Es entwickelt sich eine besondere Gruppensolidarität, die langsam beginnt, unseren Haufen in zwei Teile zu spalten. Danach Besorgungen, Wäsche, Fotos, Verpflegung, Schreibbüro.
Um elf Uhr kommt mein Schreibmädchen, Anke Herman. Immer etwas zu spät, was ich sehr begrüße, denn ich bin nie richtig »fertig« zur festgesetzten Zeit. Zwei Stunden Diktat, danach zum Mittagessen in die Wallotstraße, das sich bis drei Uhr hinzieht. Nachmittags

Korrekturen und Lektüre, abends gehe ich aus oder sehe Freunde. Bin eigentlich nie vor ein Uhr früh im Bett.

Dienstag, den 11. Januar

Mit Miranda im »Hundekehle«, danach die Nacht bei mir. Mittwoch früh sage ich das Tippmädchen ab. Ruhiger Vormittag. Sex um Mittag.
Geuss verteilt ein Flugblatt gegen das gemeinsame Mittagessen:

Da das jetzt praktizierte System der gemeinsamen Mahlzeiten unvereinbar ist mit dem Prinzip der »kontinuierlich sich bewährenden Konzentration allein auf den Gegenstand des wissenschaftlichen Interesses, frei von Organisationslasten und sonstigen ablenkenden Verpflichtungen« (S. 2), plädiere ich für seine Abschaffung. An seine Stelle tritt:
a) gemeinsames Abendessen mit anschließendem Kolloquium einmal in der Woche,
b) Kaffeestunde täglich um 16 Uhr, Teilnahme »in das freie Ermessen jedes Gastes gestellt«.
Raymond Geuss
A bas la communauté des fourchettes!

Ein seltsamer Vogel. Wurde uns als eine Art Wunderkind vorgestellt. Er ist der jüngste Fellow, der einzige unter dreißig. Der englische Text ist voller Invektiven und Idiosynkrasien.

Mittwoch, den 12. Januar

Fellowabend. Vortrag ohne Publikum von Raymond Geuss (aus Princeton) über die Kritische Theorie der Frankfurter Schule. Man fragt sich danach, wie dieses seltsame Konstrukt eine derartige Wirkung haben konnte. Auf welches Bedürfnis war es eine Antwort? In der Diskussion weise ich auf das »Jüdische« hin. Das ist aber keine Erklärung.
Muß dann vorzeitig weg, um zu einer Nachtveranstaltung der »Wilden Akademie« zu fahren. Hundert Leute in einem riesigen Loft in der Fritschestraße. Völlige Dunkelheit. Lesungen und Diaprojektionen. Der Text von Dietmar Kamper über den »Zug nach Westen« gut. Ein anderer, über den »Süden« von Uli Raulff, rasierter Schädel,

sehr viel schwächer. Vielleicht auch nur mein Eindruck, weil mir mehr dazu einfällt.

Mit Miranda noch bei Hans Holt, wo mir wieder die »Hannelore« – lang, schlaksig, ganz kleine Brüste, große schöne Hände – ins Auge sticht. Reagiert leider überhaupt nicht. Im Gespräch mit Miranda: »Dann bin ich also überhaupt nicht dein Typ?« »*Certainement pas, mais on n'aime que les femmes qui ne sont pas votre genre*, nicht wahr?«

Donnerstag, den 13. Januar

Habe Kamper zum Mittagessen eingeladen (schon bevor ich wußte, daß er in der »Wilden Akademie« liest, was ihn mir sehr viel sympathischer macht). Danach Spaziergang um den Grunewaldsee, bei dem ich ihm meine Wünsche betreffend Lehrauftrag vortrage. Er spricht selber von Honorarprofessur. Will einen Antrag in der Fachschaft einbringen. Ist gerade Direktor. Ist sehr freundlich und entgegenkommend, soll ein Dossier vorbereiten.

Um 17 Uhr Eröffnung der Konferenz im Reichstagsgebäude »1933 – Deutschlands Weg in die Diktatur«. Alles, was gut und teuer, ist anwesend. Der Festvortrag von Löwenthal außergewöhnlich schwach. Ein Wort mit Kevenig, mit dem ich Montag »Termin« habe. Nicht sehr freundlich. Siedler entschuldigt sich, daß er mir noch keine Zeichen gegeben hat. Mußte ein Buch von 400 Seiten umschreiben. Ich sage, er ist der einzige Verleger Deutschlands, der seine Bücher alle selbst schreibt. Hennis, der sehr nett ist. Dann vor allem Pierre Bertaux. Gräfin Dönhoff, wie immer, sehr distant.

Entzückend Sibylle, der ich sage, wenn ich sie sähe, hätte ich *un petit coup au cœur* – sie errötet, wie ein kleines Mädchen.

Freitag, den 14. Januar

Ins Reichstagsgebäude. Diskussion interessanter als am Vorabend. Gute Podiumssprecher. Ich interveniere. »Republik: der defiziente Modus der Monarchie« – das Monarchiemodell in den Köpfen der deutschen Führungsschicht (inkl. Sozialdemokratie). Bedingung Hindenburgs für die Machtübergabe an Hitler: Er sollte die Monarchie wieder herstellen! Ehrenwort auf dem Sterbebett!

Nehme Pierre zum Mittagessen ins Kolleg mit, wo er von allen Seiten aufs herzlichste begrüßt wird. Erzähle ihm ganz offen und brüderlich, was ich tue und vorhabe. Es gibt wenige Menschen, denen ich mich so nah und verwandt fühle. Wir kennen uns ja nun auch schon dreißig Jahre.

Er erinnert an seine Berliner Zeit (1928/29) – irgendwie ist unsere Freundschaft ein Produkt davon. Tutti Fischer hatte mich zu ihm geschickt, ihre Jugendliebe aus Berlin Erinnerung an Annette (ein Geschenk von ihm an mich), die gestorben ist. Im Kolleg taucht Ivan Nagel auf. Verabrede mich mit ihm. Nach dem Reichstagsseminar. Gehen zu Mario. Auch ein Freund von vor dreißig Jahren. Er kam aus New York zurück, ist nächstes Jahr Fellow hier. Schönes Gespräch. Er war engster Jugendfreund von Szondi – eine der Berliner Mythen.

Samstag, den 15. Januar
Telefoniere mit Thamara in Straßburg, die erkältet ist.

Sonntag, den 16. Januar
Mit Miranda im Zug nach Hamburg, um die »Schinkel«-Ausstellung am letzten Tag noch zu sehen. Sehr gemütliche Reise in eigenem Abteil.
Schinkel wieder großartig. Ich liebe seine späten Architekturutopien. Warum hat Wilhelm II. nicht den phantastischen »Palast für einen König« bauen lassen, den Schinkel für seinen Großonkel entworfen hat? Wilhelm II. ist kein großer Bauherr. Warum eigentlich?
Ich hatte mich mit Werner Hohman verabredet, der mich in der Museumsbibliothek erwartet. Kurzes Gespräch über das »Berlin–Wien«-Projekt. Interessiert. Man müsse mit den Wienern vorsichtig sein (er selber ist einer, Cullen hatte mich gewarnt). Will an einem »Kolloquium« gerne teilnehmen.

Montag, den 17. Januar
Das lange erwartete Gespräch mit Kevenig über »Berlin–Wien« in seinen Amtsräumen. Grundsätzlich interessiert, ja, aber zwei Sorten von Schwierigkeiten:

Der Termin. Für 1985 sind große Vorbereitungen für die 750-Jahr-Feier von Berlin (1987) in Gang, es scheint unmöglich, für das darauffolgende Jahr wieder etwas Großes ins Auge zu fassen.
Noch schwerwiegender: der Gropiusbau soll in ein Museum für deutsche Geschichte umgewandelt werden. Dafür sucht man einen Direktor, der das Programm machen soll, und dem will man nicht »vorgreifen«. Ich sage, daß man ihm vorgreifen muß, wenn man nicht nach Gründung des Museums erst einmal drei Jahre lang Sendepause haben will. Man soll ihm also mein schönes Ausstellungsprojekt als Mitgift in den Korb legen!
Wir verbleiben so: Kevenig will das Projekt in Bonn anmelden. Im Mai sähe er klar. Ich könnte im Kolleg ein »Brainstorming« über das Projekt veranstalten. Er würde daran teilnehmen.
Ich spreche sofort mit Wapnewski, der ist einverstanden.
Bin doch etwas deprimiert, aber was habe ich anderes erwartet?

Mittwoch, den 19. Januar
(120. Geburtstag von Werner Sombart)
Fellowabend, Vortrag von Dörner. Er spricht, wie er aussieht. Sozialpsychologisches Experimentalgebastel. Für mich unqualifizierbar: Entscheidungsmodelle mit Versuchspersonen »A« und »B«. Alle Menschen sind gleich fähig, nur manche sind »fähiger«, das sind die guten Versuchspersonen. Wer erteilt die Zensuren? Don't ask me. Ich bin rausgelaufen, weil ich es nicht aushielt. Aber höchst angeregte Diskussion, es gab lauter Leute, die das ganz ernst nahmen! Unfaßlich. Wissenschaft! Galtung mit seinem Legokasten ist dagegen hochdifferenziert.
Setzte mich in meine Ecke und hielt Hof. Miranda, Bernd (wegen dessen ich vom Rektor einen Verweis bekam!) und dann – zwei unbekannte junge Leute: Karsten und Tamara. Sie die Tochter eines prominenten Makro-Biologen (oder Mikro?). Spricht von ihrem »berühmten Vater«. Ich bin vollkommen hingerissen. Achtzehn, Pagenkopf. Schöne gerade, starke Nase, Katzenaugen. Sinnlicher Mund mit leicht hängender, lustvoller, immer spielender Unterlippe. Mein Idealtyp. Das Knabenmädchen.
»Paris Bar« mit der ganzen Bande. Ich hatte nur Augen für das schöne Kind. Da ich neben ihr saß, mußte ich mich beherrschen, sie

nicht ständig anzustarren. Nach der »Paris Bar« nehme ich sie mit ihrem Begleiter zu mir. Diskussionen bis um vier Uhr früh. Dreierbeziehung. Eifersucht. Sie hat das Thema aufgebracht. Ist der Mensch naturgemäß auf Monogamie angelegt oder nicht? Philo- oder ontogenetisch? Da hatte ich natürlich einiges zu sagen. Fourier.
Rufe am nächsten Tag an.
Ich: Ich bin ganz verzaubert.
Sie: Ich bin ganz verwirrt. Aber es war schön!
Lade sie für Freitag zum Tee ein.
Sie kommt, aber sie kommt nicht allein, sondern bringt Bernd mit. Das geht ja. Wieder endlose Diskussionen. So haben wir damals, mit Karl Supf usw. diskutiert. Gibt es das noch? Begabte, gebildete, interessierte, sensible Kinder. Ich: Man sieht dir an, daß du gute Eltern hast. Sie: Ja, das ist wahr. Landhaus in der Toskana. Sie hat eine dunkle, tiefe, fast etwas rauhe Stimme. Unwiderstehlich. Abgefahren.
Bevor ich nach München fliege, schicke ich ihr die Berlin-Story. »Vielleicht dir, nur dir erzählt.« Aufgepaßt, mein Alter!
Während unserer Unterhaltung *à trois* passiert mir ein schrecklicher, kolossaler Lapsus. In eine Schweigepause hinein – voller intensiver Gedankenarbeit – will ich sie, bewußt »anmacherisch«, ansprechen und sage: »Corinna!« Sie dreht sich mir langsam zu und lächelt schelmisch. »Ich heiße Tamara!« Trotz meiner Bestürzung habe ich die Geistesgegenwart zu sagen: »Ich weiß – ich wollte dich aber Corinna nennen!« Der Name gefällt ihr nicht. »Vorsicht«, sage ich, »was du sagst. Es ist der Name meiner Mutter«. Allen war klar, was da passiert war. Jetzt bin ich ausgeliefert.
Ich lade beide zu Mario in die Pizzeria ein. Dort erleben wir etwas Seltsames.
Es stürzen plötzlich uniformierte Männer in das Lokal und umringen einen Tisch. Es sind nicht Polizisten, sondern Sanitäter. Am Tisch sitzt ein alter Mann, in sich zusammengesunken, der offenbar, während wir sprachen, ohne daß wir etwas merkten, einen Schlaganfall erlitten hatte. Vielleicht war er schon tot. Er wird auf einer Bahre hinausgetragen. Ein schreckliches Memento mori.
In der Stimmung, in der wir sind, ist es unmöglich, darüber, als einen Zufall, hinwegzugehen. »Was soll uns dieses Signal sagen?« fragt Tamara. Ich: »Daß das Leben kurz ist, und wir jede Sekunde

nutzen sollen.« Denke aber: Alter Junge, es kann Dich jeden Moment erwischen. Was willst du mit einem so jungen Ding? Ich fürchte, sie hat das Zeichen auch so verstanden.

Samstag, den 22. Januar
Fliege, wie vorgesehen, nach München, zur Feier des 60. Geburtstages von Kurt Hoffmann. Miranda fährt mich nach Tegel. Sie spürt natürlich etwas, und führt die süßesten Eifersuchtsdramen auf. Ich kann nur wenig damit anfangen, spiele gar nicht richtig mit, dabei schmerzt es mich, ihr weh zu tun.
Wohnung in der Schackstraße (bei Hubert, der nicht da ist). Irene Kreindl ist zum Flugplatz gekommen. Mit ihrer Hilfe stelle ich einen Korb mit ein paar Spitzenrotweinen zusammen. Kaufe auch Blumen, um ihn zu schmücken. Lade sie zu einem Imbiß zu Käfer ein. Bad. Umkleiden. Nicht völlig überzeugt, ziehe ich meine Prunkdjellabah über, die ich mitgenommen hatte.
Das Fest am Musenberg ist nett. Familiär. Fast bescheiden. Zwanzig Leute, die ich nicht kenne. Sehr viele Ärzte. Nur Paeschke ist mir vertraut, und mit ihm spreche ich die meiste Zeit. Alte und neue »Merkur«-Geschichten. Frau Katz, die Säule des Unternehmens, in einem schwarzen Spitzenanzug, transparent, was sie sich mit einer guterhaltenen Figur leisten kann. Hat die Berlin-Story schön gefunden und Abdruck beschlossen. Hat den Text Ursula von Mangold geschickt, die also noch lebt. Sie soll begeistert sein. Das freut mich mehr als alles andere.
Apropos: Brief von Arnim Mohler, süß-sauer. Ich sollte mir die Psychoanalyse abschminken – das sei unter meinem Niveau.
In der »Morgenpost« war ein Brief von Suzanne, mit neuer Adresse und Telefonnummer. Sieh mal an.

Sonntag, den 23. Januar
Genieße die blaue Wohnung. Lese Goethe, der herumliegt. Telefoniere, was man doch nicht tun soll, nach Chicago. Langes Gespräch mit Babsi, die entschlossen ist, sich scheiden zu lassen, und sich auf Berlin freut. Auch langes Gespräch mit Suzanne. Redet so ein bißchen um den heißen Brei herum. Wollte ich das wieder aufnehmen,

wenn sie es wollte? Nichts ist unmöglich. Telefoniere auch mit Tamara. Sie soll mich anrufen, wenn sie mich sehen will.
Zum Tee noch einmal die Hoffmanns. Sie sprechen sehr nett über unsere respektiven Kinder und ihre Probleme. Die drei Töchter verschönen das Fest. Ich kann von Alexanders Erfolg berichten, ohne allerdings das Wichtigste zu sagen: Der griechische Millionär, den Bibelle aufgerissen hat, wird ihn sponsern. Wohnung und dreitausend Pfund im Monat. Coco sagt ganz richtig: Da braucht er ja gar nicht mehr zu tanzen. Aber so ist das wohl nicht gemeint. Nach dem Kennenlernen – Essen im Plaza Athénée – steckt er ihm, als kleines Startgeld, einen Umschlag mit sechstausend Pfund zu! Das lasse ich mir gefallen! Warum ist mir so etwas nicht passiert? Horoskop!
Abendessen mit Stefan Sattler, Fritz Arnold und einem Prof. Mosse, Spross der Berliner Zeitungsmagnaten, jetzt Amerikaner. Gute Gespräche: Sexualität und Politik. Deutsche und englische Homosexualität. Die intellektuellen Faschisten in England und Frankreich – homosexuelle Koterien. Drieu, Ricaumont etc.
Komme erst um 23 Uhr zurück in die Schackstraße, wo ich Margit erwarte. Sie kommt nicht. Ich warte bis um eins, gehe dann verärgert ins Bett.
Am nächsten Tag ruft sie in Berlin an. Behauptet, schon um zehn an der Tür gestanden zu sein! Ist dann, nach einer Stunde Warten, nach Hause gefahren. Wir haben uns um eine Minute verpaßt. *Le rendez-vous manqué!* Was will ich eigentlich? Habe ich nicht gerade geschrieben, das seien die besten?

Montag den 24. Januar

Lasse mich mit dem Auto zum Flugplatz fahren, Trinkgeld höher als Taxi. Miranda wartet in Tegel. Sie ist brummig, verstimmt. Hat offenbar – über Bernd? – etwas gehört. Verdruckste Eifersuchtsszenen. Sie geht »definitiv«. Das sei jetzt endgültig. Ich lasse sie gehen, lese. Fünf Minuten später klingelt sie wieder, fällt mir in den Arm.
Danach zusammen im Post-Histoire-Seminar. Referat über Philipp Johnsons »Pavillon«. Ich spreche zum ersten Mal in der Diskussion. Tenor: Nehmen wir diese Sachen nicht zu ernst! *Folies du prince!* Gab es immer. Millionäre hatten schon immer das Recht auf ihren

schlechten Geschmack. Niemand wird aus dem Phantasieschloß von Hearst oder den Villen von Marbella etwas machen wollen, das stil- oder zeitgeschichtlich relevant wäre. Allenfalls von soziologischem Interesse. Post-Histoire ein Verlegenheitswort, das in das Präsentationsgerede der Architekten und Galeristen hineingeraten sei – aber nicht mehr bedeute, als ihre Schwierigkeit, dem Kunden ihre unverkäuflichen Produkte aufzuschwatzen. Definition: Das Wort Post-Histoire, in die Sprache des Marketing abgesunkenes Kulturgut, das von Leuten benutzt wird, die keine Ahnung haben, wovon sie reden. Ich werde applaudiert.
Unerwartet war Tamara gekommen! Neben mir. Ich sterbe vor Begierde, sie anzurühren. Schaue sie nur an, sie schaut zurück. Indifferent? Mysteriös. Ich kann es nicht sagen. Ich: *Tu me troubles.* Sie: *Pourquoi?* Dann zieht sie, vor Ende der Übung, mit Bernd ab.
Ich habe zu nichts mehr Lust.
Trotzdem Essen mit Miranda im »Hundekehle«. Ich spiele ein bißchen den *désabusé.* Sie läßt sich aber nicht täuschen.
Zu Miranda. Ich habe ihr die »Histoire O.«, die sie nicht kennt, geschenkt. Als ich frage, ob sie sie gelesen hat, antwortet sie: »So etwas lese ich nicht, so etwas erlebe ich.«

Dienstag, den 25. Januar
Arbeit am »Herr Geheimrat«-Kapitel, das sehr schön wird.

Mittwoch, den 26. Januar
Fellowabend. Vortrag von Prof. Kelly. Schinkels Berlin. Völlig uninteressant. Hätte 1920 geschrieben sein können. Wissenschaftliches Biedermeier.
Zum Tee: Miranda und Irene.

Donnerstag, den 27. Januar
(Kaisers Geburtstag)
Auf Drängen von Tamara habe ich das »Frühstück« doch gemacht. Ursprünglich wollte ich mit schriftlicher Einladung etwa dreißig jüngere Leute zusammentrommeln, um »Kaisers Geburtstag« zu feiern.

Dann fand ich einfach nicht die Zeit dazu, wollte aufgeben. Um Tamara zu willfahren, habe ich dann Mittwoch per Telefon eingeladen, wen ich erreichen konnte. Es kamen immerhin fünfzehn Leute. Tamara saß neben mir. Etwas zu geschminkt, aber auffällig in ihrer klassischen Schönheit. Eine antike Gemme von einem Wagenlenkerprofil. Die Sache lief sehr nett ab, war aber irgendwie unbefriedigend. Meine kleine Rede schwach. Man sprach von meiner »Kindergesellschaft«.

Freitag, den 28. Januar
Besuch von Bundespräsident Carstens im Kolleg, alles aufgeregt. Auf die (stereotype) Frage »Und woran arbeiten Sie hier« antwortete ich: »Über einen ihrer Vorgänger!« – »Ja, wen denn?« – »Wilhelm II.« Er zuckte etwas zusammen, meinte dann aber: »Ja, als Staatsoberhaupt, das stimmt ja wohl!« Lem machte den *bouffon du roi*. Er sieht ja auch so aus. Wapnewskis Rede war wieder zu salbaderisch, in Ton und Wortlaut. Er wird sehr kritisiert. Ich muß ihn immer verteidigen und tue es gerne.

Am Nachmittag
Die große Enttäuschung. Die Größe der Enttäuschung ist proportional der Höhe der Erwartung. Tamara sollte zum »Tee« kommen, um halb fünf. Ich hatte Kuchen gekauft. Freue mich überhaupt schon seit Montag darauf, wie ein Primaner. Bei der Rückkehr vom Essen in der Wallotstraße finde ich in meiner Tür einen Brief, auf französisch, sie hätte sich »spontan« entschlossen nach Hamburg zu fahren. Ich sollte nicht *fâché* sein. Ich bin »untröstlich«. Schicke ihr ein Foto von mir und eines von ihr, auf den Rücken des meinen schreibe ich: »*Nicolaus – pas fâché mais triste*«. Auf das ihre: »*Albertine disparue*«.
Abends kommt Richard Faber mit seiner Freundin, später Bernd und Schiera. Wir wollen Plan und Planung für ein Carl-Schmitt-Kolloquium besprechen. Schiera entwickelt einen grandiosen Plan: Wissenschaft als Surrogat für Politik – die deutsche Lösung, wobei seine Bewunderung für die deutsche Wissenschaft soweit geht, daß er den Deutschen ihr politisches Versagen gerne nachsehen will.

Samstag, den 29. Januar

Am Nachmittag mit Weyergraf zum »Cronos«-Film, um Kaiser-Wilhelm-Filmmaterial zu »visionieren«. Finde einen fertigen 30-Minuten-Streifen, den ich vor meinem Vortrag zeigen werde.
Abends Diner bei Wapnewskis. Zu Ehren der süßen Sibylle Wirsing, die einen langen Artikel über die Künstlerin Monika Prange geschrieben hat, der gestern groß im »FAZ-Magazin« herausgekommen ist. Eine Oktave zu hoch, will mir scheinen, aber wir freuen uns alle für die Dame. Acht Personen. Alles ist mit Kerzen beleuchtet. Champagner. Das Essen ist vorzüglich. Man bleibt nach dem Essen, bis zum späten Aufbruch, am Tisch sitzen. Hauptthema: Berlin – lokalpolitisch, kulturpolitisch, theaterpolitisch. In Berlin spricht man nur von Berlin! Anwesend waren noch: Rühle, von der »FAZ«, Hermann Wiesler, Kunsthistoriker von der TU – laut Monika der beste Koch von Berlin, Professionelle inbegriffen, und der Kanzler der TU mit Frau. Ich ärgere mich, keine Blumen geschickt zu haben.

Sonntag, den 30. Januar

Gehe nicht zu dem Vortrag von Galtung an der FU. 9.30 Uhr. Es ist einfach zu früh. Es ging um die »Vier Erben des Nationalsozialismus in Deutschland heute«. Wir hatten ein Gespräch zu dem Thema, in dem wir beide unser Unbehagen an dem Reichstagskolloquium und an dem Lübbe-Vortrag zum Ausdruck brachten.
Die große Thamara ruft an aus Paris. Ihr armer Vater ist jetzt in der Klinik, mit den Schläuchen in der Nase. Es ließ sich, wie sie sagte, nicht vermeiden. Man kann die Menschen nicht sterben lassen! Ich muß Maßnahmen ergreifen, um zu verhindern, daß mir das passiert. Sobald man ins Krankenhaus eingeliefert ist, ist man ausgeliefert.
D… *retrouvée*. Sie kam gegen Mittag; ich war noch im Morgenrock, weil ich in die Reichstagsfeier hineingehört hatte (Festakt der Stadt, mit Brandt, Kohl und Weizsäcker). Wir waren schon gestern verabredet, nach dem Diner, es war aber zu spät geworden.
Sie ist lieb, etwas schmaler geworden. Frühstück. Sekt. Ich lese ihr das »Mädchen«-Kapitel vor, das ihr zu gefallen scheint. Dann nehme ich sie auf die Matte, was sie ohne viel Widerstand geschehen läßt. Putze ihr ganz schön die Muschi aus. Sie zappelt vor Vergnü-

gen, ich darf gar nicht aufhören. Dann machen wir Fotos. Sie ist kooperativ, was ich nicht erwartet hatte. Man weiß es nie vorher!
Als sie in der Badewanne sitzt, klingelt es (fünf Uhr) und es erscheint – Giselle Celan, die ich eingeladen, aber völlig vergessen hatte! Sie ist der Gast von Bollack, der sich mit ihr schmückt, stolz wie ein Pfau. Ich schmeiße D... ihre Sachen ins Bad und setze mich mit meinem Gast in den Salon. Sie will Whisky, das Gespräch springt ohne Schwierigkeiten an. Ich verstehe, daß sie mein »Interesse« für ihren Mann wecken will. Sie traut den Übersetzungskünsten von Bollack nicht. Wir sind uns in unserem Urteil über ihn einig. Er ist ein Schalentier. Hinter seinem Panzer, zu dem sein *orgeuil* gehört, steckt ein ganz weicher Kern. Würde der Panzer geknackt, müßte er sterben. Er kennt das Leben nicht. Das ist mit zwanzig erlaubt, auch noch mit dreißig, aber nicht mehr mit sechzig. Zwischendurch kommt D... aus dem Bad. Geht aber gleich. Der Überraschungseffekt (und die Fernwirkung desselben) können als gesichert gelten.
Am Vormittag hatte ich mit Möppi Wagner telefoniert, um sie nach Mizzi Dernburg, der großen Liebe von Papa, zu fragen. (Sie ist befreundet mit deren jetzt schon sehr alten Tochter). Mizzi war eine große Bayreuth-Besucherin. Ihr erster Mann Opernsänger. Siegfried Wagner nannte sie die »Königin von Saba«. Sie soll für Samstag ein Treffen mit der Tochter arrangieren, falls ich nach München komme. Als ich Möppi nach Nike frage: Ach, darüber wollen wir gar nicht sprechen! Es ist so furchtbar! Sie ist alt und verhärmt. Wie kann sie nur aus dieser Sache herauskommen! Ich sage, daß ich sie ans Kolleg vermittelt habe. »Ach, du bist wunderbar!« (Sie wird kommen, aber mit dem Kerl, das sehe ich voraus. Ihr ist nicht zu helfen.) Schließe das »Geheimrat«-Kapitel ab, das wirklich schön geworden ist. Werde es Kalow schicken!
Abends ruft Faber an. Hat »Jugend in Berlin« und »Richthofenschwestern« gelesen. Ist entzückt und will mir das nur sagen.
Miranda seit Donnerstag, wo sie noch zum »Frühstück« erschien, nicht mehr gesprochen oder gesehen. Was wird aus Venedig? Ich träume davon, Tamara mitzunehmen.

Montag, den 31. Januar
Axel von dem Bussche hat ein Mittagessen mit seinem Freund Johann Dietrich von Hassell arrangiert, den wir im Direktionsgebäude in der Siemensstadt abholen, um dort in einer italienischen Kneipe zu Mittag zu essen. Sohn von Uwe Hassell und der Tochter von Tirpitz, der also sein Großvater ist. Hat noch unveröffentlichtes Material. Gespräch: Gibt es Äußerungen über den Kaiser vom Großadmiral, die dieser aus Gründen der Diskretion, der inneren Zensur nicht veröffentlicht hat? Der kleine gestrichene Satz. Ich merke bei diesem wieder den »Affekt«. Hassell, unauffälliger deutscher Beamten-/Diplomatentyp der alten Schule mit Rugby-Krawatte, bestätigt monarchistische Grunddisposition seiner Familie. Er hat eine Karte des Kaisers (Abschrift) aus Doorn mitgebracht, die erschreckend ist. Republik versagt. Die Deutschen brauchen einen Diktator. Es braucht nur zu rufen. Ich komme. 1926! Aber das ist genau das, was Carl Schmitt sagt. Das muß man sehen!
Wir entwerfen ein Szenario: Hitler kommt 1932 bei einem Flugzeugunfall um. Göring wird der Führer der Partei. Hindenburg betraut ihn mit der Regierung. Potsdamer Staatsakt. Hindenburg stirbt. Reichstagsbrand: ja. Ausschaltung der KPD und SPD: ja. Aber: Göring, durch das Ehrenwort gebunden, restauriert die Monarchie. Regentschaftsrat mit Louis Ferdinand. Göring »Duce« nach italienischem Vorbild. Allgemeine Wehrpflicht, Aufrüstung: ja. Einmarsch im Rheinland: ja. England gibt Kolonien zurück. Himmler macht Ahnenerbe – aber es gibt keine SS. Es gibt vielleicht Krieg mit Rußland (Polens wegen). Aber keinen Holocaust.

Sehr schöner Nachmittag mit Tamara. Wir sprechen über uns. »Ich bin nicht eine Fünfzehnjährige, die auf einen älteren Herrn abfährt, der für sie schwärmt.« Sie hat keine Lust, »die Biene von Herrn Sombart« zu sein. Rücksicht auf ihre Eltern – aber, wenn sie etwas will, dann steht sie auch dazu. Venedigreise scheint durchaus im Bereich des Möglichen zu liegen. Wir gehen zusammen ins Post-Histoire-Seminar, danach mit Bernhard zum kleinen Italiener am Hagenplatz. Glänzende Stimmung. Sie hatte gesagt, daß Bernd für sie, ebenso unerwartet wie ich, »wichtig« geworden sei. Ich sehe es wohl. Aber mit diesem Dreieck läßt sich's leben.
Am Dienstag schicke ich ihr einen Brief, weil ich meine, daß ich sie

von dieser Idee von der »Biene« abbringen muß. Sage, daß ich »am liebsten ihre Eltern um ihre Hand bitten würde« – will sagen: Du bist ein Mädchen, das ich heiraten würde. Das ist irgendwie schief angekommen und unfreundlich aufgenommen worden.

Sie ruft Mittwoch (während der Diktatstunden) an. Ganz kurz angebunden – sie könnte mich nicht sehen (was ich vorgeschlagen hatte), kommt auch abends nicht ins Fellowseminar ... Das ist also schief gelaufen. Elefant im Porzellanladen. Ich habe mich (was Miranda vorausgesehen hat) lächerlich gemacht. Schade. Tut ein bißchen weh ... Ihr Foto steht da vor mir ...

Arbeit an »Jugend in Berlin«. Gute Seiten über Celibidache – angeregt durch Bibelle. Und »Juanita Binz«. Reinschrift von »Herr Geheimrat« im Schreibbüro – es dauert immer länger, als geplant. Schikke »Mädchen« und »Geheimrat« an Marianne Frisch.

Mittwoch den 2. Februar
Fellowseminar. Bollack hält seinen großen, sehr erwarteten Vortrag. Er hat hunderte von Leuten eingeladen. Der Saal ist überfüllt. Eineinhalb Stunden Trommelfeuer. Schwerste Wissenschaftsartillerie. Der Diskurs des Zwangsneurotikers. Wozu dieser Aufwand? Was will er beweisen? Was muß er beweisen? Man hat das Gefühl: Er schießt mit Kanonen auf Spatzen. Stürmt mit dem Rammbock gegen offene Türen. Es ist klar, daß es ihm gar nicht um »Philologie« geht. Worum aber dann? Der Schlüsselsatz der Hermeneutik schien mir immer zu sein: »Den Autor besser zu verstehen, als er sich selber verstanden hat«. Bollack spricht nicht vom Autor, sondern vom »Text«. Ich möchte ihn aber beim Wort nehmen – versuche, ihn besser zu verstehen, als er sich selber verstanden hat.

»Philologie« ist nur Paradigma für ein System der »Wahrheitsvermittlung«. Rekonstitution der autonomen Wahrheit des Textes, des »ursprünglichen Sinnes«, meint nur vordergründig die Wahrheit des Textes. Es geht um den Text als Wahrheit. Charakteristischerweise sagt uns Bollack nicht, warum es so außerordentlich wichtig ist, den authentischen, autonomen Sinn des Textes zu rekonstituieren und zu respektieren. Rezeptions- und Interpretationsgeschichte ist für ihn (notwendigerweise) eine Geschichte der Deformationen und Abweichungen. Wieso eigentlich? Man könnte – wie Marquard – die ent-

gegengesetzte Position einnehmen und sagen: Eine authentische Lektüre des Textes gibt es gar nicht, nur Interpretationen sind interessant, gerade weil sie in ihrer Art des Mißverständnisses typischer Ausdruck ihres historischen Kontextes sind. Die Haltung von Bollack ist im Grunde ahistorisch, sein Rigorismus ethisch-religiös, fundamentalistisch. Er ist der Prophet, der die Schächer aus dem Tempel verjagt. Bollacks »Wissenschaftlichkeit« konstituiert das Interpretationsmonopol einer spiritualistischen Elite, die das Monopol des Umgangs mit dem Sakralen hat, und darum alleine im Besitz der Wahrheit ist. Das konstituiert natürlich auch einen Herrschaftsanspruch. Hier spricht der Rabbinersohn. Der »heilige Text« ist der »Name Gottes«, ist die Ordnung der Welt. Wer den Text richtig interpretiert, kennt das Weltgeheimnis. Die Unordnung der Welt beruht auf Fehlinterpretation, Deformation und Abweichung. Der »heilige Text« ist ewig, absolut, göttlich, ahistorisch.
Geschichte ist, *par définition,* Geschichte der Deformationen und Abweichungen, Profanisierungen. Geschichte ist Abweichung. Bollacks Philologie ist säkularisierte Talmudistik. Sein Anliegen die Repristination des Sakralen in einer profanisierten (gottvergessenen) Welt.
Ich sah das alles ganz klar. Habe es aber leider nicht gesagt. Die Leute waren durch den langen Vortrag und eine völlig uninteressante, an Nebensächlich-Vordergründlichem haftende Diskussion erschöpft. Aber es war wieder das »Zurückweichen« – meine Neurose. Auf dem Abend lag für mich der Schatten von T.s Abwesenheit. Ich gehe früh nach Hause und sitze bis um drei Uhr früh an »Jugend in Berlin«. Eigentlich sehr glücklich. Regression?

3. bis 5. Februar
(Reise nach Paris und München)
Michael Khoundadze, mein hochverehrter Schwiegervater, ist in der Nacht von Sonntag auf Montag gestorben. Ihm ist also die Intensivstation erspart geblieben. Seine Agonie hat eigentlich nur zwölf Stunden gedauert. Mit Thamara telefonisch die praktischen Maßnahmen besprochen, die sie mit ihrem Bruder geregelt hat. Die Beerdigung war auf den Donnerstag angesetzt. Ich bin am selben Tag, um 7.30

Uhr nach Paris geflogen. Rückflug über München, weil Hubert mich eingeladen hat.
Es ist unglaublich, was sich in diesen sechsunddreißig Stunden alles ereignet hat. In Paris:
Die Beerdigungszeremonien in drei Etappen. Tief ergreifend. Abends mit Thamara und Michael »Chez André«. Notar, Banksafe, Erbschaftsgespräche. Verteilung und »Aneignung«. Ich nehme ein Paar Pumps und zwei Pullover mit. Mittagessen mit Thamara, Alain und Michael. Der Sohn von Alain, Peter, Lieblingsenkel, hat bei der Nachricht vom Tode des Großvaters einen schizophrenen Schub gehabt. Ist in der Anstalt. Das lief parallel zur Beerdigung.
Wenige Stunden später in München:
»Vier Jahreszeiten« (als Gast von Hubert), Lord Weidenfeld, Joachim Kaiser, Swen (10 Personen). Nach 1 Uhr Margit, das keusche Callgirl (DM 200,–), Samstagnachmittag: Möppi Wagner. Schneesturm. Rückflug nach Berlin.
Der, doch seit langem erwartete, Tod von Michael Khoundadze hat mich tief getroffen: der Patriarch der Familie verläßt uns. Er war auch mein Vater geworden. Damit stehen wir nun da als »Vollwaisen«. Für Thamara ein Einschnitt von noch nicht absehbaren Folgen. Sie wird sich verhärten. Autoritär werden. Vielleicht aber auch völlig zusammenbrechen. An ihm hatte sie ihren Halt. Er hielt auch unsere Ehe zusammen, die ohne die »Filiation« sicher nicht zustande gekommen wäre. Ich habe die Tochter des Schülers meines Vaters geheiratet.
Aber auch eine echte Bewunderung für diesen Mann – seine außergewöhnlichen Fähigkeiten, seine Lebensleistung, unter den Bedingungen eines verfehlten Lebens. Die Geradheit, Charakterstärke, Unbestechlichkeit – gleichzeitig das Schicksal zwischen zwei Frauen.
Ich war zu bewegt, um einige Worte zu sagen. Ich wäre in Tränen erstickt. Thamara und die Kinder (Michael, Elisabeth und Alexander) in Tränen aufgelöst (Diane konnte nicht kommen – aber Patrick war da). Für uns alle ein Wendepunkt.
Wie wird es jetzt weitergehen? Beschluß: vorläufig in Straßburg nichts verändern. Die Wohnung Avenue Boudon wird verkauft werden, weil Alain das Geld braucht. Aber dann? Ein Haus, eine Wohnung kaufen? Aber wo? Thamara will nicht nach Berlin. Ich will auf keinen Fall nach Straßburg zurück.

In München Besuch bei der Tochter von Mitzi Dernburg:
Die scheußliche kleine Wohnung der Achtzigjährigen (Erika). Die schreckliche Einsamkeit. Erinnerungen: Grunewald, Juanita Binz und ihre Töchter! Ich kaufe ihr einige handgeschriebene Briefe und Postkarten des Vaters für DM 300,– ab, auch als »Unterstützung« (Charity).
Aber die Situation: Ein Sechzigjähriger und eine Achtzigjährige sprechen über die Liebe ihrer Eltern, die siebzig Jahre (1903–1910) zurückliegt – gespenstisch.
»Mitzi« Dernburg 1872 geboren, damals dreißigjährig. Werner Sombart vierzig-/fünfzigjährig. Midlife-crisis. Warum haben sie nicht geheiratet, als Mizzi 1910 verwitwete? Sie hat dann 1914 den Dernburg, Bruder des Kolonialstaatssekretärs, geheiratet. Ihr Berliner Salon bis in die dreißiger Jahre in Berlin Grunewald! Im Gästebuch die immer wieder vorkommende Unterschrift von Arthur und Juanita Binz, also in der Zeit, in der mein Vater diese regelmäßig sah! Einer der Gründe, warum er so gerne zu ihnen ging? Gestorben 1952.
Aus diesen drei Tagen könnte man ein Buch machen. Das ganze Leben ist darin: Leben und Tod, Liebe und Sex, die große und die kleine Thamara, Vergangenheitsnostalgie, Zukunftsplanung, Familienbande und Aussteigerphantasien, die Städte: Berlin – Paris – München. Die plötzlich, im Augenblick der Grablegung, durchbrechende Sonne, der Schneesturm.

Sonntag, den 6. Februar
Tiefpunkt auf der Höhenfahrt? Berlin liegt im Schnee.
Die unglückliche Geschichte mit der kleinen Tamara, der Tod des Patriarchen, die damit verbundenen Familiengespräche haben mich in eine nachdenklich-trübsinnige, ich will nicht sagen: depressive Stimmung versetzt. Ich bin auf mich zurückgeworfen. Keine Euphorie verklärt den Tag (und die Stadt).
Mit seinem Alter leben. Das will mir offenbar noch nicht glücken. Das Memento mori, das verschreckte Sich-Zurückziehen der kleinen Tamara zwingen mich, darüber nachzudenken. Die Zukunftsperspektiven für Berlin sind ja doch ein Leben allein. Nicht mit einer jungen Geliebten (wer auch immer), nicht von Freunden umgeben, sondern allein. Nicht getragen durch ein »großes Projekt« (wie es die

Ausstellung wäre), sondern allein. Ja, nicht einmal mit einem »Kolleg« im Hintergrund, seinen täglichen Mahlzeiten, seinem Schreibbüro, seiner Fellowbetreuung, sondern allein.
Miranda kam auf meine Bitte »zu einer Tasse Tee« – sehr niedlich mit ihrem großen Hut, Minirock und Stiefeln. Ich hoffte, ich könnte mich mit ihr aussprechen. Es war unmöglich – ich war verstummt, kommunikationsunfähig. Sie ging sehr traurig, resigniert. Mag (oder mochte) mich wirklich. Es ist schade, daß diese nette Beziehung auseinandergeht, für nichts und wieder nichts. Sie denkt natürlich, es sei wegen Tamara. Wenn sie wüßte (und sie wird es ja bald wissen!). Wahr ist, daß ich schon, bevor ich die kleine Prinzessin kennenlernte, nichts mehr Rechtes mit dem »Vögelchen« anfangen konnte. Das war schon zu Ende.
Dann rufe ich D... an, die auch kommt (Taxi DM 30,–). Mit ihr kann ich reden. Sie hat gerade ihre W...-Erfahrung. (Das ist natürlich auch unheimlich, wie in diesem kleinen Kreis jeder jeden kennt und, im Laufe weniger Jahre, jeder mit jedem schläft.) Aber trösten kann sie mich natürlich nicht – sie bestätigt mir nur mein Problem.
La difficulté d'accepter mon age?
Spät abends kommt noch ein Anruf von Hubert aus Offenburg. Hat am Samstag Michael Klett, Krüger und Bohrer zum Nachtessen in München/»Merkur«. Warum hat er mich nicht dazu geladen?

Montag, den 7. Februar
Nachmittag kommt Giersch – wir sprechen über das »Panoptikum der Stereotypen«. Er läßt ein Band mitlaufen, will eine Sendung daraus machen.
Interessant, was er über seine Generation sagt. Das Fehlen an Referenzen, die große Langeweile, das interesselose Dahinleben. Als einziger Stimulus: Kleine »Höhepunkte«, die man sich rücksichtslos verschafft. Keine Zukunft – keine Vergangenheit. Von welcher Jugend spricht er? Wenn ich an meine jungen Leute denke, D..., Miranda, Tamara, Bernhard – so haben sie mit dieser Darstellung nichts zu tun, sie gleichen mir, als ich so alt war wie sie. Selbst Irene ist doch keine derartige Lemure. Auch Tietz und Giersch selber nicht. Ja, das sind nur ein paar. Er spricht von Zehntausenden. Diese Zehn-

tausend zählen dann eben nicht. Auf die Handvoll kommt es an, wie eh und je!

9. bis 11. Februar
Ausflug nach Zürich geplant und unternommen mit Weyergraf, um an der Eröffnung der Ausstellung von Harald Szeemann: »Hang zum Gesamtkunstwerk« teilzunehmen.
Mit dem Flugzeug bis Stuttgart, dann mit dem Zug (hinter dem Rücken des Schwarzwaldes) nach Zürich. Die billigste Verbindung. Die Rückreise sollte dieselbe Route nehmen. Ich war mit meiner Schwester Ninetta verabredet, die auch nach Stuttgart mußte. Es kam aber alles ganz anders.
Als erstes: Zigarreneinkauf, Weyergrafs Passion. Dann Kronenhalle. Mousse au chocolat. Dann zu Mathias Nolte, in die »Penthouse«-Redaktion. Ich biete ihm das »Mädchenkapitel« an – als Nummer Eins einer Serie, in der er andere Sechzigjährige ihre frühen Mädchenerlebnisse schreiben ließe. Fand das eine gute Idee. Ich verbringe die Nacht in seinem Haus in der Altstadt, in unmittelbarer Nähe des Kunsthauses.
Um 18 Uhr große Eröffnungszeremonie, mit Rede von Scheel und Szeemann. Es hat sich folgendes in der Hektik des allgemeinen Begrüßungstumultes im Foyer ergeben:
Böehme, der Mann der »Bergedorfer Gespräche«, sieht mich, tut bestürzt: er hätte mich nicht einladen können, weil nun Marschall schon dabei sei usw. Ich dürfte ihm das nicht übelnehmen. Ich hatte es de facto schon so gut wie vergessen. Am nächsten Tag fanden nämlich die »Bergedorfer Gespräche« zur Europäischen Kulturpolitik statt. Also, ich beruhige ihn und setze meine Begrüßungen fort. Zehn Minuten später ist Böehme wieder da und fragt mich, ob ich es »akzeptieren« würde, nun doch teilzunehmen – es seien zwei der erwarteten Gäste ausgefallen. (Sinnigerweise Hans Fest aus Berlin.) Ich nehme, nachdem das Rückflugbillet für Freitag zugesagt ist (DM 980,–!), an, ohne mich weiter zu zieren.
Dadurch bekam der Zürichbesuch eine ganz neue, offizielle Wende. Ich bin sehr froh darüber! Der Zufall hat einmal zu meinen Gunsten gespielt. Ich gehörte in dieses Gespräch. Nun bin ich tatsächlich dabei. Mit mir wird auch Karla Fohrbeck »nachgezogen«. Sie tut sich

etwas schwerer. Aber ich dränge sie anzunehmen. Nähe zur Prominenz: Scheel, Helmut Schmidt, Liebermann, François Bondy. Ich treffe auch Bazon, Raymond Weber, Marschal-Bieberstein; Harald Szeemann, natürlich. Von der Ausstellung sieht man relativ wenig: die Szeemann'schen Obsessionen. Schmidt erklärt (in einem Gespräch mit Ninetta), die Ausstellung beruhe auf zwei Grundirrtümern: das Konzept Gesamtkunstwerk sei ein Irrtum, die Idee, daraus eine Ausstellung zu machen, der zweite. Ganz Unrecht hat er nicht. Es ist von allen Szeemann-Ausstellungen, die alle etwas Geniales haben, die diffuseste und am wenigsten überzeugende. Der Katalog völlig losgelöst vom Exponat.
Dann Empfang der Stadt Zürich im Muraltengut. »Gesprächsrunde am Kamin« in allerhöchster Gesellschaft. »Was heißt Gesamtkunstwerk?« Ich vertrete den Standpunkt, daß Gesamtkunstwerk auch eine (von Wagner intendierte, von Szeemann aber vergessene) soziale Dimension habe – es sei das Kunstwerk, an dem alle teilhaben (demokratische Kunst, »Festspielhaus«-Konzept).
Danach Kronenhalle mit Ninetta und Weyergraf (der voll auf sie abfährt) und Mario Erdheim (Ethnopsychoanalyse), der Kluges über den Kaiser zu sagen weiß.
Am nächsten Tag Einkaufsbummel mit Paul und Putti. Im Palast des Luxus: Grider. Ich kaufe einen (den!) roten Schal und einen gelben Kaschmir.
Rückflug mit Siedler, er schneidet mich wirklich systematisch. (Hat er ein so schlechtes Gewissen?)

Samstag, den 12. Februar

D… bringt ihre Mutter Monika mit. Mitte vierzig – blonde, etwas herbe Schönheit. Essen bei Mario, gemeinsam den Film »Vergiß Venedig«, danach »Paris Bar«. Es entstand eine intensive, sehr erotische Atmosphäre fleurtiver Vertraulichkeit, beinahe kleiner »Höhepunkt«. Als Ergebnis: D… Montagnacht bei mir. »Endlich zu mir gefunden«, sozusagen.

Sonntag, den 13. Februar, Nachmittag
Zum Tee Sibylle Wirsing (nachdem ich die Damen fortkomplimentiert hatte, mit denen ich um den Grunewaldsee gelaufen bin). Immer unendlich lieb – erinnert mich an Tante Hertha. Wie weit könnte ein solcher Flirt gehen?
Um 21 Uhr noch mit Mathias Eberle und Richard Faber in einer »elsässischen Winstub« in der Kantstraße.

Montag, den 14. Februar
Tamara taucht am Nachmittag auf. Ich schenke ihr den zweibändigen »Malte Laurids Brigge«, den ich aus Paris mitgebracht habe. Sie ist jetzt (offenbar) mit Bernd liiert und ganz davon erfüllt.
Eine seltsame Geschichte. Ich griff nach dem jungen Mädchen, aber es erwies sich als Spuk, dahinter stand der Tod:
– das Memento mori des ersten Abends, bei Mario,
– der Tod von Vater Khoundadze,
– das Nicht-nach-Venedig-Fahren, statt dessen krank und verloren im Bett. (Ich hatte das Reisearrangement für Venedig-Karneval vom 12.–17. abgesagt. Ursprünglich wollte ich ja mit Miranda fahren, dann trennt sie sich von mir, wegen Tamara. Dann hoffe ich (o Thor!) mit Tamara zu fahren! Es war mir aber schnell klar, daß das nicht ging. Dann sagte ich ab.)
Dann das junge Paar, das den alten Herrn besuchen kommt und ihm Blumen bringt.

Dienstag, den 22. Februar
Abendessen bei Prof. Schiera, der in einem völlig verbauten Gästebungalow der Max-Planck-Gesellschaft wohnt, mit Frau und zwei Kindern. Spezialisiert auf »deutsche Wissenschaft« als Realpolitik – sieht vieles sehr richtig. Wissenschaft neben Technik und Militär die »dritte Säule« des zweiten Reiches. Haben uns viel zu sagen. Schätzt mich sehr und behandelt mich – er ist zwanzig Jahre jünger – mit Verehrung, die durch Spiel und Ironie temperiert ist.
Seine Frau: lang, hager, älter als er, italienisch elegant, seine wissenschaftliche Mitarbeiterin. Sehr gute Ehe, obwohl er immer so tut, als wäre er auf Abenteuer aus. Auch das ist Spiel und Ironie. Er hat eine

kleine, sie eine Adlernase. Meine Theorie von der Kongruenz der Nasenprofile als Indiz für das Zusammenpassen eines Paares stimmt in diesem Fall nicht!
Danach, weil aufgekratzt, nach langer Zeit wieder einmal in der Hagenstraße 5. Zunächst sehe ich nichts. Miriam ist definitiv verschwunden. Dann Claudia, ganz jung (18), blondes kurzes Haar, mit einem Band um die Stirn, weißes T-Shirt, kurzer weißer Rock, wie ein Tennisdreß. Braungebrannt. Eine ganz zarte, seidenglatte Haut. Welch Vergnügen.

Mittwoch, den 23. Februar
Gehe nach dem Fellowabend wieder hin. Claudia ist nett, schnippisch, schmiegsam. Uff!
Vorher Vortrag: Dror, »Political decision-making«. Dror, den ich aus meiner Planungsphase im Europarat kenne, ist ein Fellow des Vorjahres, der noch irgendwie an der Institution parasitiert. Man sieht ihn immer am Fotokopiergerät, wo er hunderte von Seiten ablichtet. Hat hier sein Opus magnum abgeschlossen (das Schreibbüro stöhnt nur). Systemanalytischer Ansatz. Der Vorstellung erlegen, daß man gute Politik (ohne Pannen, nie Krieg) machen könnte, wenn nur die Entscheidungsprozesse perfekt ablaufen. Der »Berater« ist die notwendige Ergänzung des Politikers. (Er!)

Samstag, den 26. Februar
Festvorbereitung: Weyergraf hat einen Agenten entdeckt, der Zwerge beschaffen kann.

Sonntag, 27. Februar
Der vorletzte Februartag, Ende der ersten Halbzeit!
Der Februar war kein Monat intensiven Arbeitens, schon gar nicht an den »ernsten« Sachen, Carl Schmitt und Wilhelm. Lediglich ein bißchen an »Jugend in Berlin« geschrieben.
Die Mädchensituation: Miranda vergessen, Tamara nur noch der Schatten eines Traumes, D... behauptet mit Diskretion und stiller Beharrlichkeit ihren Platz. Wenn wir weniger weit auseinander woh-

nen würden, wäre sie viel öfter da, auch für kleine Besuche (und sei es nur, um zu baden); auch schläft sie schlecht bei mir – ich sei zu unruhig. Aber man kann mit ihr über Hamlet und Mahler, Ricarda Huch und Rilke sprechen beim Frühstück, sie ist sanft und zärtlich und erzählt unglaubliche (Männer-)Geschichten aus ihrem jungen Leben. *Bref* ...
Völlig »ohne eigenes Verschulden« in die Berliner Filmfestwochen »hineingerissen« (13. Februar – 4. März). Auslöser war wohl die Aufforderung von Michael Marschall, den Europarat auf einem »Hearing« der europäischen Filmregisseure zu vertreten. Empfänge, »Paris Bar«, der ganze Trubel – beinahe der Filmball von Rosa von Praunheim. Drei Filme gesehen, die ich mir überhaupt nicht herausgesucht habe – »Heller Wahn«, »Penthesileia von Heinrich von Kleist« und »Mit starrem Blick aufs Geld« – drei Frauenfilme. (Zufall?) Würde gerne eine Sammelbesprechung machen, aber für wen?

Sonntag, den 27. Februar

Am Nachmittag bei Marianne Frisch. Als ich gegen fünf zu ihr fahren mußte, wurde ich von einem Müdigkeitsanfall überwältigt, den ich nur mit großer Kraftanstrengung überwinden konnte. Widerstand?
Die Beziehung zu ihr doch sehr ambivalent. Sie markiert ein großes Interesse, aber woran? Ich schätze ihre einfühlsame Intelligenz, mißtraue ihr aber im Grunde. Warum? Erzähle ihr die Pläne zum Geburtstagsfest. (Sie hatte sich in letzter Minute vor dem Vorbereitungsgespräch im »Gehrhus« gedrückt.) Ihr Rat: nur nicht zu viel machen, die Leute wollen miteinander sprechen. Die Idee, daß ich mich während des Soupers der Reihe nach an alle Tische setze, ist gut.
Das Gespräch über »Jugend in Berlin«, weswegen ich gekommen war, findet eigentlich nicht statt. Wir wollten den Text zusammen durchsehen. Ich erzähle, was ich mir eigentlich vorstelle ... Genaue Antworten auf eine Reihe von Fragen geben (die mir die Fellows stellen): wie war das damals, mit den Mädchen, wer waren die Leute, die du gesehen hast? Was heißt: Du gingst viel ins Theater usw. Aber wen interessiert das? Entweder »man« ist berühmt, dann kann man erzählen, was man will, oder man ist es nicht, dann muß man »Literatur« machen. Ich liege genau dazwischen.

Montag, den 28. Februar
Vormittag in der Staatsbibliothek, Handschriftenabteilung. Ein Dr. Peter Sprengel, »Privatdozent« an der TU – ich frage, gibt es das überhaupt noch? Arbeitet über Gerhart Hauptmann, Teile seines Nachlasses sind dort. Fand Briefe von Werner Sombart, die ich auch einsehen wollte. Darunter ist einer (1940!), der eine unerwartete Bestätigung meiner Darstellung der Stimmung seiner letzten Lebensjahre ist. »Das Affentheater, das die Menschheit auf diesem Stern aufführt.«
Nehme Sprengel ins Kolleg zum Mittagessen (das macht den Leuten immer Spaß). Wapnewski wieder sehr nett.
Nachmittag Besuch von Tamara – in Begleitung von B. B., was mich etwas verstimmt. Ich hatte sie nicht zusammen eingeladen. Komisch, der Zauber ist total weg. Sie erscheint mir jetzt als der Backfisch, der Trampel, der sie natürlich auch noch ist. Nachdem sie zu ihrer Fahrstunde mußte, noch ein langes, gutes Gespräch mit dem Jungen über seine Dissertationspläne. Simmel und Max Weber – ich versuche, ihn von dem L'art pour l'art der reinen Ideengeschichte wegzubringen. Warum hat Simmel in seiner Zeit, im damaligen Deutschland, als Jude so und nicht anders gedacht? Was hat das zu bedeuten? Was hat es für Folgen?

Dienstag, den 1. März
Hatte Prof. Claessens zum Essen. Er ist der Lehrer meines kleinen Schreibmädchens Anke, Soziologe an der FU. Plötzlich, ich lag noch mit einer Grippe im Bett, ruft er an. »Sie werden mich nicht kennen, aber uns verbindet eine Geschichte – wir haben gewissermaßen den gleichen Vater. Keine Sorge ...«, kam es gleich hinterher, »mein Vater hat meine Mutter 1915 im Kolleg Ihres Vaters kennengelernt. Ohne Ihren Vater gäbe es mich also nicht.« Das wollte ich natürlich genau wissen und so lud ich ihn ein.
Er erzählte die Geschichte, die mich ungeheuer bewegt hat. Sein Vater, aus einer Landwirts- und Offiziersfamilie, war der erste Offizier, der im Ersten Weltkrieg sein Augenlicht verlor. Er war Major und schon 39 Jahre alt. Er beschloß, in Berlin zu studieren. Volkswirtschaft. Man ließ ihm seinen Burschen. Der führte den Blinden in die Vorlesungen. Auch in die von Werner Sombart. Da hörte er

aus dem allgemeinen Gelächter, das eine der üblichen Anekdoten des Alten Herrn hervorgerufen hatte, das Lachen eines jungen Mädchens heraus, das ihn entzückte. Er bat seinen Burschen, ihn zu diesem Lachen zu führen, stellte sich vor. Begleitete die unbekannte, ungesehene junge Dame nach Hause. Zum Ende der nächsten Vorlesung kam der Bursche, der ihn abholen sollte, zu spät. Das Mädchen erbot sich, ihn nach Hause zu bringen. Sechs Monate später waren sie verheiratet.
Das Lachen hatte nicht getrogen. Sie war vierundzwanzig und – wie einhellig gesagt wurde – eine außergewöhnliche Schönheit. Sie stammte aus Freiburg, wo sie zu den umworbensten Mädchen gehörte. Aber sie war nach Berlin geflohen, weil sie in den ersten Kriegsmonaten, zwölf ihrer Verehrer, Flirts und Freunde verloren hatte. Sie waren in Langemarck gefallen. Das hatte sie tief getroffen. Sie kulpabilisierte ihr Weiterleben, während diese jungen Männer für das Vaterland gefallen waren. Dieser kriegsblinde Offizier bot ihr die Möglichkeit, sich auch für das Vaterland zu opfern, indem sie, schön wie sie war, die Frau eines Mannes wurde, der diese Schönheit nie sehen würde. Sie zerstörte, gewissermaßen, den Spiegel, in dem sie die narzißtische Freude an ihrer eigenen Wohlgestalt genießen konnte.
Ich wollte mehr wissen. Aber mußte feststellen, daß es meinem Gesprächspartner schwer wurde, darüber zu sprechen. Dabei waren beide, Vater und Mutter schon über zwanzig Jahre tot und er ein Mann von über sechzig.
Die Eltern haben bis zu ihrem Tode zusammengelebt. Vier Kinder. Welches Martyrium, eine solche Ehe! *Le beau geste* der Hingabe – das versteht sich. Aber solche großen Gesten haben die Eigentümlichkeit, daß sie keine Zukunft haben. Man kann nicht vierzig Jahre Alltag damit bestreiten. »Nach dem zweiten Kind gab es einen Ausbruchsversuch«, kam es zögernd. Aber dann wurden noch zwei Töchter geboren. (Hatten sie denselben Vater? mußte ich mich unwillkürlich fragen.)
Ich ging tagelang mit der Geschichte um.

Traum: (arbeitsmäßig stehe ich jetzt unter Streß, wegen meines Wilhelm-II.-Vortrages, der am 13. April steigen soll.) Ich halte den Vortrag vor einem Auditorium. Unter den Zuhörern sitzt, links vor dem Fenster, der alte Bismarck, in schwarzer Pelerine und Schlapphut,

die Hände über dem Stock gefaltet, und nickt mir zustimmend zu. (Träume sind Wunscherfüllungen. Das kann man wohl sagen!)
Mit D... zur Eröffnung der großen Hodler-Ausstellung in der Nationalgalerie. Dort treffe ich Monika Baldner, deren Spur ich nicht finden konnte, weil ich ihren jetzigen Namen vergessen hatte. Wir sind uns in die Arme gefallen, wie Geschwister.
Danach, mit Cullen, noch ein Film des Festivals. »Der märkische Jakobiner«, DDR-Produktion. Spielt in Akademikerkreisen. Man hatte das Gefühl, nicht nur in einem völlig anderen Land, sondern in einem anderen Zeitalter zu sein! Die Kargheit, Häßlichkeit Ostdeutschlands. Aber das war ja immer schon so! Ich erinnere mich an die Fahrten in die Mark, nach Westpreußen – die dreckigen Dörfer mit ihren Backsteinbauten und Pappdächern, den ausgefahrenen sandigen Straßen, den trübseligen Feldern ... Dagegen waren die badischen Dörfer, der Bodensee, eine andere Welt. Völlig inkommensurabel.
Schlußempfang des Festivals im Steigenberger Hotel. Die Festräume ein Schandmal moderner Zweckarchitektur. Begrüße die schöne Frau Kevenig, die wieder sehr elegant ist. Dem Senator ist es wieder einmal peinlich, mich zu sehen. Jetzt weiß ich, warum. In Beantwortung eines Briefes, den ich ihm als Erinnerung zum Thema »Berlin–Wien« geschickt hatte, hat er mir heute die Mitteilung gemacht, daß er für die Durchführung meines Projektes keinerlei Hoffnungen oder Versprechungen machen könne. 1987 vielleicht, aber das hänge dann nicht mehr von ihm ab. Also: Ofen aus, fürs erste.
Danach »Paris Bar«, mit D..., die wieder nicht weiß, mit wem sie an welchem Tisch sitzen möchte. Ich bringe sie verärgert nach Hause.

Mittwoch, den 2., bis Freitag, den 4. März
In Köln/Bonn, für eine Fernsehsendung, die Karla Fohrbeck arrangiert hat, und zu der sie mich eingeladen hatte (DM 800,– Honorar, für zehn Minuten, das konnte ich nicht ausschlagen).
Thema: Vom Salon zum Kulturberuf. Eine »Frauenkiste« – ich war der Konzessionsschulze. Kam auch gar nicht zu Wort. Das einzige, was ich plazieren konnte, war ein Satz, in dem ich erklärte, daß, im Gegensatz zum Club, der wesentlich »männerbündlerisch« sei, sich im Salon in einer patriarchalischen Gesellschaft das Matriarchat

durchgesetzt hat. Im Salon – das konnte ich schon nicht mehr anbringen – herrscht die Frau über die Männer –, im Kulturberuf tritt sie zu ihnen in Konkurrenz, indem sie sich, von vornherein, da hilft keine Emanzipation, den männergesellschaftlichen Spielregeln des Wettbewerbs unterwirft, in dem die Prämie dem Stärkeren zufällt. Im Salon dagegen müssen sich die Männer im agonalen Wettstreit vor der Frau bewähren. Es herrscht das Protokoll des Turniers, in dem die »Dame« den Sieger bezeichnet und auszeichnet. Die Frau ist hier Königin. Darüber gibt es eine gute Bemerkung in Webers »Zwischenbemerkung«.

Karla aber wollte natürlich darauf hinaus, daß im »Salon« die Frau in einer dienenden Rolle steht – um dann, im Kultur»beruf«, ihre Autonomie zu gewinnen.

Karla hatte auch Nike Wagner aus Paris kommen lassen. Ein trauriges Wiedersehen! Noch schmaler, gealtert – alterslos.

Wir haben die eine Nacht nach der Sendung – bei Bazon in der Martinstraße – verbracht, aber über Gespräche und Zärtlichkeiten (große Zärtlichkeit) ging es nicht hinaus. Das war nun die Frau, die einzige, mit der ich »ein neues Leben« hätte beginnen wollen. »Die große Liebe meines Lebens.«

Am Morgen gemütliches Frühstück mit Bazon und Karla (Andreas war auch dabei). Die Sympathie, das echte Interesse, das mir die beiden entgegenbringen, ist ein schönes Geschenk.

Dann fuhr ich mit dem Zug nach Düsseldorf, wo mich Weyergraf am Bahnhof erwartete. Wir fuhren zusammen im Auto zurück. Acht Stunden! Das Opfer hatte ich dieser seltsamen Freundschaft gebracht (statt in einer Stunde zurückzufliegen).

Wir machten abends Station in einem Autobahnrestaurant in der DDR. Ausflug in eine andere Welt … Ich habe im »Intershop« einen schönen Baumkuchen gekauft, den schließlich Claudia aufgefuttert hat.

Samstag, den 5. März

16 Uhr. »Geburtstagskomitee« im Garten des »Gehrhus«. Das Programm steht fest. Die Zwerge akzeptiert, jetzt müssen wir sie finden.

Sonntag, den 6. März
Großer »Wahlsonntag«; alles war sehr aufgeregt, überall »Parties«, um die Ergebnisse am Fernseher zu verfolgen. Ich bleibe zu Hause und arbeite.
Mittags bei Wolodja Lindenberg. Keine interessanten Leute diesmal. Ein Ehepaar Bismarck (aber die andere Linie). *Sans intérêt.* Wie immer exquisites Essen.
Alle Freunde sind von den Wahlergebnissen (Sieg der CDU/CSU) bedrückt. Sibylle Wirsing fast in Tränen.

Montag, den 7. März
Monika Baldner kommt um 19 Uhr. Es gibt so viel zu erzählen. Wenn ich bedenke, daß wir 1954 – vor dreißig Jahren, hier in Berlin eine Affäre hatten, ungeschickt, verkorkst! Es bleibt eine große Vertrautheit, Kinderstubenintimität. Sie hat viel über das Leben nachgedacht und sagt viel Kluges, was mir für meine »Jugend in Berlin« wichtig ist. Was sie beschäftigt: daß wir so stark von einer Kultur geprägt sind, die vollkommen »vorbei« *(passé)* sei. Ist sie das? Was haben die Jungen zu bieten? Sie stehen da als Waisenkinder, wenn wir sie sich selbst überlassen (Botho Strauss). Die Metapher von den »Waisenkindern« gefällt ihr.

Dienstag, den 8. März
Internes Kolloquium. Orest Ranum (kann man so heißen?): »Every family has a family history.« Ich widerspreche. Eine Geschichte haben nur Familien, die mit der Geschichte zu tun haben. Und zwar proportional zu ihrer sozialen Stellung. An der Spitze (Dynastien, Aristokratie) ist Familiengeschichte und Geschichte identisch. »At the bottom« existiert weder das eine, noch das andere.
Immer dieselbe Geschichte: ich komme nicht mit dem Tagebuchschreiben klar. An der fehlenden Zeit kann es nicht liegen. Es handelt sich um vielleicht zwanzig Minuten pro Tag. Da sind andere Widerstände im Spiel. Natürlich spielt die Frage eine Rolle: *à quoi bon?* Für irgendeine Nachwelt wäre es nur interessant in dem Maße, in dem ich eine gewisse Notorietät hätte. Oder meine Aufzeichnungen hätten »literarische« Qualität. Es ist wie mit dem Berlin-Buch.

Natürlich ist der Gedanke reizvoll, einen Band »Fellows und Frauen« herauszubringen. Aber das wäre einfach ungehörig und undankbar. Schließlich danke ich dem Kolleg das vielleicht schönste Jahr meines Lebens, das erfüllteste, intensiv gelebteste sicherlich. Alle – (wissenschaftlicher Beirat, Beckers, Wapi) würden sagen: das war ja vorauszusehen, wir waren ja eigentlich dagegen, diesen Vogel herzuholen. Da haben wir die Bescherung. Die Bundesrepublik, den Steuerzahler kostet das Vergnügen immerhin DM 100.000,–, ohne die Kosten für die Verwaltung und Dienstleistungen. Und dann dies Tagebuch? Der Bursche, dessen Journal aus seinem Jahr in der Villa Massimo veröffentlicht wurde, war immerhin »literarisch« prominent, vor allem aber war er tot. Trotzdem habe ich diese Publikation, damals, als peinlich empfunden. Jetzt stelle ich mir vor, daß der Leitzordner, in dem ich diese Blätter sammle, mit allen anderen, von meinen Kindern, nach meinem Tode, auf den Müll geschmissen werden wird, ohne daß auch nur einer die Neugierde hätte, darin zu blättern. Sie könnten die Aufzeichnungen auch gar nicht lesen, da keiner genügend deutsch kann. Also, *à quoi bon?*
Selbstdisziplin. Kontinuität. Identität. Werde ich als Achtzigjähriger darin blättern?
Ich schreibe dies wohlgemut, in fast heiterer Stimmung. Warum? Soeben war Claudia für eine Stunde hier. Ich habe sie von der Hagenstraße herübergeholt (doppelter Tarif) aber es war ganz entzückend. Erfuhr heute, daß der SFB meine Berlin-Plauderei bringt. Honorar DM 1200,–, dreimal das Vergnügen.
Ich habe den schönen, jungen, kieselglatten, goldbraunen Körper genossen, wie eine kulinarische Delikatesse. Sie hat mitgespielt, und auch herzlich dem Baumkuchen und Schampus zugesprochen. Ein kleines Fest! Eigentlich wollte D… dasein, aber die hat wieder irgendwelche »Komplikationen«, und das beginnt mich zu nerven. Da lobe ich mir klare Verhältnisse wie diese. Leider wird Claudia die Stadt verlassen. »Es ist kein Geld in Berlin.« Sie will nach Zürich!

Mittwoch, den 9. März
Ich gehe daran, von Panik getrieben, das Wilhelm-II.-Material, das sich unberührt auf meinem Schreibtisch türmt, in Hinblick auf den Vortrag zu ordnen, zu sichten, zu memorieren. Wo anfangen? Was

auswählen? Welche These vertreten? Die materielle Vorbereitung der Veranstaltung – Film, Vortrag, Kolloquium am folgenden Tag, Einladung auswärtiger Gäste – ist schon angelaufen. Ich werde wieder einmal durch das Inferno der Vortragsvorbereitung gehen müssen. Lernt man denn nicht dazu?
Mit Weyergraf bei dem Agenten, der die Zwerge besorgen kann (»kein Problem«). Ich entwickle mein Festszenario. Alles prima. Kosten werden sich auf DM 10.000,– belaufen, wenn … Zum ersten Mal stellt sich mir die Frage, woher das Geld nehmen? Hubert, Thamara, die Kinder? (Es kommt noch einmal soviel dazu für das »Gehrhus-Essen«, Ball etc.).
D… disparu. Tant pis. Der schöne Körper von Claudia spukt mir im Kopf herum, fast mit einer Spur von Verliebtheit. Will am Freitag noch einmal zum »Abschied« hinüber.
Um 17.30 Uhr bei Graf von Krockow, der mich und Wolfgang Kraus zum »Tee« in sein neues Appartement im »Weißen Haus« eingeladen hat, damit wir endlich seine Wunder-Schreibmaschine bestaunen können. Ein modisch aufgemopptes Dachzimmer in diesem im übrigen schrecklich verbauten Gebäude. Als »Zerstörung einer Villa« kann man dieses Millionenobjekt präsentieren. Das Resultat des Zusammenwirkens von Bürokratie und unbegabtem Architekten. Dabei muß man sagen, ein Bau ist so schlecht wie sein Bauherr.
Die Olivetti-Maschine leistet schon Erstaunliches! Ich glaube aber nicht, daß ich mich daran würde gewöhnen können. Kraus denkt genauso.
Danach »Fellowabend« (es ist schon wieder Mittwoch!). Meine ungarische Freundin Agnes Ságvári spricht über »Stadtgeschichte«. Ich habe den Text vorher gelesen, weil ich eigentlich moderieren sollte. Habe mich aber gedrückt. *Sans aucun intérêt!*

Donnerstag, den 10. März
Um 13 Uhr hatte ich Rendez-vous mit einem Herrn Haas, der mir eine Wohnung in der Schlüterstraße zeigen wollte. Ich hatte ihn über eine Annonce für eine andere Wohnung kennengelernt. Ein Wohnungsagent, dachte ich. Jetzt konnte ich sehen, daß er Besitzer einer Galerie in der Niebuhrstraße ist, die seinen Namen trägt. Moderne Kunst, Berliner Sezession, aber auch ganz moderne Sachen. Er ent-

schuldigte sich, weil der richtige Schlüssel nicht da sei. Wir müßten etwas warten. Dieser Wartezeit verdanke ich die interessantesten Informationen über Leo von König, auf den ich ihn ansprach. Er hatte zwei Monographien über den großen Porträtisten, der, wie ich jetzt erfahren habe, ein Schüler von jenem Lippisch ist, der das Porträt meines Vaters gemalt hat. Eine weitere Spur. Er zeigt mir auch das Polaroid eines König-Bildes, das er mir vermitteln könnte. »Europa mit dem Stier« – das wäre ein herrliches Geburtstagsgeschenk! (DM 12.000,–) Hubert wäre vielleicht dafür zu gewinnen, aber er soll ja das Fest finanzieren …

Die Wohnung – 220 Quadratmeter – sehr hell. Es ließe sich etwas daraus machen, aber, alles in allem, DM 400.000,– mindestens. Das ist weit über eine Million Francs! Das kann ich mir nicht leisten.

Um 19 Uhr endlich bei Margherita von Brentano und Taubes. Das hat also sechs Monate gedauert, an sie »heranzukommen«. Aber es war so, »als kenne man sich immer schon«.

Sie haben eine kleine ganz moderne Wohnung in einer dieser scheußlichen Bungalowkomplexe, die hier im Grunewald an Stelle der alten Villen treten, wenn diese abgerissen werden. Die große Terrasse muß im Sommer sehr angenehm sein, wie diese Art von Habitat ja, wenn man drin ist, ganz wohnlich ist. Es macht nur nach außen nichts her und verschandelt die Landschaft.

Das Gespräch lief flott, animierte sich zum Schluß um das Thema Bismarck, »Deutsche Geschichte«. Interessant, daß ein Mann wie Taubes, der im Grunde Bismarckianer ist, von den Staatsstreichplänen Bismarcks nichts wußte! Der Gedanke an ein gemeinsames Seminar zu dem Thema wurde erwogen. Beide versprachen, sich für den Lehrauftrag einzusetzen und gleich auch die Honorarprofessur zu beantragen.

Freitag, den 11. März

Guter »erster richtiger« Arbeitstag – der Vortrag bekommt Kontur. Um 22 Uhr (ich habe mich den ganzen Tag darauf gefreut) in die Hagenstraße 5. Claudia (die mich etwas warten ließ, obwohl ich mich telefonisch angemeldet hatte). Es war wieder ganz wunderschön – mit der größeren Vertrautheit auch intensiver. Oral ließ sie sich – vom ersten Mal an – »echt« befriedigen. Der Orgasmus des Mäd-

chens ist mir sowieso wichtiger als der eigene, der ja automatisch eintritt, und immer nur das Signal des »Endes« ist, das Halali – »Jagd vorbei«. In dieser Situation vermittelt er eine Art (zusätzlichen) Triumphgefühls und ist eine unerwartete Prämie. Sie ließ sich auch danach richtig gehen, so daß zwischen Simulation und Lustgewinn nicht recht zu unterscheiden war. Einfach köstlich. »Schade, daß du abfährst.« – »Ja, schade« sagt sie, »aber hier ist kein Geld«. Nach der Hagenstraße, um 23 Uhr, Verabredung mit Eberle in der »Paris Bar«.
An einem Tisch saß Margherita von Brentano mit zwei Damen. Der Grieche vom »Zeitgeist« mit einem Androgynen. Er hatte die Keckheit, einen roten Schal, ähnlich dem meinen, um den Hals zu tragen. Allerdings eine Nummer kleiner. Ich hatte Lust, in Keyserling'scher Manier, ihm das unbefugte Tragen superiorer Kleidungsstücke zu untersagen, ihm den Fetzen kurzerhand vom Hals zu reißen.
Gespräche über den »Dandy«. Eberle spürt dem Phänomen bei den Malern des Expressionismus nach, George Grosz, Beckmann. Ich vertrete den Standpunkt, daß es einen Dandyismus nur gäbe als usurpatorischen, bürgerlichen Habitus einer bestehenden und »gesellschaftlich« herrschenden Aristokratie gegenüber. Das hörte spätestens mit dem Weltkrieg auf. Danach gibt es den Künstler-Intellektuellen, der sich als »Avantgarde« der Menschheitsgeschichte – als Spitze der Gesellschaft »proprio motu«, etabliert, wozu immer auch ein vestimentärer Komment gehört. Da gibt es natürlich konkurrierende Gruppen. Eine tonangebende »Gesellschaft« gibt es nicht mehr (oder nur als residuale *Faubourg-Untergruppe*). Ich schlage vor, den »Zazou« als Typus zum Nachfolger des Dandy zu erklären, schon um der terminologischen Sauberkeit wegen. Konkurrierend der »Proletkult« (Lederjacke, Ballonmütze). Überhaupt ist die Demarkation oder Inbezugsetzung zum Proletariat (der Avantgarde der Menschheit par excellence) jetzt wichtiger als die zur Oberschicht.
Jede Avantgarde ist eine Mode – jede Avantgarde hat ihre Mode. Dieser Bezug von »geistiger«, »künstlerischer« Stilrichtung und Kleidermode ist sehr wichtig und neu. Im 19. Jahrhundert wurde die »Mode« durch die gesellschaftlichen Bedürfnisse und Launen der Oberschicht geprägt. Jetzt setzt die aggressivste Strömung der Subkulturen ihre Marotten in Massenkonsum um. Sie sind Trendsetter im Marketingsinne. Auch wichtig zum Thema Post-Histoire.

Danach noch auf einen Sprung in eine »In«-Bar in der Fasanenstraße. Ein ganz anderes Publikum, als in der »Paris Bar«: Geld und hübsche, modisch verpackte Frauen. Die Männer sportlich (offene Kragen), braungebrannt, als Prestigesymbol Rolexuhren, man kann sich die Autos vorstellen. Obwohl wir uns an die Bar setzen, winke ich einer sehr süßen Serveuse, die mir zulächelt. Schauspielstudentin. Ich sah sie nachher mit ihrem Verehrer – genau der Typ, dreißig bis vierzig, flott, schick, »in«, den ich perhorresziere.
Ich bitte sie um ihre Telefonnummer, die sie gerne hergibt. Tamara! Nochmal eine Tamara – ein größerer Gegensatz ist nicht zu denken. Beide sind ungefähr gleich alt. Dort die »höhere Tochter«, hier die Aufsteigerin, an der Grenze zum Callgirl.

Samstag, den 12. März
Acht Uhr abends habe ich Wapnewskis zu Gast. Es ist der erste und sozusagen offizielle Antrittsbesuch. Ich hatte mir große Mühe gegeben, kleine Kaviar- und Gänseleberbrötchen geschmiert. Das Gespräch lief sehr nett. Frau Monika gnädig. Er, wie immer, außergewöhnlich freundlich, leicht herablassend, was vielleicht mehr als eine habitualisierte Courtoisie ist, mit der er sich die Leute vom Leib hält. Ich verteidige ihn ja immer, nicht aus Opportunismus, auch nicht einfach, weil man für einen alten Freund einsteht, sondern weil ich wirklich finde, daß er seine Sache gut macht. Er gehört sicher auch zu jener Kategorie Menschen, wie Thomas Mann, die aus einer ganz kleinen Begabung ein Optimum herausgewirtschaftet haben. Er hat mit seinem Pfunde gewuchert. Während ich genau am anderen Pole stehe, der ich, mit einer verschwenderischen Vielfalt von Talenten ausgestattet, es zu nichts gebracht habe.
Natürlich war viel die Rede vom Kolleg, dessen diesjährige Mannschaft ihn enttäuscht. Nicht nur das schwarze Schaf Dedecker, zu jeder Gruppe gehört ein solcher Fall, und nicht nur die Mittagsmahlzeitopposition, der sich jetzt auch Galtung angeschlossen hat – die Gruppe scheint ihm im Schnitt weniger kreativ, weniger befähigt, die Chance die ihr geboten wird, zu nutzen. »Außer dir«, sagt er, »bringt niemand Gäste mit.«
Dann entwickelte ich ihm, eigentlich ohne Vorsatz, das Projekt einer Zeitschrift, »Berliner Blätter«, die zum Forum der geistigen Pro-

duktion der Berliner Intellektuellenszene werden sollte. Ich bin überzeugt, daß in keiner anderen Stadt Deutschlands die Dichte von hochqualifizierten Intellektuellen in und außerhalb der Universität so hoch ist wie hier, und daß sich durchaus so etwas wie ein Profil der hier geleisteten geistigen Arbeit abzeichnet, wofür das Stichwort Post-Histoire nicht die adäquate Bezeichnung, aber ein Hinweis ist. In Berlin, scheint es mir, ist ein tabufreieres Denken möglich als anderswo.

Wir brauchen einen Verlag, einen Mäzen, einen Redakteur. Ein Drittel der Finanzierung, die ich nach dem Vorbild des »Merkur« auf DM 600.000,– im Jahr ansetze, sollte der Senat im Rahmen seiner Kulturförderungspolitik übernehmen. Als Verleger sollte man Siedler ins Auge fassen, der jetzt mit Bertelsmann liiert ist, wo ja genug Geld ist. Als Redakteur hätte ich Richard Faber vorgeschlagen, dem man auf diese Weise einen seinen außerordentlichen Fähigkeiten angemessenen Job verschaffen könnte, was hieße, ihn in Berlin zu halten. Man sollte das Kolleg systematisch in die Zeitschriftenarbeit einspannen, das wäre viel ergiebiger als die Herausgabe des Jahrbuches, das kein Mensch liest und nichts anderes ist als ein teurer Geschenkartikel.

Alles das leuchtet meinen Gästen ein. Als sie gehen, stellt sich heraus, daß wir drei Flaschen Veuve Cliquot gesoffen haben.

Sobald mein hoher Besuch gegangen ist, setze ich mich in das Auto, um ins »Vanity Fair« zu fahren und die kleine Tamara wieder zu sehen. Ich wollte gerade nur einmal hereinschauen für ein Glas Sekt. Dann saß ich aber bis um drei Uhr auf einem Barhocker, völlig fasziniert von der kleinen Person. Unerwartet taucht nach Mitternacht auch Mathias mit den traurigen Augen auf. Um drei dann der »Freund«, der *ayant droit*. Ein blasser, total insignifikanter Knabe, Bademeister und Heilgymnastiker seines Zeichens. Es ist unglaublich, was für eine Null sich ein derart außergewöhnliches, schönes, intelligentes, ehrgeiziges und dynamisches Geschöpf da angebändigt hat! Sie hatte mich darauf vorbereitet. Offenbar ist das das Seelenpflaster, das sie nach den Enttäuschungen einer großen »Passion« brauchte. Sie war drei Jahre, wie sie sagte, die Geliebte eines der Berliner Super-Playboys, den man sich auch wieder genau vorstellen kann. »Ich habe alles gehabt. Pelze, Autos, Schmuck, Reisen, Luxushotels, Partys – aber das alles hat mich zutiefst unbefriedigt gelassen und ich hatte es plötzlich bis hierher.«

Sie kann, wenn sie redet, nicht fünf Minuten auf dem Boden der Tatsachen bleiben, fliegt sofort ab in irgendwelche phantasierten Möglichkeiten, Sprache geht nahtlos über in Körpersprache, auf ihrem Barhocker skizziert sie hundert Rollen nacheinander. Dem ist schwer zu widerstehen.

Dann gehen wir zu viert in die Leibnizstraße in eine Kneipe, die früh um vier voll besetzt ist, und essen Eisbein, von dem vorher schon viel die Rede war. Das gibt es nur in Berlin. Ungern sehe ich sie dann mit ihrem *mac* abziehen.

Mathias ist weniger beeindruckt. Für ihn ist sie der Typ von jungen Frauen, die zu dieser Geld- und Modeszene Berlins gehören, die modisch, aber total kulturlos sind, und zu deren Diskurs es gehört, ständig zu erklären, sie hätten eine große Sehnsucht nach dem Wahren, Echten, Geistigen, was aber nicht viel weiterführt, als daß sie sich in den dafür geschaffenen Galerien das Bild von einem Maler aufschwatzen lassen, der »in« ist.

Montag, den 14. März

Mein zweites Frühstück im Kolleg, für das ich diesmal das Datum des Todestages von Marx gewählt habe! Ich hatte schriftliche Einladungen ausgeschickt, ungefähr fünfundzwanzig. Wir waren etwa fünfzehn, die anderen waren zum größten Teil in den Ferien. Tamara No. 1 war nicht gekommen, D… war da, Weyergraf und Mathias. Es war ausgesprochen gemütlich. Für mich das Wichtigste: die Wiederaufnahme der Beziehung zu Oskar Sahlberg, mit dem ich fast ausschließlich gesprochen habe. Thema: seine Arbeiten über Androgynie und Bisexualität, denen er in der französischen Literatur des 19. Jahrhunderts nachspürt. Ich hatte ihn vor ein paar Jahren auf dem »Literatur und Psychoanalyse«-Seminar von Cremerius in Freiburg kennengelernt, wo er ein Referat über den Einfluß Fouriers auf Baudelaire gehalten hatte. Damals schon hatten wir die Möglichkeit eines Fourier-Kolloquiums in Berlin erwogen. Jetzt rede ich ihm zu, erst einmal seine verschiedenen Studien in einem Sammelband herauszubringen. War wunderbar, mit einem Menschen zu sprechen,

mit dem man auf derselben Wellenlänge ist. Ich behalte ihn zum Mittagessen da.
Ein Fourierbuch schreiben. Sicher aber: ein Fourier-Seminar abhalten, im Rahmen des Lehrauftrags.

Dienstag, den 15. März
Geburtstagsfest von Marianne Frisch, das György Konrád ausgerichtet hatte. 30 Leute, Berliner Intelligenzija und Ungarn in der scheußlich verbauten Wohnung in der Pacelliallee. Die Wohnung war so voll, daß es weiter nicht darauf ankam. Es gab ungeheuer viel zu essen. Auch ein ungarisches Nationalgericht, in Sauerkraut gekochtes Rindfleisch. Konráds Freundin hatte ein scharlachrotes Satinkleid an. Ich sah sie zum ersten Mal ohne Hosen (diese modischen Pluderhosen, die vom Knie ab irgendwelchen Breeches nachempfunden sind) und konnte feststellen, daß sie nicht zu den Frauen gehört, die gerne Hosen tragen, weil mit ihren Beinen irgend etwas nicht in Ordnung ist. Auch Marianne Frisch hatte zum ersten Mal, seit ich sie kenne, ein Kleid an (sie läuft meistens in Lederhosen (!) herum). Sie wirkte nun plötzlich alt und altmodisch, war auch sehr aufgeregt.
Das Wichtigste für mich war ein langes Gespräch mit Günter Grass, das eine ganze Weile um Bebel kreiste, dem er auch in seinem »Butt« ein Denkmal gesetzt hat (die Beerdigung in Zürich 1913). Er wußte auch etwas von Fourier. Da mischte sich Ritter in das Gespräch, der Grass in unglaublicher Schärfe angriff, halb politisch, halb literarisch. Diese verbale Aggressivität von Leuten, die sich gleichzeitig auf die Schulter klopfen und ein Glas Wein miteinander trinken, ist offenbar eine deutsche Spezialität. Grass war ganz gelassen – es ging um Enzensberger, dem er seinen Snobismus vorwirft, und Hildesheimer, mit dem ihn offenbar eine tiefe Solidarität des Metiers verbindet. Ich habe ihn zum Wilhelm-II.-Vortrag eingeladen. Leider wird er nicht in Berlin sein.

Mittwoch, den 16. März
Axel von dem Bussche hat ein Lunch mit Prinz Wilhelm-Karl von Hohenzollern (Kaiserliche Hoheit) im Schweizerhof arrangiert. S. K. H. hatte mir seinerzeit sehr liebenswürdig und huldvoll zu mei-

nem »FAZ«-Artikel über den Kaiser geschrieben. Er ist von allen Hohenzollern seiner Generation das weitaus beste Stück. Tüchtiger Geschäftsmann, Großmeister des Johanniterordens, good-looking und intelligent. Er hat den Allerhöchsten Großpapa noch gekannt und seine Begegnungen mit ihm in lebendigster Erinnerung. Das war in den dreißiger Jahren. Er hätte sich, vollkommen abgeklärt, mit seinem Schicksal abgefunden und sei die Güte selbst gewesen. Er betonte die Religiosität des Kaisers, die nichts Aufgesetztes gewesen sei, sondern tief empfunden. Er sagte auch, wie wichtig ihm die Doorner Arbeitsgemeinschaft gewesen sei. Verspricht mir dazu einen Brief von Hermann Lommel (der auch prompt zwei Tage später bei mir eintrifft).

Bussche erzählt wieder seine Geschichte, wie er als junger Offizier im Krieg, in einer der ersten Berliner Bombennächte, mit seinem Freund Schulenburg im Kronprinzenpalais, Unter den Linden, löschen geholfen hat. Ihm oblag es, das Zimmer des Kronprinzen zu räumen (Damenfotos in Silberrahmen!). Die Pointe: im Keller saß die Kaiserin Hermine, die er dann in der gegenüberliegenden Universität in einem ausgebauten Luftschutzbunker in Sicherheit brachte. Er sprach mit dem Prinzen im Ton von Regimentskameraden, gleich zu gleich. Es muß nicht leicht sein, als Kaiserliche Hoheit durch unsere Welt zu laufen, obwohl viel mehr von den alten Strukturen noch erhalten ist, als der Eindruck der allgemeinen Nivellierung, den das Öffentlichkeitsbild gibt, erkennen läßt.

Am Nachmittag kommt Tamara No. 1 zum Tee: verabschiedet sich vor ihrer Osterreise in die Toskana, mit erster Etappe in Freiburg, wo sie Bernhard besucht, von dem sie nur per »wir« spricht. Da mich das nicht besonders interessiert, haben wir kein Gesprächsthema mehr. Ich sehe mich schon als Trauzeugen. Auch eine komische Entwicklung!

Donnerstag, den 17. März

Dagmar Weiler kommt zum ersten Mal zum Diktat (Anke ist in den Ferien).

Rückfall in die »Jugend in Berlin«. Ein paar gelungene Seiten für das »Freunde«-Kapitel über Fritz von Caprivi.

Abends hat Weyergraf, was er die »Gesprächsrunde« nennt, zu sich in die Bleibtreustraße eingeladen. Es kommen aber nur Faber mit Freundin und Fietkau – zu wenig Masse für ein Take-off der Unterhaltung. Die Sache belebt sich erst ein bißchen, nachdem Hans Zischler auftritt, der aus Ost-Berlin kommt, wo er an der Grenze Ärger mit einer Kassette hatte (deswegen die Verspätung). Darauf ein typisch Berliner Gespräch: der Vergleich von West-Berlin/Ost-Berlin, BRD/DDR, Ost und West. Es ist fast schon ein Gesellschaftsspiel, mit völlig eingespielten, immer wiederkehrenden Argumenten, pro und contra, die aber wie in einer Kartenpartie von den verschiedenen Mitspielern in verschiedenen Situationen benutzt werden können, so daß in dem einen Gespräch ein Argument als Trumpf sticht, das sich in einem anderen als vollkommen wertlos erweist. So schwankte auch an diesem Abend die Stimmung zwischen der viszeralen Abneigung, auch nur den Fuß über die Grenze zu setzen, und der Perspektive, sich in der schönen Umgebung Ost-Berlins oder in der Mark Brandenburg ein Haus zu kaufen, um dort endlich ohne den Druck der Konsumgesellschaft seine geistigen Neigungen leben zu können. Angeblich werden solche Hauskäufe von Westlern offiziell begünstigt. Gewisse Objekte, an die kein DDR-Bürger herankommt, werden für devisenstarke Käufer bereitgehalten. Also ein Schlößchen in der DDR?

Freitag, den 18. März

Tagebuch diktiert. Ich komme, wie üblich, nicht nach. Das Diktieren hat den Nachteil, daß ich ins Plaudern gerate und alles viel länger wird.

Um zwanzig Uhr hole ich D... ab, um mit ihr in eine Vernissage in der »Galerie Springer« zu gehen (es war ihre Idee). Danach ein Gespräch in der »Paris Bar«, in dem ich meine Unzufriedenheit über die Entwicklung unserer Beziehung ziemlich drastisch zum Ausdruck bringe. Aber es ist wie in dem Buñuel-Film »Das Objekt der Begierde«; sie versteht gar nicht, wovon ich rede, und strahlt mich an. Ich fahre verärgert nach Hause ...

Zum Trotz gehe ich in die Hagenstraße 5. Ich komme ins Gespräch mit dem Mädchen hinter der Bar, die mich ausfragt. Wir kommen aufs Tagebuchschreiben. Sie führe auch eins, seit ihrem vierzehnten Lebensjahr (sie ist 22). Jetzt lebt sie glücklich verliebt mit einem ver-

heirateten Mann (42), der sie jeden Mittag besucht. Sie ist »treu«. Sie gefällt mir, und ich frage, ob sie nicht, jetzt gleich, eine kleine Ausnahme machen wolle. Nein. Außerdem strikte Regel: das »Mädchen hinter der Theke« geht nichts aufs Zimmer.
Da sitzt ein Mädchen, das immer herüberschaut. Wir holen sie herbei. Groß, schlank, kleiner Busen. Zu schmale Lippen. Ich springe nicht so recht an. Schließlich gehen wir doch hinauf. Oh, schöne Überraschung. Das Gespräch hat sie »angemacht«. Sie vögelt wie eine ... was?, Frau, die plötzlich große Lust hat. Bin in bester Form. Wir albern wie verliebte Kinder. Gehen danach lachend herunter. Das Komische daran: bevor wir heraufgingen, kam ein anderes Mädchen, strahlend, heiter, lachend, mit ihrem Kunden herunter, und ich frage: Dürft ihr denn das, so offensichtlich zufrieden zu sein? Warum nicht. Kommt manchmal schon vor.

Samstag, den 19. März

Ich fahre zum Flugplatz, um Alexander abzuholen, der um 13.40 aus London ankommen soll, war aber nicht in der Maschine. Fahre nach Hause, weil er mich, wenn irgend etwas passiert ist, nur da erreichen kann. Rufe von hier aus Pan American an, die auch tatsächlich ein Telex haben, daß er mit der 15-Uhr-Maschine kommt. Also noch mal zum Flugplatz.
Sofort Gespräche über das Fest vom 10. Mai. Lokaltermin im »Gehrhus«. Volles Einverständnis mit meinen Plänen. Finanzielle Bedenken will er nicht gelten lassen. Damit sind die Würfel gefallen.
Abends dann im ICC zum Ballett. Alexander war sehr zufrieden, Babsi und ihre Freundin Christiane, die das Berliner Ballettmilieu etwas kennt, waren auch gekommen. Wir gehen nach der Vorstellung alle vier hinter die Bühne, wo Alexander seine Kollegen begrüßt (Bertoluzzi etc.). Danach ins »Don Giovanni« in der Bismarckstraße, wo sich alles trifft. Es gibt also nicht nur die »Paris Bar«.

Ich hatte für den Abend eigentlich andere Pläne. Tamara No. 2 feiert im »Vanity Fair« ihren 22. Geburtstag. Ich unternehme also alleine einen Abstecher dorthin. Tamara ist zauberhaft, quicklebendig, sprüht Funken (platzt aus allen Nähten). Ihr Décolleté ist etwas gewagt. Die Leute, die sie mit Champagner an der Bar traktiert: die reine

Unterwelt. Ich fühle mich vollkommen deplaziert und bleibe nicht lange. Wir sind für nächste Woche verabredet.

Sonntag, den 20. März
Gemütlicher Trödelvormittag mit Kuchenfrühstück.
Alexander erzählt von sich. Zwei Glücksumstände:
1. er ist zum Partner der großen Primaballerina des Balletts, Natalia Makarová geworden, die schon ihre Karriere abbrechen wollte (42), nun aber bleibt, weil sie in ihm einen neuen Partner gefunden hat. Darüber ist die Ballettdirektion glücklich und verwöhnt Alexander.
2. Das finanzielle *backing* des Mäzens. Man hat einen weißen (!) Jaguar und braucht sich nichts zu versagen. Tja, man gehört zu einer anderen Kategorie Mensch, mit ein bißchen Geld im Hintergrund. Mit Elisabeth will er sich ein Haus oder eine Wohnung in London kaufen (ihr Anteil der großväterlichen Erbschaft). Auch das ist neu. Elisabeth scheint entschlossen zu sein, Swen (den sie vor nicht einem Jahr geheiratet hat) zu verlassen. Was vorauszusehen war, aber nicht so schnell, um Gottes willen!
Gegen drei fahre ich ihn zum Flugplatz. Er will vorher noch Babsi sehen. Hat mit ihr (während ich im »Vanity Fair« war) lange gesprochen. Sie hat sich etwas über mich beklagt. »Das wäre eine Frau für mich.« Ich schenke ihm ein paar Fotos von ihr.

Um 17 Uhr hole ich D... ab, die mir helfen wollte, die Adressen für die Vor-Einladungen (an diejenigen, die nicht in Berlin wohnen) zu schreiben.
Ich merke gleich, daß sie heute zu »mehr« bereit ist. Nimmt auch sofort ein Bad und kommt dann auf das Bett, wo ich mich schon ausgestreckt habe, meiner Sache noch nicht ganz sicher. *Ça marche très bien.* Na also.
Sie erzählt, daß sie den Schauspieler S... (Schaubühne) am Freitag in der »Paris Bar«, nachdem ich gegangen war, aufgerissen hat und mit ihm Montagabend verabredet ist, wobei über den Verlauf des Abends kein Zweifel erlaubt ist. Er hat nach ihren Frühstückswünschen gefragt. *On verra ça!*
Danach – in schöner Entspanntheit, idyllisch – die Einladungen fertiggemacht. Sie bringt mich von dem »Comité-Brief« ab. Ich schrei-

be also einen persönlich unterschriebenen Brief. 50 Adressaten, deutsch und französisch, *toi et vous*. Wieviele werden kommen? Ich rechne mit 15 bis 20. Es kann aber auch weniger werden, was ein Problem aufwirft. Unter 50 lohnt sich das Programm nicht!

Mittwoch, den 23. März
Frau Volkov spricht im Rahmen eines kleinen, internen Kolloquiums über »Selbsmitleid und Selbsthaß bei den deutschen Juden im 19. Jahrhundert«. Zu spät informiert (was vielleicht Absicht war!), habe ich diesen Vortrag versäumt. Frau Volkov ist sicher eine der interessantesten und »seriösesten« Fellows. Ich habe mehrere ihrer Aufsätze gelesen und viel zum Thema – Juden in Deutschland – gelernt. Aber sie hat nicht meinen Durchguck!

Donnerstag, den 24. März
Am Abend im Schillertheater. »Der Balkon« von Genet in der Inszenierung von Neuenfels.
Ich wußte bis zuletzt nicht, wen ich mitnehmen würde. D... ist in die »Ferien«, zu den Spörris, abgefahren, dito Weyergraf. Monika Baldner war nicht zu erreichen, Eberle war mir zu riskant, als Depressionsmultiplikator. So rief ich schließlich Babsi an, die natürlich mit Begeisterung annahm. Dabei hatte ich ihr am Vorabend, wo sie zum »Tee« gekommen war, erklärt, daß mich unsere »Beziehung ohne Sex« nicht interessiert. Das sei eine Freundschaft, wie die zwischen Storch und Fuchs. – »Du hast doch sicher andere Mädchen dafür.« Gott sei Dank!
Sie ist auch nicht für Theaterbesuche, dieser Art wenigstens, zu brauchen. Das arme Kind kann einfach nichts verstehen. Es geht ihr da so, wie 90 Prozent des Publikums. Das Stück ist ja schon recht kompliziert – die Inszenierung tut alles, um die Verwirrung auf die Spitze zu treiben. Ihre Logik liegt auf einer Ebene zweiten, nein, dritten Grades und kann nur Eingeweihten, Spezialisten, »Insiders« etwas bringen. Es wird »verfremdet« und »zitiert« – nur nichts direkt und als das erkennbar, was gemeint ist. Dabei mit einem Riesenaufwand an technischem Brimborium: Lautsprecher, Spiegel, Parallelbühnen, Einbeziehung des Zuschauerraums. Die Zuschauer werden aber gar

nicht mit hineingezogen, sie werden nur verstört. Dazu: ständiges Brüllen von Nebensätzen und ständiges Auf-der-Bühne-Herumrennen, An- und Ausziehen. Das hat etwas Manisches. Das eigentliche Kennzeichen dieses Stils (des sogenannten Regisseurtheaters), das wurde mir gestern wieder ganz klar, ist die Mißachtung des Publikums, teilweise auch der Mißbrauch der Schauspieler. (Von dem Autor ganz zu schweigen.)
Darin liegt etwas gewalttätig Faschistisches, das es zu meiner Zeit, wo der Faschismus herrschte, nicht gab. In der Zeit des großen Berliner Theaters der dreißiger/vierziger Jahre, herrschte durchaus die Ehrfurcht vor dem Text und der Respekt des Publikums, von dem man diese gleiche Ehrfurcht voraussetzen durfte. Heute steht auf der Seite des Publikums Ignoranz, auf der des Regisseurs Präpotenz, Machtanspruch, Gewalt.

Freitag, den 25. März
Mittags im Kolleg zum Essen. Der größte Teil der Fellows fährt in die Osterferien. Der Laden wird zugemacht bis zum Mittwoch nach Ostern. Gott sei Dank ist im Schreibbüro ein Bereitschaftsdienst vorgesehen.
Mit Wolfgang Kraus gesprochen, dem »Mädchen« offenbar nicht gefallen hat. Zu privat. »Ihre Stärke liegt in der Sichtbarmachung des Zeittypischen, im Kommentar.«
Fleißig gearbeitet.
Abends in der Hagenstraße 5. Wieder sehr nett mit Marion, die bald nach Griechenland fährt. Wir verabreden uns für nächste Woche für einen (wie sie sagt) »flotten Dreier« mit ihrer polnischen Freundin.

Samstag, den 26. März
Frühstück bei Monika Baldner. Ich bin eine Stunde zu spät, weil ich, obwohl ich nachgesehen habe, die Hausnummer vergesse, auch ihren Namen nicht richtig erinnere, um sie im Telefonbuch zu finden. Fahre schließlich verzweifelt zurück in die Hagenstraße, um nach Verifikation und Anruf erneut aufzubrechen.
Es wurde noch sehr nett. Freundin, Kunsthistorikerin. Eberle hatte einfach vergessen zu kommen. M. wohnt im Hansaviertel. Von ei-

ner großen Terrasse geht der Blick gegen Osten: die von Brücken in verschiedenen Höhen überspannte Spree, der S-Bahnhof Bellevue, der Tiergarten – am Horizont die Skyline von Ost-Berlin. Melancholische, typische Berliner Stadtlandschaft. Im Sommer muß das Grün der Bäume das Bild etwas aufheitern.Gespräche über die »Zeitgeist«-Ausstellung und Leo von König, den die Kunsthistorikerin nicht so hoch einschätzen will wie ich. Kokoschka sei ein größerer Porträtist. Maler, ja, vielleicht, aber Porträtist? Ein guter Porträtist muß ein wenig ein Snob sein. Er muß zumindestens die Gesellschaft, die er malt, lieben (Velázquez versus Goya).
Gegen drei Uhr zurück. Es regnet. Ich halte auf dem Flohmarkt, der längs der Straße des 17. Juni aufgebaut ist. Kaufe ein paar Bücher, eine schöne Glaskaraffe. Einen Kelim nicht, was ich jetzt bedaure.
Arbeit am Vortrag. Gute Stimmung.

Sonntag, den 27. März
Mittagessen bei Wolodja. Ich komme eine Stunde zu spät, weil ich nicht »gecheckt« hatte, daß in der Nacht die Sommerzeit eingeführt wurde.
Wenn ich bedenke: dreimal in drei Tagen zu spät: Theater, Monika, Wolodja. Immer aus anderen Gründen. Das Ergebnis ist dasselbe. Das ist eine Serie. Und ich vermute eine gemeinsame Ursache: Mein Über-Ich bestraft mich, weil ich von der Arbeit weglaufe. Es verhindert mich, die Maßnahmen zu ergreifen, die eine Pünktlichkeit sicherstellen würden. Perfid!
Dort Toto Becker und Witwe von Blacher, Pianistin. Ich esse nach. Hasenbraten, Pasqua. Wolodja erzählt die Geschichte von einem Vorfahren, Sergej Bogdanowitsch Tschelitschoff, der beinahe von Zar Paul III. exekutiert worden wäre. Er sollte auf Befehl des Zaren eine Gräfin Hendrikow heiraten, die, obwohl eine Hofdame Katharinas, eine *dame de petite vertu,* mit der Zarina herumgehurt hatte. Er weigert sich, wird ins Gefängnis geworfen. Gott sei Dank stirbt der Zar vor Vollstreckung des Todesurteils. Er kommt heraus. Auf einem Hofball sieht er eine schöne junge Dame, die ihm gefällt. »Die will ich heiraten«, sagt er seinem Freund. »Du Idiot! Das ist die Gräfin Hendrikow, wegen der du beinahe um einen Kopf kürzer wärest.«

Er hat sie geheiratet. Seitdem sagte man den störrischen Kindern bei arrangierten Partien: »Denkt an die Gräfin Hendrikow!«
Nachmittags Sibylle Wirsing. Wir machen einen Spaziergang um den Grunewaldsee in schönster Vorfrühlungsstimmung. Wunderbare Beleuchtung. Ich liebe diese Landschaft. »Heimat.«
Erzählt von ihrer Reise mit Axel von dem Bussche in die DDR, zu seinem Familienschloß bei Quedlinburg (Harz). Er hatte sie und ihre Tochter (16) eingeladen. Und sie hatte angenommen! Sein Die-Welt-in-Anekdoten-Vermitteln, seine Arroganz den Ostzonalen gegenüber. Gleichzeitig mit der Befürchtung jemand könne ihn behelligen. Das ganze eine wunderbare Novelle, ein Film! Die Rückkehr des alten Aristokraten zu seinem Familiensitz in der DDR, wo er seit dem Krieg, vierzig Jahre nicht mehr war – in Begleitung der jungen Frau und ihrer Tochter. Spröde Zärtlichkeit – für das Kind. Nicht enden wollendes »Erinnern«. Die verhaltene Bewegtheit ... Das ist ein Thema.
Ich lese ihr darauf »Fritz von Caprivi« vor. Gefällt sehr.
Das Kapitel »Drei Freunde«. Natürlich muß auch Konstantin Spies da hinein – den ich versuchen muß wiederzusehen. (Vielleicht Einladung zum 10. Mai?) Damit hätte ich alle Facetten: Caprivi, Supf (Dekadent/Wilde). Spies: kommunistische Mutter ... *Tentation russe*. Spies und ich. Ost und West. Rußland – Amerika/Europa.
Am Ende die Überlegung, daß die anderen gefallen sind: auch ein Holocaust. Was man nicht vergessen sollte.

Die ganze letzte Woche stand im Zeichen und unter dem Druck der Vortragsvorbereitung. Alle Symptome dieser Phase – Ängste, Schlaflosigkeit, der Wunsch, alles abzusagen. Es ist zu blöd, daß ich mich davon nicht befreien kann – also doch noch eine Analyse? Ganz zweifellos sind die Arbeitsschwierigkeiten Störungen der Phase davor – das »Nicht-an-den-Schreibtisch-zu-bringen-Sein«, das »Immer-erst-etwas-anderes-Machen«, das »Rasch-noch-einmal-das-Nachlesen«, rein neurotische Widerstände und Hemmungen, mit denen kostbare Zeit verlorengegangen ist. Wieder funkte »Jugend in Berlin« dazwischen, schon die ganze Caprivi-Episode war eine Schwarzarbeit. Doch stellte sich auch wieder das richtige Buch zur richtigen Zeit ein. Eines schönen Morgens kam es mit der Post. Mario Erdheim, »Die gesellschaftliche Produktion von Unbewußtheit«.

Ich hatte den Autor als Freund von Weyergraf in Zürich kennengelernt. Wir hatten ein langes Gespräch in der Kronenhalle. Seine These von der »Produktion von Unbewußtheit« (Verdrängung?) als Voraussetzung, aber auch Nebenprodukt von Herrschaft, die Herrschaft ermöglicht, hilft mir, meine »Sündenbockthese« in einen weiteren Zusammenhang zu stellen.
Auch ist mir die Parallele der Max-Weber'schen »Gewalttheorie« (Gewaltpragma) und der Psychoanalyse als subversive Entlarvung der gesellschaftlichen/kulturellen Gewaltstrukturen klar geworden. Die eine beruht auf der Identifikation mit dem Aggressor – die andere auf der Identifikation mit dem Opfer.
Die deutsche Situation: Apologie von Bismarcks Gewaltherrschaft durch die Ohnmächtigen, die sich mit der »Macht« identifizieren (und dadurch gleichzeitig ihre Frustration/Angst verdrängen/kompensieren). Die Wiener jüdische Situation lebt die narzißtische Kränkung in der Position des Opfers aus, das sich zwar kuscht, aber nicht mit dem Gewalthaber identifiziert, sondern ihn analysiert (zur Methode der »Analyse« gehört die Empathie). Dadurch wird nicht nur die eigene »Ohnmacht« erträglich. Es wird auch die »Ohnmacht« des Mächtigen erkennbar. (Walter Benjamin!)

Dienstag, den 29. März
Zwei Karten für den »Hamlet« in der Schaubühne habe ich an Weyergraf verschenkt. Undenkbar, den Schaffensprozeß durch ein derartiges Sechsstundenereignis zu unterbrechen!

Mittwoch, den 30. März
Der sehnlich erwartete Anruf von Hubert! Die Finanzierung des Festes ist gesichert! Ich bekomme übrigens täglich neue Zusagen. Teilweise von ganz unerwarteter Seite. Christa von Oppen, Ysabelle d'Ormesson, die es *grisant* und *roulant* findet, nach fünfzig Jahren Berlin wieder zu besuchen. Sie wäre, neben meiner Schwester Ninetta, die Person, die ich am längsten kenne! Diane de Margerie wird sie begleiten. Ich hoffe, daß auch Bernard Minoret kommt.
Trotz Inanspruchnahme durch die Schreiberei habe ich begonnen, für Grützke Porträt zu sitzen. Es wird ein Riesenschinken, eine Lebens-

allegorie, in der ich mit Fourier auf der berühmten Bank sitze, rechts und links flankiert von zwei stehenden üppigen Frauengestalten, mehr nach dem Geschmack von Rubens als nach meinem. Grazien, Musen oder Berliner Puff, das kann man nicht genau sagen. Dahinter die Figur meines Vaters. Als *fond, arrière-plan,* der aber noch nicht skizziert ist, soll die Ruine eines antiken Tempels mit südlichem Himmel erscheinen. Man wird sehen.

Es ist faszinierend, Grützke beim Malen zuzusehen. Ich bin auf einem Podest in einem Sessel installiert. Er bewegt sich vor mir zwischen Leinwand, Farben- und Pinseltisch wie ein Tänzer, in pausenlosem, graziösem Hin und Her, geht in die Kniebeuge, erhebt sich auf die Zehenspitzen, beugt sich zurück, so daß man fürchten muß, er würde das Gleichgewicht verlieren und auf den Rücken fallen, neigt sich duckend nach vorne, um spähend den Punkt anzuvisieren, auf den er einen Farbtupfer setzen will. Dabei redet er ununterbrochen: »Ach ja, jetzt sehe ich, da muß noch ein Schatten hin ... Jetzt will ich mal ein bißchen an den Haaren malen ... Nein, das Auge gefällt mir noch gar nicht: so, jetzt, das kann hingehen ... nein, das muß alles ganz anders werden ...« Er malt so schnell, wie er spricht und sich bewegt. In der ersten Stunde hat er einen Porträtkopf hingepinselt, der ähnlicher und ausdrucksvoller nicht hätte sein können. Es ist gar nicht zu sagen, wie er das eigentlich macht, denn er pinselt die Fläche ohne jede Vorstrukturierung, ohne sichtbare *superposition des plans.* Hier ein Strich, da ein Tupfer, und der Bildeindruck ist da.

Nach der Séance bei Grützke und einer Linsensuppe am Kiosk der Paulsborner Straße (eine kostbare Entdeckung) hatte ich keine Lust, nach Hause zu fahren, und hielt an der Hagenstraße 5. Schnell entschieden für die lachende Polin, Anna, und hatte es nicht zu bedauern. 32, ein reifer, aber vollkommener Körper. Sie begann das Spiel, indem sie sich zu mir gewandt zwischen meine Beine kniete: »Sag mir, was du gerne hast.« Sie wußte es intuitiv. Selten habe ich eine so zarte Behandlung der delikaten und delikatesten Regionen erfahren. Dann nahm ich sie, im Jubel, von hinten. Strahlend lag sie noch ein Weilchen neben mir, um mich zu kosen.

Donnerstag, den 31. März

Diktat von 11 bis 18 Uhr, das letzte mit Dagmar, deren stiller Charme etwas ungemein Rekomfortierendes hatte. Sie verläßt Berlin und zieht über Ostern um, ausgerechnet nach Stuttgart!
Am Abend dann doch die »Schlaue Runde«, die Fabers, Fietkau, Weyergraf und als neue Gäste Karl Markus Michel und Tilmann Spengler. Der eine ein bißchen Ritter von der traurigen Gestalt (Herausgeber des »Kursbuches«), der andere athletisch, bullig, der Typ des »bundesdeutschen Erfolgsmenschen als Intellektueller«. Eine Mischung aus Manager, Reporter, Fußballstar, dabei Sinologe, Wissenschaftsgeschichtler (Hirnforschung), »Kursbuch«- und »Transatlantik«-Autor und Mitherausgeber. Und, ab Oktober 1983, Fellow am Wissenschaftskolleg zu Berlin (Jahrgang 47).
Projekt einer Monatszeitschrift für Kritik, die für Deutschland das werden soll, was die »New York Times Book Review« für Amerika ist (ich hatte von dem Projekt schon im vorigen Winter durch Hellmut Becker gehört). Wir saßen mal wieder auf der Bank von Fourier, in Erwartung des Mäzens, der die Utopie finanziert. Ich glaube nicht an dieses Projekt und sage es. In Deutschland gibt es weder die Leser dafür, noch vor allem die Federn. Es fehlen die dreihundert gebildeten Juden, ohne die ein solches Blatt einfach nicht zu machen ist. Die Zeitschrift soll »Intelligenzblatt für Literatur und Wissenschaft« heißen. Das ist zwar vornehm und verweist auf eine gute Tradition, ist aber unmöglich heute.
Warum ist das Projekt-Macher-Paar zu mir gekommen? (Michel hatte über Fietkau den Wunsch geäußert, mit mir in Kontakt gebracht zu werden.) Ich nehme an, weil sich meine gute Beziehung zu Hubert in diesen Kreisen herumgesprochen hat.
Als alle schon gehen wollen, nimmt das Gespräch eine unerwartete Wendung. Spengler spricht mich auf meine S. M.-Studien an. Er wisse etwas dazu: des Kaisers Interesse für Hirnforschung. Auf Krupps Anregung finanziert er einen Prof. Dr. Vogt. Betreibt die Gründung des Instituts für Hirnforschung in Berlin durch die Kaiser-Wilhelm-Gesellschaft (40.000 Gehirne!); Pflichtzuweisung der moribunden Tumorfälle aus allen Berliner Krankenhäusern. Eine ausführliche Korrespondenz des Kaisers mit Krupp über dieses Projekt ist verlorengegangen. Vogt gehört zu den Ärzten, die die Todesursachenerklärung für Krupp fälschen – also den Selbstmord verschleiern. Derselbe Vogt

sezierte das Gehirn Lenins – wahrscheinlich auch das des Kaisers. Auf jeden Fall hat er Anweisungen dafür abgefaßt, die in Düsseldorf zu finden wären. Er stirbt erst 1956.

Freitag, 1. April
(Bismarcks Geburtstag)
Nach Diktat Mathias zum Essen abgeholt. »Paris Bar«. Er hat seinen »Beckmann« abgeschlossen.
Danach, gegen 22 Uhr ins »Vanity Fair«, wo ich mit Tamara verabredet war. Sie sieht etwas müde und blaß aus. Nach einigen Minuten kommt eine Freundin – *époustouflant*. Claudia, lang, schlank, Bubenhaarschnitt, blond, zweiundzwanzig: wie aus einem »Vogue«-Heft herausgeklettert. Sagt aber nicht viel.
Ich erzähle Tamara den Plan für mein Fest und sage, sie müsse die Rolle des Ariel spielen (vielleicht des Puck). Prospero braucht Ariel zur Durchführung seiner Absichten. Sie ist begeistert, fährt voll ab. Wir sprechen schon über das Kostüm! Silbernes *collant* oder Ballerinentutu – Pailletten im Haar? Sie muß mich befreien, das Bild enthüllen, den Stier hereinführen. Auch Claudia wollen wir gewinnen, ich brauche mindestens vier solcher graziöser Hostessen, sie brauchen nur herumstehen. Ich denke, wir werden sie finden. (Therese muß auch zum Fest eingeladen werden, als Geschenk für einen Gast vielleicht.)
Haschzigaretten, Luftballons. Was noch?

Samstag, den 2. April
Samstagabend, ziemlich erschöpft nach langem Diktat, zweite Grützke-Séance.
Leider hat er die schöne Porträtskizze vom Mittwoch wieder zerstört. Dummerweise habe ich sie nicht fotografiert. Den Apparat erst zur zweiten Sitzung mitgebracht. Der neue Kopf, sehr viel plastischer, allerdings gefällt mir gar nicht und ist auch nicht so ähnlich. Grützke ist gekleidet wie ein Tänzer, in engangliegenden weißen Hosen, mit weißem, offenem Hemd. Die Séance beginnt mit einem Plauderviertelstündchen, bei dem Kaffee getrunken wird, den er in einem großen Kochtopf aufkocht, indem er in den Kaffee des Vorta-

ges (und Vor-Vortages), mit etwas Wasser, löffelweise gemahlenen Kaffee hineinschüttet. Ein teuflischer Sud. Ich habe den Kuchen mitgebracht, der sehr willkommen ist, das letzte Mal auch ein goldenes Osterei für die »Königin«, die sich aber nicht blicken läßt.
Wollte früh ins Bett gehen. Gegen zehn Uhr sticht mich der Hafer, ich greife zur »BZ«-Seite und rufe kurz entschlossen eine der Nummern an – »langes Haar, 19 Jahre«. Das Mädchen, das kam, hatte kurzes Haar und war dreiundzwanzig, aber wundervoll. Hat eine Boutique (second hand) in der Stadt, macht es nur, »um Schulden zu bezahlen« über eine richtige Callgirlagentur, die sie zu Hause abruft. Nettes Gespräch, Vertraulichkeit, Zärtlichkeit – ein königlicher Körper, ein Fest – was soll ich sagen? Sie läßt sich knipsen. Dann muß sie aber doch weg, man spürt plötzlich nicht eingestandene, verleugnete Zwänge. Telefoniert. Ein Wagen holt sie ab. Ich habe sie sofort auf den nächsten Abend bestellt.

Ostersonntag, 3. April
Auch diese Woche ist völlig beherrscht durch die Arbeit an dem Vortrag, der sich organisiert, aber natürlich noch viel zu lang ist. Fünfzig, ja wenn man generös zählt, sechzig Seiten, das sind genau zwanzig Seiten zuviel. Aber ich werde ruhig einen längeren Text machen, den ich nur teilweise vortrage. Die vollständige Fassung kann dann als Manuskript verteilt werden. Vor allem: veröffentlicht. Das Kapitel über den »Hof« wäre das zweite Kapitel des »Kaiserbuches«, das in Berlin entstanden ist. Ich fürchte, es wird dabei bleiben.
Therese muß jeden Augenblick kommen. Ich bin gebadet, wohlduftend, die Haare frisch gewaschen, und bebe vor Vorlust.
Lieben, Fotos, Zärtlichkeit, Spiegelspiele, »Bumsen«. Viel Reden – das Berlinerische kommt stärker raus, was mich entzückt. Nachdem sie mich verließ, noch zwei Touren. Ihr wird die Handtasche mit DM 600,– gestohlen. Der andere versucht sie im Hausflur zu vergewaltigen. Ein riskantes Gewerbe, ich bewundere den *sang froid* dieser Mädchen. Ihre Agentur nimmt 60 Prozent – stellt Fahrer, Telefon, Zentralwohnung. Tarif 150,– + Taxi, da springen für ein Mädchen knapp DM 50,– heraus – sie kommen in einer Nacht Arbeit auf höchstens DM 200,–. Unglaubliche Ausbeutung. Die Mädchen in der Hagenstraße bekommen 150,– und bringen es auf 500,– pro Abend,

ohne herumfahren und Risiko. Ob sie nicht dahin will? Kann sie nicht. Sie sei zu bekannt. Es darf niemand wissen, daß sie »arbeitet«.

Montag, den 4. April
Sieben Stunden Diktat. Der Text für den Vortrag ist jetzt voll zu Papier gebracht. Immer noch Rohtext. Über sechzig Seiten. Aber der Stoff ist beisammen. Alle Argumente vereinigt. Es bleiben noch soviel *à côtés,* die der ganzen Sache mehr Relief geben würden! Methodologisches und Historisches. Aber das Ganze ist natürlich viel zu lang! Ich stehe jetzt vor der Notwendigkeit zu raffen, zu straffen, auf 45 Seiten Maximum herunterzutrimmen, ohne die Beweisstruktur abzuplatten. Schrecklich! Andererseits sollte ich aus diesem Rohtext eine hundertseitige Fassung für den Druck machen (an Material fehlt es weiß Gott nicht), als erstes Kapitel des Buches oder einfach so, als Broschüre. Es steht noch eine furchtbare Woche bevor.
Babsi hatte am Morgen angerufen, sie wollte am Abend zu mir kommen. Ich sagte ihr ziemlich *bluntly,* daß mich das nicht interessieren würde, wenn es nicht wäre, um mit mir zu schlafen. Darauf hat sie wieder ihre ganze Show abgerissen – sie verehre mich so, könnten wir nicht glückliche Freunde sein, ich sei unritterlich, ich setze sie unter Druck, sie fühle sich entwürdigt usw., usw. Ich war sehr liebenswürdig, verständnisvoll: wenn es so sei, dann sei das eben der Beweis dafür, daß wir nicht füreinander gemacht seien, *tant pis.* Was will sie eigentlich? Ein Benehmen wie eine Sechzehnjährige. Dabei stahlhart. Sie soll zum Teufel gehen. Ich schreibe einige Abschiedsworte auf eine Newman-Karte, »Office love«, und bringe sie gegen Mitternacht zum Briefkasten. Sie hat sie morgen früh.
Schöner, entspannender Nachtspaziergang.
Jetzt noch diese Notizen. Morgen ein voller Tag.

Dienstag, den 5. April
Da es unmöglich ist, 24 Stunden am Schreibtisch zu sitzen, habe ich mir die Abende allerlei gegönnt. Mehr als üblich. Therese um 20 Uhr »zur Schwarzarbeit«, blieb bis elf, habe sie dann noch zum Essen in die »Paris Bar« mitgenommen.

Immer mehr kommt das kesse und rührende Berliner Mädchen heraus. Friseuse, mit ihrem »Mike«. Sie zeigt ganz stolz Fotos. Genau so, wie man sich diese Typen vorstellt, mit langen Haaren, schwarzer Sonnenbrille (»aber elegant«, sagt sie). Für den schaffe sie nun an (es ist von DM 20.000,– die Rede, die sie in zwei Monaten erarbeiten will; aber alles ist immer etwas *fou*).
Sie ist ausgesprochen lieb, willig, zärtlich. Ich bin sehr zufrieden. Sehr.

Mittwoch, den 6. April
Also, das ist jetzt eine tolle Geschichte, wie sie im Buche steht. Das totale *imprévu*.
Am Vorabend ruft mich Mathias an, ob ich ihm einen Dienst erweisen könnte. Er müsse auf eine Dienstreise. Ob ich mich nicht für einen Abend um seine Freundin Claudie kümmern könnte. Französin. Sie sei schön, klug, eine tolle Frau, »wunderbarer Körper« – eine alte Liebe von ihm. Verführen dürfe ich sie nicht, aber ich würde mich nicht langweilen.
Ich schalte sofort: »Französin«, die schickt mir der Himmel, um meine kleine »Damengabe«, den *recueil de poèmes* »Femmes«, editorisch vorzubereiten! Die Gedichte, die ich eines schönen Abends mal herausgesucht hatte, lagen da, in ihrer Sichtmappe, und warteten. Sie möchte anrufen, wir würden dann was ausmachen – sie ruft an. Dunkle Rauchstimme, immer an der Grenze des aspirierten Flüsterns. Bestelle sie um 21 Uhr zu mir – ich sei zu müde, um auszugehen.
Schlank, etwas mager, um die dreißig, abgelebtes Gesicht, spitzbübische Augen, schönes, wolkiges Haar, rötlich. *On parle français,* was ich noch kann. Ich weihe sie sehr schnell in das Projekt ein, lese einige Gedichte vor. (Gar nicht so schlecht finde ich – sie: »*Celui-là me plaît mieux que l'autre*«, was was man in einem Atelier sagt, wenn einem nichts gefällt.) Nimmt die Arbeit an. Es hat aber geknistert. *Le flux, par l'intermédiaire du texte, a passé!* Ich sage: »Wenn Sie dieses Glas ausgetrunken haben, werde ich Sie küssen.« Sie trinkt das fast volle Glas in einem Zuge aus ...
Dann haben wir uns über vier Stunden auf dem Pelztier verlustiert. »*Envoyé en l'air*« ist wirklich der angemessene Ausdruck. Sie ist eine völlig durchtriebene, mit allen Tricks und Künsten vertraute Person

(meine Berliner Mädchen, auch die Professionellen, sind damit verglichen Waisenkinder) – erweist sich vor allem als Streichelkünstlerin (kommt selber, wenn man sie streichelt, ganz schnell zum Orgasmus, zu wahren Orgasmuskaskaden – *rien qu'en caressant le dos).*
Dabei raucht sie eine Zigarette nach der anderen. Ein Fest. Ich bin in toller Form – was an gewissen Abenden nicht (mehr) der Fall ist.
Je bande comme un turc.
Wir machen Fotos, sie hat Spaß daran.
Zu Anfang hatte sie auf *veuve de marin* posiert. Sie lebt in Boulogne. Lehrerin. Ich kenne den Typ. Marie d'O.!

Samstag, den 9. April
Noch völlig im Zeichen der Vortragsvorbereitung – mit allen Auf und Abs, die nun einmal dazuzugehören scheinen. Ich produziere ein Manuskript von siebzig (!) Seiten, das mir obendrein nicht gefällt. Mit Hilfe von Bernd Weyergraf, der sich als ein wahrer Freund entpuppt, regelmäßig anruft, um ermunternd nach dem Fortgang der Arbeit zu fragen, heute Vormittag das ganze zusammengestrichen, so daß ich jetzt etwas zuversichtlicher auf den Mittwoch sehe. Es bleibt die Abschreiberei ins Reine etc. Ich werde meinen Text fünf Minuten vor Beginn des Vortrags in der Hand haben … Vom Inhalt her finde ich ihn, wie er jetzt ist, platt, *sans intérêt,* all das Subtile, Freche, Originelle ist weg. Na ja.
Nach der langen Séance mit Weyergraf noch etwas besonders Schönes. Das Telefon klingelt in dem Moment, in dem ich die Tür aufschließe, gegen vier. »Können wir kommen?« – »Jetzt?« – »Ja, jetzt, sonst wird es zu spät.« Es ist hellichter Tag. *Tant pis.* Ich nehme ein Bad, bereite alles vor. Gott sei Dank war Ursula am Vormittag da. Ich habe auch wieder eine Kiste Schampus besorgt.
Es kommen also zwei Mädchen, meine Therese und eine (die?) Freundin, so wie versprochen. Das andere Mädchen sieht wie eine jüngere Schwester aus, der gleiche etwas stramme, runde aber schöne Körper, das Gesicht lustiger, aufgeweckter, Sommersprossen, kleine Stupsnase. Siebzehn Jahre. Schülerin. Jüdin, aus Israel. Sie machen sich zuerst einen Joint. Ich habe mein schwarzes Gewand an (repariert von Ursula, mit einem schrecklichen Flicken, aber man sieht es kaum), die beiden Mädchen meine diversen Morgenröcke (»Kimonos«, sa-

gen sie). Idiotischerweise habe ich den Fotoapparat bei Grützke vergessen, das wären zauberhafte Bilder gewesen – bekleidet und unbekleidet.
Der Anblick dieses sich schmiegenden Paares fast identischer Mädchen war ein Vergnügen ohne Grenzen, *plaisir des yeux,* und sie wollten fotografiert werden. Zwei verspielte kleine Katzen. Zwei junge Löwinnen! Zwei schön braungebrannte Körper, kieselglatt. Süß um mich bemüht. Mich aber hatte der Hasch oder der allgemeine Streß oder die Nachmittagsstunde völlig außer Gefecht gesetzt. Nichts zu machen – und wirklich, die beiden haben versucht, was sie konnten – »er« stand nicht. Es blieb also bei Zärtlichkeit und Schleckerei, kreuz und quer, wunderschön, aber es bleibt doch eine kleine Enttäuschung, besonders bei den Mädchen. Therese: »Ich möchte sehen, wie du in sie reingehst!« Wir trennen uns sehr vergnügt. Sie wollen nächsten Samstag wiederkommen.

Dienstag, den 12. April

Claudie erschien, die die Gedichte abgeschrieben hatte. Wieder in ihrem lila Kostüm. Erst wollte sie nicht so recht – dann haben wir eine schöne Stunde auf dem Fell verbracht. Unersättlich, und als ich dann eindämmerte (ich hatte sie um Nachsicht gebeten wegen der anstrengenden Tage), masturbierte sie pausenlos. Verschwand dann – unter Mitnahme der beiden Fotos von ihr, die ich für mein Quartett zurückbehalten hatte (sie lagen auf dem Schreibtisch), was ich unkorrekt fand, ja, was mich richtig geärgert hat, aber so ist sie, falsch, ein schwarzer Schwan. Ich bin froh, daß sie weg ist, ja!
Mit meinem Drucker das Gedichtbändchen besprochen. 24 Seiten, DM 2400,– für 150 Exemplare. *J'y vais quand même.*
Ich erwähne noch das Unglück mit den Einladungskarten, auf denen stand (was niemand gesehen hatte, vor allem ich nicht): Freitag, den 10. Mai. Rätselhaft teuflisch, wie sich dieser Irrtum hat einschleichen können. Mußten also neu gedruckt werden, auf meine Kosten.

Mittwoch/Donnerstag, 13./14. April

Habe bis zur letzten Minute an dem Vortrag gearbeitet. Nach den Kürzungen von Bernd war es nicht mehr die »Panik«, aber ein schreck-

liches Lampenfieber. Es blieb bei fünfzig Seiten – ich habe zwei volle Stunden gesprochen, trotz aller möglichen Proteste. Es hat sich niemand gelangweilt, man ist mir atemlos gefolgt.
Der Saal war überfüllt. Die »auswärtigen Gäste«: Fritz Fischer, Michael Stürmer, Christian Meier, John Röhl. Bazon Brock tauchte nicht auf – ohne sich zu entschuldigen, *bad manners*. Sebastian Haffner war gekommen, Karl Deutsch, die Freunde von der FU: Brentano, Kamper, Gabi Althaus; sehr wichtig Sibylle Wirsing, denn sie wird etwas für die »FAZ« machen. Janßen, von der »ZEIT« hat freundlich abgesagt, will aber einen Dossier machen.
Die Wirkung ist phantastisch – nicht was ich über Wilhelm sagte, sondern über das »Unmögliche Reich und Bismarck« – die Leute sind zutiefst betroffen, irritiert und angeregt. Das Kolloquium war ungemein lebendig, anregend – ein Erfolg, sicher der bisherige Höhepunkt des Kollegs. Krockow hat gut präsidiert.
Meyers Parallele zu den »Kaisern« der römischen Geschichte sehr klug und wichtig für mich. Die eigentlich unmögliche, unausfüllbare »Rolle«, die ständig neu erfunden werden muß. Fischer (den ich noch zur Bahn brachte) war völlig »von den Socken«. Stürmer verteidigte die Rationalität, als Voraussetzung des historischen Verstehens. Dagegen die jungen Berliner: Kittsteiner, Weyergraf, Sahlberg, der überhaupt, als gelernter Analytiker, sehr Kluges zu sagen wußte, auch noch an einem Abendgespräch in der »Paris Bar«, mit Röhl und Cullen.
Ein Kapitel für sich: John Röhl, der uns *seinen* Kaiser vorführte, das grausame Monstrum. Das Schlimme war, daß er insistierte und überall herumging, um die »Haltlosigkeit« meiner Theorien zu beweisen und die seinen zu »verkaufen«, er, der Historiker, der aus den »Quellen« arbeitet. Das Benehmen eines kleinkarierten Karrieristen mit einem mir immer unbegreiflichen Kaiserhaß. Woher kommt das? Immer wieder zeigt sich, daß er ihn zum Antisemiten, der die Vernichtung der Juden schon konzipiert hat, machen will. Ist da Jüdisches im Spiel? Auf jeden Fall ist die Röhl'sche Methode der Beweis für die Insuffizienz der historischen Methode vor so einem Phänomen – ich werde jetzt versuchen, als Exkurs, Fußnote oder eigenes Kapitel, seine »Belege« *un par un* zu widerlegen, respektive zu ergänzen, durch den »Gegenbeleg« (»Holzhacken« – »Rosengarten«).
Rührend war Sibylle Wirsing, die sich nicht von ihren Klischeevorstellungen lösen kann und geradezu suchend bei Röhl ihre Bestäti-

gung sucht, der die Situation rücksichtslos ausgenutzt hat. Sie ist aber sensibel genug, um mir zu sagen, sie fände es sehr großzügig von mir, daß ich meinen Erzgegner eingeladen hätte. Es soll das letzte Mal gewesen sein, ich werde jetzt direkt zurückschießen.

Am Donnerstag, nach dem Kolloquium, wollte ich mich am Nachmittag ein bißchen ausruhen. Aber Margarete meldete sich an, möchte kommen. Wir verbringen den Nachmittag zusammen, wie alte Freunde. Ich spiele genußvoll mit ihrem schönen blanken Körper – ohne letzte Befriedigung. Ich spüre ihre Lust nicht, und nur das »macht mich an«. Da lernt man nun so ein Kind als Callgirl kennen, Arzttochter, Salemschülerin, geht jetzt brav in ihr Lyzeum. Schulmädchen-Report, »echt«. Erzählt zutraulich aus ihrem siebzehnjährigen Leben.

Samstag, den 16. April
Die Festvorbereitungen machen viel Arbeit. Sehr viele Telefongespräche, sehr viele Zusagen. Mittags mit dem alten Gehrhus das Menü und Programm besprochen. Auf jeden Fall brauche ich ein halbes Dutzend Mädchen, die als Hostessen die nötige Atmosphäre schaffen. Am Nachmittag kommt Margarete noch mal. Eigentlich sollte Therese dabei sein, aber die taucht nicht auf. Therese ist definitiv in der Zuhälterabhängigkeit, sie muß »anschaffen« für ihren »Mike«, der zu Hause auf der faulen Haut liegt, Zigaretten raucht, mit Freunden Karten spielt und sie gröblichst behandelt. Wie im Buch.
Abends Geburtstagsfeier bei Linde und François Burkhardt. Zehn Personen (Weyergraf, Hortense, der sehr gescheite Richter mit Frau) Kleine Rede: »Life begins with fifty.« Schöner »Berliner Abend« – das muß es einmal in der Woche geben.

Sonntag, den 17. April
Wunderbares Sonntagswetter.
Schreibe Tagebuch. Telefoniere. Viel Arbeit steht ins Haus! »Merkur«, »Transatlantik«, SFB!

Dienstag, den 19. April
Der Frühling ist da, die Bäume schlagen aus. Ich sitze im Grünen. Man kann ohne Mantel ausgehen. Überall, in den Gärten, den Anlagen Blumenflor. Berlin ist wunderbar!
Der Vortrag ist schön abgeschrieben. Ich lasse 50 Exemplare abziehen und beginne mit dem Versenden. Sehe jetzt auch Möglichkeiten zu kürzen. Aber ich kürze nicht, *au contraire,* ich stelle die ursprüngliche lange Fassung wieder her: das erste Kapitel des Buches. Mit Riesenenergie und Vergnügen stürze ich mich auf die Massen meines Materials, um es jetzt in einem Rutsch zu schaffen. Die Gewöhnung an den scharfen Arbeitsrhythmus verlangt geradezu nach Weitermachen.
Gehrhus schickt den Kostenvoranschlag für das Fest – will DM 12.000,– Vorschuß! Ich falle in Ohnmacht.
Um 14 Uhr kommt mich Tamara No. 2 besuchen. Ganz puppig, mit riesigem Busen, ungeschminkt, Körbchen und Pelerine, wie Rotkäppchen, das zur Großmutter geht und den Wolf trifft. Ich habe aber Kreide verschluckt und raspele Süßholz. Räkelt sich auf meinem Sofa, ist aber unnahbar. Dann will sie essen gehen. Ich nehme sie um 15 Uhr mit in die »Paris Bar«. Stille Lunch-Stunde, die Kellner machen große Augen; sollen sie. Wir sind glänzender, fast verliebter Laune.
Am Abend kommt Margarete. Therese scheint verschwunden. Das muß abgesprochen sein. Inzwischen ist vollkommen klar, daß auch Margarete für die »Agentur« arbeitet. Hat aber als Pennälerin irgendwie einen Sonderstatus.
Margarete packt so ein bißchen aus. Sie »mag« eigentlich nur »französisch«. Auch »total«, mit Verschlucken, hat sie gern. »Penetration« tut ihr weh, vor allem, wenn der Schwanz zu dick ist. Also »französisch« – fährt voll auf einen Cunnilingus ab. Therese: »Komisch, alle Älteren können gut Französisch« – »Ja«, sage ich, »man kann fremde Sprachen eigentlich nur, wenn man älter ist.«

Mittwoch, den 20. April
Diktiere mir die Wut über John Röhl in einem »Offenen Brief« vom Leibe, den ich eigentlich wegen Sibylle Wirsing verfasse, aber an alle Kolloquiumsteilnehmer schicken will. Analyse und Kritik seines bös-

artigen »Kaiserporträts«, mit dem er hier auf meine Kosten hausieren ging.

Mache ungeduldig am »Buch« weiter. (Komme mir vor wie der Kollege Kraus, der ankündigt: »Morgen fange ich mein zweites Buch an« und dann täglich seine zehn Seiten im Schreibbüro abliefert. Beneidenswert, echt!)

»Checke« die Listen für das Fest. 70 Zusagen, es müssen 20 ausfallen. Alles kommt, Principesse e Contesse, Cittadine, Contadine. *Gratin,* Intelligenzija und »Subkultur«. Es kann toll werden!

Abends spricht Josef Tal zum Thema »Kompositorische Prozesse«. Plauderei: »Wie ich komponiere.« Aber der kleine Herr hat eine unbestreitbare Autorität, und man hört ihm gerne zu. Das Resultat – unhörbar. Ich präge den Begriff: sadistische Musik. Folterung des Instruments und des Solisten. Anschließend bittet das Kolleg zu »Wein und Brezeln«. Unergiebig.

Freitag, den 22. April

Heute erscheint der lang erwartete Artikel von Sibylle in der »FAZ« – zwei Spalten, erste Seite Feuilleton, sehr ehrenvoll für mich und das Kolleg. (Hubert hat mich heute morgen darauf aufmerksam gemacht, zufrieden mit seinem Protegé. Er fliegt in die USA, Interview mit Reagan. Der Scheck ist unterwegs!)

Freitag, den 22. April (suite)

Herumtelefoniert für den »Fourier«! Leider kann der zuerst in Aussicht gestandene Schauspieler Arnold Marquis an dem Tage nicht! Er hätte Kopf, Haltung, Stimme – den Geist gehabt. Pech! Nennt Christian Rode, der auch zurückruft – aber sofort sieht, daß das seine Rolle nicht ist. – Siedler sagt ab. Zwei Plätze gewonnen, aber ihn hätte ich gerne dabeigehabt.

Samstag, den 23. April (19.30 Uhr)

Dem alten Gehrhus einen Scheck über DM 12.000,– in die Hand gedrückt, als Anzahlung für das Fest. Es ist Wahnsinn – aber ein Zurück gibt es nicht. Es muß nun gelingen.

Sibylle Wirsing einen Riesenblumenstrauß geschickt. »Ja, tausend Dank ...«
Spaziergang mit dem netten Weyergraf. Das ist nun der Lover von D..., die mich »verschmäht«. Obwohl er weiß, daß ich weiß, wird der Name nie zwischen uns erwähnt. Tabu. Mich stört das überhaupt nicht, was wohl als Beweis dafür angesehen werden muß, daß mir dieses Mädchen im Grunde vollkommen gleichgültig ist. Hätte ich zwischen dieser Freundschaft und ihr zu wählen, nähme ich das Fahrrad.

Gestern um 22 Uhr kam Therese, sehr vergnügt. Sie kuriert irgendein Nierenleiden und muß fünf Liter Wasser am Tage trinken, nuckelte also fleißig an einer großen, selbst mitgebrachten Apollinarisflasche, was sie nicht hinderte, eine ganz perfekte Nummer hinzulegen. Dagegen ist Margarete ein Schwergewicht und Kaltblüter. Die beiden haben jetzt mit Bonny so etwas wie einen Baby-Puff aufgemacht. Sie arbeiten unter Annoncen, auch im »Tagesspiegel«. Bonny kommt am Sonntag mit! Sie hält sich eine zwei Meter lange Python in einem Terrarium, mit der man sie fotografieren kann. Besucht aber die Abendschule, um das Abitur nachzumachen. Zweiter Bildungsweg.
Gute Nachrichten heute: Kalow bringt den »Herrn Geheimrat« am 6. Juni im Hessischen Rundfunk. Der Text erscheint dann in der Septembernummer des »Freibeuter«. Wagenbach macht außerdem »Liebe, Luxus und Kapitalimus« von meinem Vater als Taschenbuch – das bringt ein paar Mäuse, so daß ich die Schulden für das Monsterfest werde zahlen können.
Um 17 Uhr kommt Babsi zum »Tee«. (Sie ist gerade gegangen.) Ich war *très sur mes gardes*. (Hätte sie am liebsten gar nicht mehr gesehen.) Und dann kam es ganz anders als erwartet. Ohne daß ich sagen könnte, wie das genau geschah, zeigte sie die Bereitschaft, sich auszuziehen, um Fotos zu machen. Auf dem Pelztier gekost. Aber »das« wollte sie dann wieder nicht, obwohl sie echt angeturnt war. Mysteriös. Welches Szenario braucht sie? Das »Zärtlichkeitsszenario« bringt es nicht. Das »Vergewaltigungsszenario«? Das »Prostitutionsszenario«? Sie sprach immerhin offen von ihrer »Neurose«.
Während ich ihren Körper streichle, ruft Bazon an. Der Vortrag sei geniale Geschichtsinterpretation! Von heute an dürfte ich mich als

genial bezeichnen ... Ich danke für die Nobilitation. Ein großer Genuß, *de telephoner en faisant l'amour.* Eine Form von Telefonsex.

Sonntag, den 24. April
Ein vertrödelter und schließlich völlig mißlungener Sonntag.
Die Nacht und den Vormittag über in einem seltsamen (auch sexuellen) Erregungszustand, irgendwie ausgelöst durch den Nachmittag mit Babsi und den Abend in der »Paris Bar« mit Bazon und den beiden Burkhardtpaaren, wo ich sehr gefeiert wurde. Ein ganz komisches Gespräch über den Umgang mit Frauen, komisch, weil die total unerotische, baslerisch verklemmte Annemarie intensiv daran teilnahm. Man sagt in Berlin, ich verfüge über bulgarische (!) Geheimrezepte zur Erhaltung der Manneskraft. Ich erzählte die Geschichte von »Prince Pyjama« – man muß sich Zeit nehmen und zärtlich sein. Nicht seine Phantasmen projizieren, sondern sich zur Projektionsfläche der Phantasmen seiner Partnerin machen. Glaube ich das eigentlich selbst? Weiß ich nicht, daß Frauen unterworfen werden wollen, die Gewalt lieben und es genießen, wenn man seine Phantasmen auf sie projiziert? Es gibt keine Rezepte, nur immer wieder ganz einzigartige Spezialfälle, für deren jeden etwas anderes gilt. Das ist vielleicht das einzige, was man verbindlich sagen kann.
Hoffte doch noch auf Babsi. Verpaßten uns aber in der »Paris Bar«. Um drei Uhr rief sie an, langes Gespräch. Ihre Leidenschaft ist proportional zur Entfernung. Irgend etwas hat sie mit mir vor. Will sie mich am Ende heiraten?

Spaziergang. Essen in der Sonne. Genieße den Frühling.
Für den Nachmittag hatte ich mich auf den Besuch von Therese und Bonny gefreut, aber es wurde kein Fest, sondern eine völlig verkutschte Partie. Bonny sieht aus wie eine ägyptische Prinzessin (nur hat sie schönere Beine, als jene sie hätte), braune Haut, schwarze, glänzende Kulleraugen, kurze schwarze Wuschelhaare, auf der Muschi einen dichten, getrimmten, sorgfältig ausgeschnittenen Pelz. Sehr attraktiv, aber das Fräulein wollte nichts von einem Dreier wissen. (Warum war sie dann gekommen?) »Ich mag Gruppensex nicht.« Sie fühlt sich, wenn sie zuschauen muß, in ihrem Selbstwertgefühl (sie benutzt dieses Wort!) verletzt. Nicht zuschauen, mitmachen sollst du!

Das sagt ihr nichts. Therese war richtig verlegen. Ich verstand dann, daß sich die Aktion (auf meine Kosten) gegen sie richtete! Machtkampf der beiden Mädchen. Bonny ist in dem Baby-Puff die, die kommandiert, und hält sich für »was Besseres«. Ich sollte eben sehen (und Therese auch), daß sie eine »andere Klasse« ist. (Das ist sie auch.) Sie ging dann stolz davon, und wir bleiben *pénauds* zurück.
»Die bildet sich ungeheuer was ein, aber im Bett ist sie ganz schlecht, kann ich dir sagen – küssen tut sie nicht, Französisch macht sie auch ungern – sie legt sich überhaupt nur so hin und läßt die Männer machen. Sie findet, daß allein sie anzusehen eine Ehre und das Geld wert ist. Dabei treibt sie die Preise hoch. Weißt du, was sie will? Eine ›Domina‹ sein. Was ist das? Na, weeste, du bindest den Männern Beene und Hände fest, klemmst den Schwanz ab und schlägst sie, bis es blutet. Aber das muß man können, das muß man jelernt haben. Ick könnte det nich'.«
Fünf Minuten nachdem sie gegangen war – ich hatte kaum Zeit zum Aufräumen –, kam Renate. Ich hatte sie nicht abwimmeln können. Für so viele Probleme habe ich keine Zeit … und Kraft. Aber die Lage einer solchen Frau ist auch zum Verzweifeln. Da ist guter Rat teuer. Einen Liebhaber – aber woher nehmen und nicht stehlen? Habe sie dann zum Italiener an der Schaubühne am Lehniner Platz mitgenommen.
Noch mal DM 65,– für nichts und wieder nichts. Beim Abschied druckste sie herum – ich sollte sie doch zu meinem Fest einladen, von dem alle ihre Freunde sprächen. Deswegen hatte sie so unbedingt kommen wollen.
Verärgert ins Bett.

Montag, den 25. April

Um 10 Uhr im »Gehrhus« mit der »Agentur Gabbe«, die mir mit den Festvorbereitungen hilft. Die »Zwergenagentur«. Wir sprechen das Szenario durch.
Wie letzte Woche schon täglich Diktat, 11 bis 13 Uhr. Kaiserbuch, zweites Kapitel: »Kaisersein«. Rolle, Rollenspiel, Rollenverständnis.

Dienstag, den 26. April

Bonny ruft an, gegen sieben. Sie kommt, als »Studentin«, mit Tennisschuhen und grauer Tuchhose. Sehr attraktiv. Alles läuft sehr schön, ich bin in trefflicher Form. Das Spiel ist, sie doch auf den Mund zu küssen … Die Lippen züngeln, ohne sich zu berühren. Das muß sie an ihre Schlange (Felix) erinnern!
Wir lagen angenehm erschöpft, eine Pause, dann geht sie ins Bad. Als sie zurückkommt und sich zärtlich zu mir hockt, bringe ich das Gespräch – ohne jeden Hintergedanken, aus Neugierde, und weil ich meine, es macht ihr Spaß, darüber zu sprechen – auf ihren »Beruf«. Erwähne auch den Namen des Mannes, der die unsichtbare Macht hinter all diesen Mädchen ist. Da wendet sie sich plötzlich ab, setzt sich auf den Bettrand und erklärt: »Ich gehe, du hast mich völlig abgeturnt mit deinen blöden Fragen, ich habe keine Lust mehr.« Nichts zu machen. Ich versuche sie zu beschwichtigen, bitte um Entschuldigung für meine Taktlosigkeit (denn das war es) usw. Nichts zu machen. Sie duscht, zieht sich an. Will auch nicht das ausgemachte Geld (DM 250,– für zwei Stunden) – nur das Taxi. Wir reden natürlich noch – da hat sie auf einmal Tränen in den Augen. »Ich bin überhaupt nicht stolz, auf das, was ich mache … Ich bin da rausgegangen vor zwei Jahren, weil ich es nicht mehr aushielt.« (Damals war sie achtzehn.) »Drogensüchtig, geschlechtskrank. Denkst du, wenn ich wie Margarete einen Vater hätte, der Chefarzt ist, würde ich hier stehen? Ich verstehe das Mädchen nicht. Sie ist dumm, doof, bekloppt.« Ich bin ganz betroffen und höre ihr zwei Stunden zu. Sie sieht sehr hübsch aus, wenn sie wütend ist. Aber da ist eine ganz wunde Stelle. Man muß sehr behutsam mit ihr umgehen. Sie verspricht wiederzukommen.

Mittwoch, den 27. April

18 Uhr Margarete. Wir machen einen schönen Spaziergang. Sie erzählt so aus ihrem Leben, mit »echt« und »stark«. Will nicht mehr »anschaffen« gehen. (Nur noch gute Freunde wie mich. Wer sind die anderen?)
Ich denke, und sage es ihr, wie merkwürdig es sein wird, wenn sie in ein paar Jahren verheiratet sein wird (in Israel) – und sich an diese

Lebensphase erinnert, von der ihr Mann nie etwas wissen wird. Ach, sie würde es schon erzählen … Nie, sage ich, versprich mir das!

Freitag, den 28. April

Lem-Abend. Volles Haus.
Man muß schon so berühmt sein, um es sich erlauben zu können, so schlecht zu sprechen … äh – äh – äh, jeder Satz eine Quälerei. Wesentlich autobiographisch seine Bücher, immer ganz amüsant. Das Publikum ließ sich das mühsame Gestotter ruhig gefallen, applaudierte stark (in der Diskussion war er dann besser). Wenn ich mir vorstelle, daß ich so geredet hätte?
Das »Paar« Tamara–Bernd, Hand in Hand, *inséparables*. Totale Kommunikationsstörung. Kaputt. Es ist eigentlich nicht zu begreifen. Ich fühle fast etwas wie Animosität. Vorwürfe. Dabei haben sie sich albern, unfreundlich benommen.

Samstag, den 30. April

Meinen »Fourier« aufgesucht, um ihm den Text der Rede zu bringen. Empfängt mich sehr nett mit Tee und Kuchen und Frau. Branding, um die fünfzig. Dem Aussehen nach kann es hinkommen, er hat die große Stirn. Aber furchtbar »schmiererhaft«, komödiantisch. Er wird zu stark auftragen. Aber es ist nichts zu machen. *On verra!*

Sonntag, den 1. Mai

Ganz still. Regnerisch.
Zum Mittagessen bei Wolodja, wo auch Toto Becker war. Gutes Essen, aber keine richtige Stimmung. Fragen nach meinem Fest, die ich als mißgünstig empfinde. Neid?
Den restlichen Tag zu Hause gearbeitet. Etwas durcheinander. Telefoniert. Von Thamara in Straßburg bis zu Bonny, die ganze Skala. Sibylle, die am 10. nicht kann.
Ulla sagt definitiv für das Fest ab.
Unerwartet meldet sich die Freundin von Diego und Christopher aus Zürich – Pascale. Ich lade sie ein, weil es an jungen Frauen fehlt.

Montag, den 2. Mai

Früh um sieben weckt mich das Telefon. Babsi aus Chicago! Sie hat das Geld nicht, um zu kommen. Hubert? Ich kann ihn nicht auch noch damit belasten. Also werden wir uns erst wieder im Juni sehen. Sehr fleurtiv am Telefon. »Ich kann mir das Leben ohne dich gar nicht vorstellen.« »Ich war dumm damals …« Telefonsex (meinerseits).
Sonst ist die Stimmung heute morgen (ich schreibe um 8 Uhr) merkwürdig mau. Alles will mir problematisch erscheinen – das Buch, das Fest, die Berlinpläne. Ich bin kleinmütig, deprimiert, kraft- und lustlos. (Draußen regnet es.) Es ist so, als hörte ich die Eisdecke krachen, auf der ich gehe. Angst einzubrechen. Es gibt aber nur eins: weitermarschieren.
Abends, pompös angekündigt, wie es nun einmal Wapis Art ist – und zwar pompös durch die Hyperbolik der Bescheidenheits- und Demutswendungen, der Über- und der Untertreibung – der »Regierende Bürgermeister« Richard von Weizsäcker im Kolleg. Unser »Souverän«. Eine blendende Erscheinung. Das Beste, was Deutschland zu bieten hat. Dagegen wirkt Carstens, ich will nicht sagen, wie ein Parvenu, aber fast etwas kleinbürgerlich, obwohl perfekt an den Typus angepaßt.
Beim Essen sprach er mich auf meinen Wilhelm-Vortrag an, bedauerte, nicht dagewesen zu sein. »Am liebsten würde ich jetzt darüber sprechen …« Ganz huldvoll, leutselig.
Man saß dann im großen Salon, die Sessel und Stühle in kreisförmiger Anordnung, alles sehr gespannt. Er sei hier, fing er mit leiser Stimme an, weil er den Eindruck habe, daß all diese Leute, die, wie wir, aus irgendeinem kulturellen Anlaß nach Berlin kämen, sich zu wenig um die politischen und ökonomischen Probleme der Stadt kümmerten. Er wolle uns mit seinen Sorgen etwas vertraut machen. An zwei Beispielen, einem innen- und einem außenpolitischen.
Innenpolitisch die Arbeitslosigkeit. Er sehe eine Lösung der sich weiter verschlimmernden Lage nur dann, wenn Arbeitgeber und Investoren bei ihren Planungen begännen, auf produktionssteigernde, aber arbeitsplatzsparende Rationalisierungen zugunsten der Erhaltung von Arbeitsplätzen zu verzichten.
Außenpolitisch das Verhältnis West-Berlins zur DDR. Hier war er in seinem Element, man konnte sehen, das interessiert ihn wirklich. Ausgangspunkt: die durch den Tod des Bundesbürgers Burkert in

Drewitz ausgelöste Krise, die Honnecker dazu gebracht hat, seinen Staatsbesuch in der BRD abzusagen. Er sei aber überzeugt, Honnecker hätte gar nicht deswegen abgesagt, sondern auf den Wink Moskaus, dem der Zwischenfall ein willkommener Anlaß gewesen wäre, diesen Staatsbesuch zu annullieren. In Wahrheit geht es um die Rüstungsverhandlungen in Genf. Moskau sehe jetzt ein, daß es mit seinen Störmanövern der Verhinderung der NATO-Nachrüstungsmaßnahmen durch Protest- und Friedensbewegungen nicht zum Ziel käme und müßte darum auf härteren Kurs gehen. Dazu paßt eine Annäherung DDR–BRD nicht.

Die BRD ginge jetzt in eine sehr schwierige Verhandlungsphase und könne ihre Position nur behaupten, wenn sie die volle Unterstützung der öffentlichen Meinung fände. Dazu gehöre es, daß die Bevölkerung ganz anders als bisher über die zur Diskussion stehenden Fragen aufgeklärt werde. Man hätte zehn Jahre lang den Fehler gemacht, das Publikum nicht über die technischen Probleme der Rüstung zu informieren, so daß es jetzt verschreckt sei, obwohl in Wirklichkeit gar nichts wesentlich Neues geschähe.

Zwei Gefahren müßte man unbedingt vermeiden, die die westliche Verhandlungsposition schwächen könnten – »zu hart« zu sein und die »pazifistische Verführung«.

Man dürfe auf keinen Fall der DDR den kleinen Handlungsspielraum einer Selbstständigkeit gegenüber der BRD nehmen, dadurch daß man sie, durch zu brüske Reaktionen auf hochgespielte Zwischenfälle zur Solidarisierung mit Moskau zwinge.

Die größte Gefahr sein aber die Sirenentöne der Abrüster und Friedensapostel, weil sie bei der Bevölkerung ein offenes Ohr fänden. Die Argumente seien auch gar nicht zu widerlegen – sie seien nur grundfalsch, sie schwächten die eigene Verhandlungsposition, ohne daß mit ihnen irgend etwas zu erreichen wäre.

Was wird geschehen, fragte einer, wenn Günter Grass seine Ankündigung wahr macht und sich auf die Straße setzt, auf der die Pershing-Raketen angefahren werden? »Man wird ihn freundlich, aber bestimmt als Verkehrshindernis von der Straße entfernen.«

Das ist ungeheuerlich. Lämmert, der auch dabei ist, macht immerhin den Einwand, daß es sich jetzt doch nicht um Wirkung von Waffensystemen handle, sondern um das schiere Überleben, und daß die Friedensbewegung doch von daher eine Rechtfertigung fände.

Wir haben es nicht mehr mit dem »ideologischen« Pazifismus der ersten Hälfte des 20. Jahrhunderts zu tun. Man könne von einem »existentiellen« Pazifismus sprechen.
Weizsäcker: »Überleben ja, aber nicht unter jeder Bedingung.« (Lieber tot als rot?)
Er spricht ganz sanft, ganz konziliant, in druckreifen Formulierungen. Ich schäme mich innerlich, habe das Maul aber auch nicht aufgemacht. Widerlicher Opportunismus. Galtung war nicht da. Auch Konrád hüllte sich in Schweigen. Fritsch und Kraus waren natürlich derselben, allerhöchsten Meinung. Krockow, unser Reichsmoderator, hat sowieso keine eigene Meinung. *Déformation professionnelle.*
Was hätte ich sagen müssen?
Die Rede von der *tentation pacifique* ist subtile, aber darum nicht weniger infame Demagogie. Man muß doch sehen, was dahinter steht. Genau jenes deutsch-wilhelminische Politikverständnis, das uns schon zweimal in die Katastrophe geführt hat. Jenes Denken in Machtkategorien, die sogenannte »Realpolitik«, der zufolge Kriege nun einmal zur Geschichte gehören – Friede ist »unsittlich, ein Traum und nicht einmal ein schöner«. Weizsäcker, dritte Generation deutscher Führungsschicht: sein Raisonnement ist genau dasselbe wie das des Auswärtigen Amtes zur Zeit der Haager Friedenskonferenz. Rüstungseskalation statt Friedensbemühungen, die auf die Beseitigung von Zerstörungspotentialen überhaupt zielen. Gesinnungsmilitarismus.
Die heutige Lage hat mit der vor dem Ersten Weltkrieg eine verzweifelte Ähnlichkeit. »Realpolitik« wird jetzt in den USA gemacht, Kissinger (nach Morgenthal) der Überträger der Weber'schen Gewalttheoreme, die, wie ich gezeigt habe, nicht letzte Wahrheiten des historischen Geschehens, sondern Ideologie des Bismarck-Reiches sind. (Israel ist auch so ein *offspring* deutscher »Realpolitik«. *Le péché allemand des juifs.*) Dahinter die Interessen der Waffenfabrikanten.
Dabei haben wir durchaus als Weiterentwicklung des »ideologischen« Pazifismus – auch diese Wendung ist infam – nicht nur die Friedensbewegung, sondern seit dreißig Jahren auch die Friedensforschung, die versucht, eine alternative Strategie zu entwickeln, das Denken von den Angstmechanismen und Drohstrategien zu befreien. Das ist keine »Verführung«, sondern unsere einzige Chance.

Das geteilte Berlin, die immer noch »zerstörte Stadt«, ist doch immerhin das eindeutige Produkt eines Denkens in den Kategorien des »Gewaltpragmas«. Sollte Berlin nicht der Ort sein, wo der alternative Diskurs des Friedens seinen überzeugendsten Ausdruck findet? Die Ansätze, die es dafür gibt, müßten in dieser Stadt besonders gepflegt werden. Hier liegt auch die Bedeutung von Grass, dessen Initiative man nicht als Aberration aburteilen kann.

Ich erinnere mich, daß ich Weizsäcker kennenlernte, als ich für den Posten des Vorstands der damals neugegründeten Gesellschaft für Friedensforschung (eine Initiative von Heinemann – sie besteht auch heute noch) kandidierte. In einem langen nächtlichen Telefongespräch riet er mir ab, diesen Posten zu übernehmen und stimmte (was ich dann später erfuhr), als Vertreter der evangelischen Kirche, gegen meine Kandidatur. Es war das einzige negative Votum, der Posten wurde mir zugesprochen, aber ich habe ihn dann nicht angenommen, weil ich bei den Verhandlungen über den Aufbau der Dienststelle sehr schnell merkte, daß vom Innenministerium, der vorgesetzten Behörde, vor allem aber vom Wissenschaftsestablishment, vertreten durch die Forschungsgemeinschaft, schon alle Weichen gestellt worden waren, um eine Aktivität, in dem mir vorschwebenden Sinne einer aktiven Friedenspolitik, zu verhindern.

War dann in der »Paris Bar« mit Holm verabredet, der den Kaiser auf meinem Fest machen soll. Eine Rede hatte ich am Vormittag diktiert: Friedensrede, aus Kaiser-Zitaten, besonders die Bremer Rede von 1905.

Holm hatte »Zazi de Paris« mitgebracht, die die »Europa« machen wird – ein altgewordener, seinerzeit berühmter Travestit. Die Nummer durchgesprochen (das Szenario ist ja fertig und gefällt ungemein).

Mittwoch, den 4. Mai

Festvorbereitungen. Ich habe fertiggestellt:
– das Szenario,
– die Fourier-Rede,
– die Kaiser-Rede,
– die Gästeliste.

(Birgit Heiderich hat abgesagt, weil sie die Stunde beim Psychoanalytiker nicht verlieren will! Ich bin sauer. Anna Maria Hünermann, weil sie nach London muß. Das ist mir gleichgültiger. Nike kommt! Ich zahle die Reise zu 50 Prozent. Schicke das Ticket per Eilboten. Ivan Nagel meldet sich an.)
Alles scheint gut zu laufen. Da, gestern abend, die Bombe: Branding, der den Fourier machen soll, sagt ab. Hätte zuviel zu tun usw. Dies, nachdem er voll eingestiegen war! Holm ruft vom Theater aus an. Schlägt Uli Haas vor. Telefongespräch am Mittwochmorgen ergibt, daß der einen Spitzbart hat, also nicht in Frage kommt. Katastrophe! Was tun? Ich rufe noch einmal bei Branding an, weine mich bei der Frau aus, er solle es sich doch überlegen, ich würde auch die Gage erhöhen. Informiere Gabbe, der mich beruhigt: »Cool bleiben.«
Abends dann Anruf von Köster, den Branding beim Synchronisieren angesprochen hat. Ich schicke ihm die Unterlagen. Man wird sich morgen sprechen. Mein Gott!
Lese dazwischen viel Kaiserliteratur (Stein, Lamprecht, Rathenau) nach, um gute »Belege« zu finden. Es ist alles schon gesagt worden (was ich zu zeigen versuche), aber es hat nichts genützt. Das Donquichotteske meines Unterfangens kommt mir mal wieder brennend zu Bewußtsein. Axel von dem Bussche sagt mir, er hätte jetzt das Thema abgeschlossen, mit der Lektüre von »Gedanken und Erinnerungen«: sie seien alle gräßlich gewesen. Mit zwei Schlußfolgerungen:
1. Lass die Toten ihre Toten begraben.
2. Befolge das Gebot an die Frau des Loth: nicht umdrehen – sonst wird man zur Salzsäule.
Wie recht er hat.
Das Vogelkonzert bei Sonnenaufgang. Ein unerhörtes, überwältigendes Erlebnis. »The roaring triumphant spring!«

Donnerstag, 5. Mai
Festvorbereitungen. Nur noch fünf Tage. Ein »Fourier« findet sich, der Schauspieler Köster.

Freitag, den 6. Mai

Ein Tag, ganz den Vorbereitungen für das Fest gewidmet.
Um 10 Uhr bin ich mit meinem neuen »Fourier« im Maskenverleih »Theaterkunst«. Köster – durch Branding empfohlen, der wohl ein schlechtes Gewissen hatte. Die ideale Besetzung! Viel besser als Branding!
Das Aussuchen des Kostüms, mit der gleichzeitigen Besprechung seines Auftrittes, ein fürstliches Vergnügen. Die Garderobière brachte nach Wunsch Fräcke, Redingoten, Hosen, Westen und zwar immer ganz nah an dem, was man sich wünschen konnte. Wir haben auch sehr schnell das Kostüm beisammen gehabt, so wie auf Grützkes anachronistischem Bild.
Mittags im »Gehrhus« mit Tamara verabredet, die ihre Freundin Claudia mitbringt. Rote Punkfrisur, aber es knistert sofort.
Dann in die Theaterkunst, wohin auch Bonny und Therese kommen, damit die Mädchen sich kennenlernen und ich nicht alles zehnmal erklären muß. Wir finden die Kleider, nach allerhand Probieren, was mit allerhand Ausziehen und Beinen und Busen und Schultern und Nacken verbunden ist. Ich bestelle Champagner und genieße die Haremsatmosphäre – Monsieur le Baron in der Loge der Ballettratten. Leider ist Margarete nicht da. Man entscheidet sich für drei bunte, duftige Kleider mit weiten, knielangen Röcken und großen Décolletés – die Mädchen laufen begeistert darin herum, Tamara ist gar nicht zu halten, sie singt und jubiliert, Bonny besieht sich mit großen Augen in einem Aufzug, in den sie sich wohl nie geträumt hat.
Für Therese und Margarete, die sich ja ausziehen sollen, zwei schwarze Tüllkleider, mit goldenen Punkten übersäte Träumchen. Sie kontrastieren als Paar vor den bunten Gespielinnen.
Während der Anproben macht mir Tamara große Augen über die beiden Nachzüglerinnen. Im Auto hält sie dann nicht mehr an sich: »Die sind doch Nutten!« – ich hülle mich in Schweigen. Was soll ich sagen? »Würdest du dich ausziehen?« – »Für dich ja, aber nicht vor einem Publikum!« – »Na, dann sei froh, daß wir sie haben.«
Sie und Claudia kommen noch auf ein Glas Sekt zu mir. Der Flirt mit der rothaarigen Freundin geht unter ihren wohlwollenden Augen lustig weiter. Ich werfe auch die Idee eines »lustigen Dreiers« ins Gespräch, was keinen Widerspruch hervorruft. Ich hatte Tamara ja

in meinem ersten Gespräch ausführlich über Fourier und den »Prosapphismus« aufgeklärt, was sie aufmerksam mitangehört hatte und jetzt belehrend an Claudia weitergab. Schließlich steht ja die Idee mit den zwei Mädchen im Mittelpunkt des Festszenarios. Ich bin gespannt, ob diese Piste weiterführt.

Samstag, den 7. Mai

Ysabelle d'Ormesson und Diane de Margerie sind als erste Festgäste im »Gehrhus« eingetroffen. Ich habe so viel um die Ohren, daß ich mich erst abends um sie kümmern kann. Sie kommen gegen 19 Uhr zum Drink in meine Bude, danach in die »Paris Bar«.
Die beiden sind entzückt, in Berlin zu sein, seit so vielen Jahren, wir gedenken der Jugendzeit, Pariser Botschaft, sprechen über die Kinder – aber es ist der Umgang mit Mumien aus einem anderen Zeitalter. Doch ist es wichtig, daß gerade sie da sind!

Sonntag, den 8. Mai

11 Uhr. Mit Claudia und Tamara noch mal im »Gehrhus«. Tamara nimmt alles wundervoll ernst. Ihr wird der Erfolg des Festes zu danken sein.
Am Nachmittag Bonny, mit ihren Kulleraugen, ein rechter Sarottimohr. Trägt einen lustigen Zellophanmantel, in dem sie sich auch knipsen läßt. *« Pour le reste, elle se laisse faire, rien de plus. » Mais son corps mou et maniable m'excite.*
Ich weiß nicht mehr genau, wann an diesem Sonntag die Bombe einschlug, daß Margarete nicht auf dem Fest auftreten könne! Die Eltern hätten Wind bekommen und es streng verboten. Sie müßte sofort nach Israel. Nun war von dieser Reise immer schon die Rede. Ich weiß also nicht, und werde nie wissen, was da gelaufen ist – bloß: die totale Unzuverlässigkeit und Rücksichtslosigkeit dieser Kinder ist evident. Soll ich sehen, wo ich mit meiner Show bleibe.
Wo, zwei Tage vor dem Ereignis, einen Ersatz herbekommen? Ich stelle mich schon darauf ein, auf diese Nummer zu verzichten, die Mädchen »angezogen« neben uns auf die Bank treten zu lassen – *tant pis*, nur ich würde wissen, was da eigentlich hätte geschehen sollen.

Am Spätnachmittag ruft mich ein Mädchen an, das ich früher öfter in der »Paris Bar« gesehen hatte, Ramona. D... hätte ihr meine Telefonnummer gegeben. Das ist der Ersatz für Margarete, denke ich sofort, und bestelle sie ins »Ax Bax«, 23 Uhr, fest entschlossen, sie *coûte que coûte* dafür zu gewinnen, den Part zu übernehmen. *To cut a long story short:* es ist mir gelungen (um den horrenden Preis von DM 600,–). Meine Überzeugungskraft wurzelte in meinem Mut der Verzweiflung.

Montag, den 9. Mai

Ein hektischer Tag!
Acte de présence in der PEN-Club-Sitzung. Jahrestagung 1983 in der Akademie der Künste, »50 Jahre danach«.
Um 15 Uhr im Maskenverleih, um Ramona das Kleid zu probieren. Sie läßt mich genau eine Stunde warten.
Danach im Schreibbüro, Frau Reuther »meine Rede« diktiert.
Am Puzzle der Tischordnung gearbeitet. Die schön geschriebenen Kärtchen waren auf dem Kelim in meinem Zimmer ausgebreitet. Von allen Vorbereitungsarbeiten eigentlich die mühsamste und zeitraubendste. Vierundsechzig Personen auf acht Tische so zu verteilen, daß sich homogene Gruppen bilden, Leute, die sich nicht kennen, mit Leuten, die sie noch nicht kennen, zusammensetzen. Affinitäten, die man vermutet, aber auch die Sprachkenntnisse müssen Berücksichtigung finden.
Das Schlimmste sind die Absagen in letzter Minute. Eine wirkliche Katastrophe der Ausfall von Hubert, auf dessen Rede hin ja das ganze Szenario angelegt war. Bazon Brock hat seinen Platz neben Elisabeth bekommen. Er muß auch die Rede (»Interpretation einer Allegorie«) halten.
Spätabends noch eine letzte Stehprobe mit dem »Kaiser« und »Zazi de Paris« im »Gehrhus«, wo ich Nike treffe, die programmgemäß aus Paris eingeflogen ist.
Wir verbringen noch eine vertraute, entspannte Stunde bei mir.

Dienstag, den 10. Mai

Am Dienstag, dem 10. Mai 1983, feiere ich
meinen 60. Geburtstag

Zu einem festlichen Abend im Schloßhotel Gehrhus,
Berlin 33, Brahmsstraße 4, lade ich zum
Konzert — Souper-spectacle — Ball — Frühstück

Nicolaus Sombart

Beginn 18 Uhr - Festliche Kleidung   u. A. w. g. (30) 890 01 17

Zur Feier meines 60. Geburtstages
am 10. Mai 1983
lade ich zum Tanz ins Schloßhotel Gehrhus,
Berlin 33, Brahmsstraße 4, von
fünfzehn Minuten vor Mitternacht bis zum Frühstück

Nicolaus Sombart

Pünktliches Erscheinen in festlicher Kleidung
u. A. w. g. 890 01 17

*Geburtstagsfest
Nicolaus Sombart
10. Mai 1983*

*

Berlin-Grunewald

PROGRAMMABFOLGE FÜR DAS
SOUPER SPECTACLE

– Das Konzert ist um 20 Uhr beendet.
– Die Gäste gehen in den großen Festsaal.
– Am Eingang des Festsaales steht ein Tisch, auf dem die Tischordnung einzusehen ist.
– Jeder Gast findet eine Karte, auf der der Name seines Partners steht.
– Die Gäste nehmen paarweise an den acht Tischen Platz.

Im Saal – vor der Treppe – steht eine grüne Gartenbank.
Sobald die Gäste sich niedergelassen haben, wird der erste Gang – Krabbencocktail – serviert.

BEGRÜSSUNG

– Der Gastgeber erhebt sich und macht Anstalten zu einer Begrüßungsansprache.
– Er wird durch Zwischenrufe von der Galerie unterbrochen: »Schon wieder eine Rede«, »Angeber«, »Halt die Klappe« …
– Eine Rauchbombe wird mit Knall in die Mitte des Saales geschmissen.
– Die Zwerge stürzen bewaffnet und maskiert die Treppe herunter, in Richtung der Tische schießend.
– »Hände hoch!« Sie dirigieren sich auf den Tisch des Gastgebers (Mitteltisch vor den Fenstern), zerren ihn in die Mitte des Saales. Er stürzt zu Boden, sie werfen ihm ein Tuch über und fesseln ihn mit einer langen Wäscheleine.
– Gefesselt und vermummt wird er auf die »grüne Bank« gestoßen. Sie stülpen dem Gefesselten und Vermummten eine Krone über.
– Das Zwergenkommando prüft, ob der Gefesselte auch fest verschnürt ist. Knallt noch etwas herum. Veranstaltet einen Freudentanz mit Triumphgeschrei und verschwindet.
– Jetzt kommen die »Blumenmädchen«, um den Gastgeber zu befreien. Lösung der Fesseln. Das Tuch wird abgenommen. Er wird gekämmt, und ihm wird der Festmantel übergestreift. Er wendet sich an die Gäste: »Der Überfall der Zwerge ist abgeschlagen,

jetzt kann das Fest beginnen!« Er klatscht in die Hände und begibt sich an seinen Tisch.
Die Tomatencreme wird serviert.

ZAUBEREI

– Die Blumenmädchen führen den Zauberer Igor Jedlin herein.
– »Zauberei« – ein Halbstunden-Programm von Jedlin.

Das Medaillon vom Kalbsfilet wird serviert. – Abgedeckt.

Anschließend wird das Sorbet serviert.

EUROPAS AUFTRITT

– Mit großem Lärm und musikalischer Untermalung tritt der Stier mit Europa auf dem Rücken auf. Gefolgt von den Blumenmädchen, die ihn an Schwanz und Hörnern ziehen. Der Stier dreht eine Runde, wirft Europa ab, setzt sich auf die grüne Bank. Europa ist der Transvestit »Zazi de Paris«.
– Zazi macht 15 bis 20 Minuten Kabarett.
– Zazi verschwindet mit Handküssen, gefolgt von dem Stier.

Poulardenbrust wird serviert.

WER BIN ICH?

– Bevor die Gäste zu Ende gegessen haben, kommt eine Figur im Biedermeierfrack die Treppe herunter.
– Charles Fourier dreht schlürfend eine Runde. Guckt, was die Leute auf den Tellern haben, macht einer oder zwei schönen Frauen eine Reverenz.
– Die Blumenmädchen folgen ihm, wie Kinder einem kuriosen Alten folgen.
– Er geht zur Treppe zurück, stellt sich in halber Höhe in Positur und hält seine Rede.

DIE REDE FOURIERS

Ich alleine — werde zwanzig Jahrhunderte politischen Unsinns ad absurdum führen, ich — ein einfacher Handlungsgehilfe, werde ganze

Bibliotheken politischer und wissenschaftlicher Literatur, das Werk von Scharlatanen, der Lächerlichkeit preisgegeben.

Meiner Initiative verdankt Ihr, und alle künftigen Generationen, die frohe Botschaft von der »Guten Gesellschaft«.

Zwanzig Revolutionen, Hunderte von Kriegen, die den Erdkreis mit Blut ertränken würden, bleiben Euch erspart — weil ich das göttliche Gesetz der »leidenschaftlichen Anziehung« entdeckt habe. Ihr steht an der Schwelle des Zeitalters der universellen Harmonie!

LA DESTINÉE EST PROPORTIONELLE AUX ATTRACTIONS!

Gott hat uns zwölf Leidenschaften gegeben, wir können nun glücklich sein, wenn wir sie alle zur Entfaltung bringen. Was ist das Glück, über das so viel Unsinn verzapft wird? Das Glück besteht darin, viele Leidenschaften zu haben, und die Möglichkeit, sie auch befriedigen zu können.

Wir haben zu wenige Leidenschaften und verfügen nicht über die Mittel, auch nur ein Viertel von ihnen zu befriedigen. Deswegen ist unsere Erde im Augenblick der tristeste Himmelskörper des Universums.

Schluß mit den Vorurteilen!

Schluß mit dem Denken der Selbstzensur!

Schluß mit der Unterstückung unserer Bedürfnisse!

Schluß mit der Verkehrung unserer Passionen in Laster!

Schluß mit der Pseudomoral, die uns versklavt, mit der Pseudo-Wissenschaft, die uns zu Narren macht — es lebe die lustige Wissenschaft des Begehrens!

Der Dynamik der Leidenschaft entspricht die Dynamik des Glücks. Wir leben und arbeiten mit Menschen, die wir nicht lieben, und tun Dinge, die wir nicht lieben. Wir unterdrücken unsere eigentlichen Wünsche und unser geheimes Verlangen. — Das muß anders werden!

Der kürzeste Weg zwischen zwei Menschen ist der der leidenschaftlichen Anziehung. Jedem seine Marotte, jedem seine Manie. In der Arbeit und in der Liebe. Es lebe der co-manien!

Das Grundproblem der sozialen Ordnung ist die richtige Ökonomie der Leidenschaften — es ist nicht eine Ökonomie des Mangels, sondern der Verschwendung. Wenn erst die Erfüllung unserer Leidenschaften zum Motor der Produktivität geworden ist, wird die Produktion in der Lage sein, spielend alle Bedürfnisse zu befriedigen.

Nur ein Leben in Luxus ist menschenwürdig. Die Armut, das Elend unserer Gesellschaft ist eine Folge der moralischen Mißwirtschaft — unsere Verkennung der wahren Absichten Gottes.

Noch eines: Hören wir auf die Frauen! Der Prüfstein für eine glückliche Gesellschaft ist die Freiheit der Frauen. Am Verhältnis der Geschlechter läßt sich das Verhältnis der Menschen zueinander ablesen: Herrscht hier Gewalt, so herrscht sie überall. Noch sind die Frauen in unserer Gesellschaft nicht befreit! Das Maß der Befreiung der Frau aber ist das Maß der menschlichen Emanzipation — das einzige.

Bevor ich kam, hat die Menschheit einige Jahrtausende damit verloren, sinnlos gegen die Absichten der Vorsehung anzukämpfen.

Ihr könnt Euch denken, daß der Gott, der das Universum mit seinen Millionen Welten so harmonisch eingerichtet hat, nicht mit einer Gesellschaftsordnung einverstanden sein kann, in der es mit der Befriedigung der wahren Bedürfnisse des Menschen so miserabel bestellt ist wie heute.

Jetzt werdet Ihr in den Genuß der generösen Intentionen des Weltschöpfers kommen: Ihr könnt auf ein Glück hoffen, das ebenso groß ist wie seine Weisheit.

Wer widerspricht? —

Ihr wollt mir nicht glauben? Ich bin ein Phantast, ein Utopist, sagt Ihr?

Es ist nicht das erste Mal, daß Gott sich eines armen Teufels bedient, um die Hoffährtigen zu demütigen, daß er den Unbekanntesten auswählt — um der Welt die wichtigste Botschaft zu überbringen!

(Montage von Fourier-Zitaten)

INTERPRETATION EINER ALLEGORIE

– Während des Applauses geht er zurück in den Saal und setzt sich befriedigt auf die »Grüne Bank«.
– Der Gastgeber tritt zu ihm und setzt sich neben ihn.
– Zwei der Blumenmädchen stellen sich *face à face* vor die beiden in die Mitte des Saales. Zwei andere stellen sich hinter sie und ziehen sich aus.
– Die beiden Mädchen stellen sich nackt rechts und links neben die Bank.
– Das verhüllte Grützke-Bild wird auf einer Staffelei hinter die Gruppe auf der Bank geschoben. Hinter dem Bild wird eine Malerleiter aufgestellt.
– Die beiden nackten Mädchen verschwinden hinter dem Bild, klettern auf die Leiter und erscheinen über dem Bildrand.

- Zwei andere Mädchen rücken die Bank zur Seite.
- Gastgeber und Fourier haben an ihren Tischen Platz genommen.
- Johannes Grützke tritt vor das Bild und gibt das Zeichen. Die Mädchen lassen das Tuch fallen (und verschwinden).
- Applaus für das Bild.
- Grützke sagt einige Worte.
- Stellvertretend für Hubert Burda hält Bazon Brock eine Rede.

Der Käse wird serviert.
- C. C. von Pfuel hält eine Rede.
- Der Gastgeber hält eine Festrede.
- Die Damengabe wird verteilt.

Während des Applauses wird die Rote Grütze serviert.

EIN HOCH WIRD AUSGEBRACHT

- Die Eingangstür wird groß geöffnet, die Blumenmädchen stürzen herein zum Gastgeber und flüstern ihm eine Nachricht zu. Er erhebt sich und kündet den Gästen an: »Es ist mir eine große Freude, Ihnen mitteilen zu können, daß, völlig unerwartet, sich ein allerhöchster Gast angesagt hat. Wir haben die große Ehre des Besuches Seiner Majestät des Kaisers.«
- Der Kaiser, gefolgt von zwei Adjutanten, betritt den Saal und stellt sich vor den Tisch des Gastgebers.
- Der Kaiser hält eine kurze Rede.

DIE REDE DES KAISERS

Geehrte Damen und Herren, hochgefeierter Jubilar des heutigen Abends, es ist mir eine besondere Freude, in diesen mir wohlvertrauten Räumen, in denen ich so manche schöne Stunde in Gesellschaft der edlen Herrin des Hauses, der unvergeßlichen Baronin Pannwitz, verbringen durfte, dieses Fest durch meine Anwesenheit auszuzeichnen.

Dem heutigen Tage seien zwei Gläser bestimmt: das eine der Vergangenheit und der Erinnerung. Ich höre zu meiner Genugtuung, daß Sie sich in verdienstvoller Weise um eine neue Deutung der Geschichte unseres Vaterlandes bemühen, an deren Gestaltung mein Haus und ich selber in 30jähriger, unermüdlicher Wirksamkeit aktiven Anteil genommen haben.

Das deutsche Volk ist das Volk der Mitte, Speerspitze des Westens nach Osten hin, Vorfeld des Ostens, nach Westen geöffnet. Es muß in dieser Spannung leben. Wenn es nicht im Widerspruch zerrieben werden soll, muß seine Aufgabe sein: Vermittlung und Versöhnung.

Das Weltreich, das ich mir erträumt habe, sollte darin bestehen, daß das neuerschaffene Deutsche Reich von allen Seiten das absoluteste Vertrauen als eines ruhigen, ehrlichen Nachbarn genießen sollte. Der Frieden der Welt darf nicht auf Eroberung begründet sein durch das Schwert, sondern durch gegenseitiges Vertrauen der nach gleichen Zielen strebenden Nationen.

Es ist mir nicht gelungen, diesem Gedanken Geltung zu verschaffen.

Die Kräfte der Vergangenheit waren zu stark. Vieles, was damals geschah, war richtig, vieles war grundfalsch. Nach einem Jahrhundert enttäuschter Hoffnungen und schwerer Demütigungen wird ein neues Geschlecht vielleicht den richtigen Weg finden. Unser Blick muß auf die Zukunft gerichtet sein.

Das zweite Glas, das gilt der Zukunft und der Gegenwart.

Es war immer mein Grundsatz, überall, wo ich konnte, neue Punkte zu finden, an denen wir einsetzen können, an denen in späteren Zeiten unsere Kinder und Enkel sich ausbauen und das zunutze machen können, was wir ihnen erworben haben.

Ich sehe um mich nicht nur schöne Frauen, sondern die leuchtenden Gesichter junger Menschen. Auf sie will ich vertrauen. Sie will ich ermuntern, es besser zu machen.

Nicht immer ist es uns gegeben, die richtige Entscheidung zu treffen. Wichtig ist, daß wir vor dem Allerhöchsten Rechenschaft ablegen können in dem Bewußtsein, das Beste gewollt zu haben.

Ich greife nun nicht ein in den Streit der Wissenschaften, ich sage nur eines: Nehmen Sie der deutschen Jugend nicht Ihre Ideale.

Weitermachen! (Montage von Zitaten aus Reden Wilhelms II.)

— Auf einem Tablett wird ihm von den Blumenmädchen ein Sektglas gereicht.
— Er bringt ein Hoch auf den Gastgeber aus. Der Gastgeber bringt ein Hoch auf den Kaiser aus, in das alle Gäste einstimmen.

GEBURTSTAGSTORTE

Zwei Köche des Gehrhus tragen die Geburtstagstorte herein und plazieren sie vor dem Kaiser, der sie mit dem Säbel anschneidet.

- Die Geburtstagstorte wird von den Köchen aufgeschnitten und von den Blumenmädchen an die Tische verteilt.
- Der Kaiser nimmt am Tisch des Gastgebers Platz.
- Nach Verzehr des Kuchens erhebt sich der Kaiser, reicht der Dame des Hauses die Hand und eröffnet die Polonaise.
- Fourier folgt mit einer Dame.
- Der Gastgeber dito, und alle Gäste.
- Die Polonaise wird die Treppe hinauf über die Galerie geführt und kommt nach 10 Minuten in den Festsaal zurück.
- Inzwischen sind die Tische aus dem Festsaal entfernt, das Bartrio ist verschwunden, und der Ball beginnt mit Discosound.
- Die Blumenmädchen werfen Blumen von der Galerie.

N. B.
Vor der Polonaise sind bereits die Ballgäste eingetroffen, die auf die Galerie geleitet werden, wo ihnen ein Glas Champagner gereicht wird. Sie schauen der letzten Phase des Programms zu und reihen sich dann in die Polonaise ein.

**

DIE NICHT GEHALTENE REDE DES JUBILARS

Liebe Freunde,
nachdem der freche Überfall der Zwerge abgeschlagen war, konnte unser Fest beginnen. Es hat jetzt mit der Enthüllung des Bildes von Johannes Grützke seinen Höhepunkt erreicht, und es ist wohl an mir, einige Worte zu sagen. Worte des Grußes, aber vor allem Worte des Dankes.

    Es ist nicht schwer, angesichts eines so großartigen Bildes eine schöne Rede zu halten. Mein erster Dank geht darum an den Künstler, der in einer tiefsinnigen und ironischen Allegorie mehr als ein Porträt gemalt hat — es ist so etwas wie eine Lebensformel, eine Lebensdeutung, und ich brauche ihr nur zu folgen, um die wenigen Worte zu ordnen, die ich jetzt sagen will.

    Fourier sitzt dort neben mir auf der Bank, vielmehr ich sitze neben Charles Fourier, und das Fest, das ich ausgerichtet habe, ist ein Fest in seinem Geiste.

    Wir haben seine Botschaft gehört. Ich möchte sie jetzt so auf mein Leben hin interpretieren, so wie ich sie verstehe.

Ich will von den drei großen Leidenschaften sprechen — den »Passionen« — drei große »F«, (F wie Fourier), die mein Leben bestimmt haben: von der Freundschaft, den Frauen und — der Familie.

Ich grüße meine Freunde, die hier versammelt sind, aus allen Lebensaltern, aus allen Lebensbereichen und aus allen Himmelsrichtungen, die gekommen sind und denen ich dafür danke. Sie sind stellvertretend auch für die vielen, die nicht kommen konnten — auch ihrer sei gedacht:

— Du, Klaus, aus meiner Schulklasse im Grunewald-Gymnasium;
— Du, Peter, mit dem ich in Grutschnow im Arbeitsdienst war;
— Du, Günter, mit dem ich »Wache schob« in Frankreich;
— Du, Kurt, den ich kennenlernte in Positano, im Hause von Stefan Andres, im Jahre 1948 ...;
— Du, Reinhard, mit dem ich viele Nächte in Heidelberg durchgezecht habe, über den Weltkrieg und die Krise philosophierend, Themen, über die Du dann so wichtige Bücher geschrieben hast;
— Du, Gerd, mit dem ich die unvergeßlichen Abende im Brückenturm verbrachte;
— Du, Bazon, und mit Dir Karla, die leider nicht kommen konnte, denen ich so viel Zuspruch und Ermunterung für meine Arbeit verdanke;
— Du, C. C. — dem treuen Begleiter meiner Jahre im Europarat — »grandeur et serviteur« — wir wissen etwas von dem Dienste an einer großen, notwendigen, aber vergeblichen Sache ...

Ich kann nicht alle nennen, die hier versammelt sind — es wäre eine vollständige Biographie!

Aber ich muß ganz besonders die neuen Freunde dieses Berliner Jahres grüßen, die dazu beigetragen haben, dieses Jahr zu einem der schönsten meines Lebens zu machen.

Wenn man mich fragt, was das Kostbarste *in meinem Leben gewesen ist, so würde ich nicht zögern zu sagen: die* Freundschaft! *Freundschaften sind Rituale der Brüderlichkeit, Freundschaften sind wie die Jahresringe, die ein Baum ansetzt, die mit ihm wachsen, die seine* Stärke *ausmachen. Es ist mit der Freundschaft wie mit dem Wein — der wird mit den Jahren immer besser. Zu den schönsten Erfahrungen des Älterwerdens gehört es, zu erleben, wie die Freundschaften durch die Jahrzehnte hindurch mit einem mitwachsen — eine Quelle ständiger Bereicherung.*

Ich bin glücklich, bei dieser Gelegenheit den Freunden meines Le-

bens, den anwesenden und den fernen, für alles zu danken, was sie mir in meinem Leben gegeben haben.

*

Wenn man mich nun fragt, was das Köstlichste *in meinem Leben gewesen ist — so werde ich nicht zögern zu sagen: die* Liebe!
Ich muß jetzt den Frauen danken, die mein Leben verschönt haben, denen ich die großen, unvergeßlichen Momente des Glücks verdanke — den Nymphen und Grazien, den Musen und Undinen. In allen bin ich der großen Göttin der Liebe begegnet, mit ihrem schönen und ihrem schrecklichen, mit ihrem lachenden und weinenden Gesicht.
In ihnen grüßt uns die Sonne und der Mond. Ihnen verdanken wir die Ahnung davon, was das Paradies sein kann.
Die Lieben in meinem Leben sind wie die Blüten *des Baumes — nicht alle Blütenträume reifen, aber manche reifen zu schönen Früchten.*
Immer bleiben die Erinnerungen — und auch sie werden mit dem Alter immer schöner. Was wäre das Alter ohne sie? Und ich denke mir, es sind diese Erinnerungen, die uns die Stunde des Todes versüßen werden.
Ich bitte die Blumenkinder, das kleine Geschenk zu verteilen, das ich den Damen heute abend zugedacht habe.

*

Aber Fourier hat uns gelehrt, daß wir viele *Leidenschaften haben, und daß das Glück darin besteht, in der Lage zu sein, sie* alle *zu befriedigen. »Amour et Amitié« sind nur zwei der Passionen, die ein Leben bereichern. Von nicht geringerer Bedeutung ist eine dritte Fundamental-Leidenschaft.*
Fourier nennt sie den »Familisme«. Mein drittes »F«!
So grüße ich hier alle Mitglieder meiner Familie, der nahen und fernen, und freue mich, daß sie so zahlreich gekommen sind!
In der Familie hat der Baum seine Wurzel, und je weiter sie verzweigt ist, je tiefer sie reicht, um so fester steht er im Erdreich. Mit diesen Wurzeln tauchen wir in die Geschichte ein. Ohne unsere Familie haben wir keine Vergangenheit.
Wie könnte ich an diesem Tage nicht meines Vaters *gedenken! Und Meister Grützke hat mich wohl verstanden, wenn er ihm einen Platz in seinem Bild angewiesen hat. Zu jeder Stunde ist er in meinem Leben gegenwärtig. Er wäre jetzt 120 Jahre alt. Als er seinen 60. Geburtstag*

feierte, bin ich geboren worden! Das führt mich weit ins 19. Jahrhundert zurück, und die, die sich darüber wundern, daß ich mich so sehr für das Wilhelminische Deutschland passionieren kann, müssen verstehen, daß ich damit meinen Familienroman aufarbeite.

Als sein einziger Sohn grüße ich hier die Enkel und Urenkel von Werner Sombart, Dich, Karin, und Dich, Otto — und die junge Generation, Philipp und Christiane, stellvertretend für viele, Christopher und Peter — und meine Söhne und Töchter! Elisabeth, der ich für das schöne Konzert danke.

Willkommen, denn wir feiern vor allem auch ein Familienfest. Ein Fest unserer Sombart-Familie.

Mit Euch, den Jungen, reicht unser Leben in die Zukunft! Es gibt keine andere Unsterblichkeit als die im Gedächtnis unserer Kinder und Kindeskinder.

Ich verrate kein Geheimnis, wenn ich verkünde, daß in diesen Tagen und Stunden ein neuer Urenkel *geboren wird, eine Urenkelin: genauer gesagt, das Kind meiner Tochter* Diane. *Sie hat es sich nicht nehmen lassen, mir dieses Geschenk zu meinem Geburtstag zu machen. Sie tat es um den Preis, heute nicht mit uns sein zu können. Ich grüße mein geliebtes, fernes Kind!*

Die Familie ist nicht die Sache der Männer, sondern das Reich der Herrschaft der Mütter! Wir, die Väter und Söhne, sind Brüder, Spielgefährten, Vasallen. — Die Patriarchen sind ohnmächtige Gewalthaber! Der wahre Mittelpunkt, das Zentrum der Macht jeder Familie ist immer eine Königin.

So gedenke ich heute meiner Mutter, die viele von Euch noch gekannt haben, und gedenke meiner Schwester Cläre Creutzfeldt, die beide gerne mit uns wären.

Ich grüße auch Ninetta, mein Schwesterchen, diejenige von allen, die heute hier sind, die ich am längsten kenne. Das Matriarchat hat in ihnen bedeutende Repräsentantinnen gefunden.

Die Frauen geben der Familie Zusammenhalt und Kontinuität. Die bestregierten Staaten sind die, an deren Spitze eine Königin steht.

So ist heute auch der Tag, um der Frau meinen Dank zu sagen, die mich mit so viel Geduld, Nachsicht und Verständnis durch mein Leben begleitet hat, die Gefährtin, die Komplizin, die Mutter meiner Kinder. Meine Königin!

30 Jahre — das ist eine schöne Zeit. Das Geheimnis der Ehe ist die

Dauer: das Reifen in der Zeit, das hat sie mit der Freundschaft gemeinsam — das unterscheidet sie von der Liebe, die in der Zeit immer ihre Grenze findet. Die Ehe ist mehr als die Freundschaft und die Liebe — sie ist ein wunderbares und mysteriöses Bündnis, das uns erlaubt, die große Leidenschaft des »Familisme« zu erfüllen.

Es gibt viele *Frauen in meinem Leben — aber nur eine, von der man sagen darf: dies ist meine Frau.*

Liebe Thamara. Laß mich mit unseren Freunden einen Schluck auf Deine Schönheit, die mich bezaubert wie am ersten Tag, auf Deine Güte, auf Deine Klugheit, auf Deinen Langmut, Deine Kraft trinken!

Ich danke Dir — vor allen, die hier versammelt sind — für alles, was Du mir gegeben hast und gewesen bist!

*

Ich bin überwältigt von einem Gefühl der Dankbarkeit. Ich danke meinen Freunden für Ihre Treue, ich preise die Frauen – für alles Schöne, das sie mir geschenkt haben — ich grüße meine Familie, ohne die ich nicht der wäre, der ich bin. Für sie alle habe ich dieses Fest ausgerichtet!

Und damit bin ich auch schon beim vierten *»F«.*

Leben wir nicht um der Feste willen? Die großen und die kleinen, die köstlichen Augenblicke, die festlichen Stunden, die großen Tage, die alles andere — den Alltag, die Arbeit, die Zwänge, die Zwerge — erträglich machen? Das ist letzten Endes der Sinn der Botschaft von Fourier, der eine Gesellschaft wollte, die auf das Feiern von Festen hin organisiert ist.

Man muß nicht nur die Feste feiern, wie sie fallen, sondern man muß lernen, Feste zu kreieren, weil das Leben nur dort einen Sinn hat, wo es zum Fest wird, weil es uns gelingt, ihm die Dimension des Festlichen zu geben. Das will gelernt sein.

Hat das Leben einen Sinn? Je älter man wird — um so mehr darf man daran zweifeln, um so mehr aber wächst in einem die Gewißheit, daß dies der Sinn sein könnte, wenn es ihn gebe.

Genug geredet! Wenn ich weitermache, fürchte ich, werden die Zwerge wieder kommen.

Ich danke Ihnen für Ihre Aufmerksamkeit und wünsche uns einen weiteren schönen Verlauf des Abends!

Das Fest geht weiter!

Mittwoch, den 11. Mai
Thamara ist für vierundzwanzig Stunden zu mir gezogen. Weil sie einen Ausflug nach Ost-Berlin zu den Stückings, die unsere Kösener Möbel haben, machen wollte, konnte ich trotzdem den Nachmittag mit Margit verbringen. Sie hatte am Ballmorgen das Glück sowohl Alexanders wie Michaels gemacht!
Am 10. vormittags war sie auch für eine Stunde gekommen, die wir zärtlich schmusend verbrachten. Zuvor hatte ich Therese ohne weitere Umstände auf die Matte genommen, ging also wohlpräpariert in das Fest, das ich allerdings im Morgengrauen ganz allein verließ, ein Anblick, der Alexander, dem lieben Jungen, das Herz zerriß. Ich empfand es nicht wie er. An Schlafen war allerdings nicht zu denken.
Mit Margit dann noch zu Bob Jungks 70. Geburtstag, eine Käse-und-Rotwein-Party mit vielen Berliner Intellektuellen (links und öko). Vielen auch, die auf meinem Ball waren. Es wurde viel darüber gesprochen; ob immer wohlwollend, lasse ich dahingestellt. Ruth Jungk soll richtig gemeckert haben – war es anders zu erwarten?
Gehe dann Thamara bei Beckers abholen, wo sie nach ihrer Rückkehr aus Ost-Berlin auf mich wartet. Wir essen im Dahlemer »Dorfkrug«. Sprechen die allgemeine Lage durch (Familie und Finanzen), ich lege ihr meine Berliner Pläne dar. Sie will, daß ich noch einige Jahre in Straßburg bleibe. Ich weiß nicht, ob es mir gelungen ist, ihr klar zu machen, daß das für mich völlig ausgeschlossen ist. Ich kann weder in diese Stadt noch in diese verrottete Institution zurück.

Donnerstag, den 12. Mai
Mit Peter Wapnewski im »Gehrhus« zu Mittag gegessen, wegen Nikes Kandidatur im Wissenschaftskolleg für 1984. Sie scheint gesichert. Sie schlägt als Thema vor: »Vom Salon zum Kulturberuf« – der Titel unserer Fernsehsendung – demonstriert an den Frauen der Wagnerfamilie. W. ist sehr zufrieden.
Nachmittags Siesta in alter Vertrautheit. Kater- und Katzengeschnurre. Wenn jemand, so hat sie das Fest genossen. Auch eine Eroberung gemacht (der nicht eingeladene Freund von Peter Jungk). Nike nimmt in meinem Leben doch einen ganz einzigartigen Platz ein. Sie war mir bestimmt. Wir gehören zusammen. Wird Berlin in zwei Jahren

noch einen »Indian Summer« bringen, nach dem Motto »zu spät, und eine Nummer zu klein«? Aber sie wird ihren Caliban nicht loswerden, er wird ihr nach Berlin folgen ... Es ist schrecklich, das mitanzusehen!

Nach Abfahrt von Nike noch einen Sprung zu dem Klassentreffen von Ninetta, wohin auch der nette Trutz Dieter Linde mit seiner Tochter kam. Ich hatte sie beide zu meinem Fest eingeladen. Nachbarskinder aus der Lynarstraße. Im übrigen, seltsamer Zufall, waren seine Eltern die Erbauer und ersten Bewohner des Hauses in der Wallotstraße 19. Ein Club von alten Weibern, gräßlich. Blieb nur ganz kurz, lange genug, um mit Christiane Krämer, geb. Hillbrich, darüber zu sprechen, daß sie mir die Briefe und Zeichnungen schickt, die sie von mir besitzt. Sie spricht von Figurinen zu den »Räubern«, in denen sie die Amalie spielen sollte, ich Karl und Konstantin Spies, glaube ich, den Franz. Sie eine schrecklich spießige und dumme Person – was aus einem so attraktiven Mädchen werden kann!

Spät abends kommt Ramona. Ein Unglückskind. Waise. Ihre Mutter hat Selbstmord begangen. Lebt von nichts – kleinen Foto- und Modeljobs. Ist sehr zutraulich, zärtlichkeitsempfänglich. Ihr schöner weißer Körper macht mich gewaltig an. »Es ist schön mit dir«, sagt sie immer wieder, ich merke, daß sie ihren Spaß hat und nicht simuliert.

Freitag, den 13. Mai

Den Freitagnachmittag hatte ich mir für Ninetta reserviert. Lange über unsere gemeinsame Berliner Jugend gesprochen. Es ist schon seltsam – und ich muß das in mein Buch aufnehmen – dieselben Eltern, dieselben Dienstboten und Gouvernanten, dasselbe Haus, dieselben Schulen – aber wenn jemand uns von dieser Zeit erzählen hören würde, wäre es ihm unmöglich zu glauben, daß es die gleiche Jugend war. Wenn ich spreche, spreche ich von einem Paradies. Sie spricht von der Hölle. Was für ein *cauchemar* ist diese Jugend für sie gewesen! Die Mutter, für mich eine bewundernswerte, liebevoll um mich bemühte Frau, für sie ein Megäre, die sie täglich schlug. (Ich habe nicht eine einzige Erinnerung daran!) Der Vater ein Freund, fast ein Kamerad, mit dem ich täglich umging, für sie eine ferne Respektsperson, der für sie nur verletzende, abfällige Bemerkungen

hatte, wenn er sie überhaupt wahrnahm. Sie hat eine Jugend lang auf ein liebes Wort von ihm gewartet – den Gutenachtgruß, der für mich eine Selbstverständlichkeit war. Das Haus: dunkle, ihr verbotene Räume. Der Garten, mit dem ich Rosen und Amselgesang verbinde: ein Ort, in dem Ratten hausten, von Hunde- und Katzendreck verschmutzter Spielplatz. Henriette, das nette Dienstmädchen, malträtierte sie. Die Nachbarskinder verfolgten sie. Die Hauswartsleute waren niederträchtige Kommunisten. Herr Czylock bedrohte sie mit dem Messer, falls sie etwas von seinen Haßtiraden gegen uns weitersagen würde. Es ist unvorstellbar, was sie alles durchgemacht hat.
Aber sie sagt, sie sei ihrer Mutter nie böse gewesen, hätte ihr Verhalten verstanden. Sie hätte zu ihr nicht anders sein können. Nachdem sich das einmal eingespielt hatte, hätte sie selbst auch immer wieder die Situation erzeugt, auf die hin sie Prügel beziehen würde – mit einer Hundepeitsche!
Nach Ninettas Abflug kommen die kleine Tamara und Claudia. Sie schauen sich die Fotos an, die der Fotograf gebracht hat. Ich bin sehr unzufrieden mit dessen Arbeit – er hat ganz willkürlich herumgeknipst, von den Gästen gibt es fast gar keine vernünftige Aufnahme, nichts, was einen Gesamteindruck vermittelt, z. B. den Saal mit allen gedeckten Tischen, von der Galerie her gesehen. Aber er kann sich damit entschuldigen, daß ich mich nicht genug um ihn gekümmert, ihn eigentlich gar nicht instruiert habe. Ich konnte nicht alles machen. Dabei hat er DM 500,- kassiert.
Ich nehme die beiden in die »Paris Bar«. Sie sind sehr aufgekratzt. Dann aber kommt der Ausbruch: Wieso ich Idiot diesen Weibern, die sich so unkooperativ benommen haben, solch riesige Honorare gegeben habe, während Claudia nichts bekommen hat? Sie, Tamara, hätte ja kein Geld genommen, aus Freundschaft zu mir, aber ... das hätte sie von allen erwartet.
Natürlich muß ich beiden ein großes Geschenk machen. Aber es ist schon ein Paradox, daß diejenige, die am meisten zum Gelingen des Festes beigetragen hat, leer ausgeht. Nur der Umsicht von Tamara, die praktisch die Regie geführt hat und überall, wo es zu hapern drohte, geistesgegenwärtig eingesprungen ist, habe ich es zu danken, daß alles so reibungslos abgelaufen ist. Außerdem ist sie ein phantastischer kleiner Kerl, klug, lebensgierig, begabt, mit ihren schönen

Augen ... Ihr Lebensproblem ist kein anderes als das von Bonny und Ramona – aber sie ist nicht bereit, sich zu prostituieren. Jetzt arbeitet sie buchstäblich als Tellerwäscherin hinter dem Tresen im »Hundekehle«.

Nach dem Souper brachte ich sie in eine Bar, wo der Strizzi Bernhard wartete, dann gingen sie alle in eine Disko am Lehniner Platz, wo sie bis um acht Uhr früh tanzten. Sie wollten mich mitnehmen, aber ich fühlte mich total deplaziert – mit Recht.

Sonntag, den 14. Mai

Seyfried telefoniert mich zum Café herunter. Axel von dem Bussche und Rixa waren zu Gast. Sie hätten mich, finde ich, ruhig auch zum Essen einladen können. Einziges Thema das Fest. Zeige ein paar Bilder. Alle wollen wissen, »wo ich die Mädchen herhabe«. Ich hülle mich in Schweigen. »Es gibt Agenturen für alles.«

Danach auch, wieviel das Fest gekostet hat – bisher hatte nur Wapnewski die Taktlosigkeit zu fragen. Aber es ist klar, daß das die Leute beschäftigt.

Abends eine Stunde den kleinen Tietz in die »Paris Bar« bestellt, der von seinen Erfahrungen mit H. W. Richter erzählt.

Sonntag, den 15. Mai

Endlich komme ich dazu, einiges über das »Fest« zu notieren.

Es ist eigentlich genauso verlaufen, wie ich es mir vorgestellt und geplant habe.

Ein »Höhepunkt« meines Lebens. Der Höhepunkt sicher dieses Berliner Jahres. Alle Welt scheint hochzufrieden gewesen zu sein, immer wieder war auch in den folgenden Tagen von der »Einmaligkeit« dieses Ereignisses die Rede. So was hätte noch niemand erlebt, man würde noch Jahre davon sprechen usw. So sollte es ja sein, und insofern darf ich konstatieren, daß das Fest ein voller Erfolg war. Ich habe etwas Außergewöhnliches, ganz so wie ich es mir vorstellte, ohne jede Einschränkung, ohne »Rücksicht auf Verluste« hinstellen wollen, und das ist geglückt.

Die Blumenmädchen in ihren schönen, losen Kleidern trugen unbedingt dazu bei, die Atmosphäre ins Erotisch-Galante zu steigern.

Service und Essen waren erstklassig. Das »Gehrhus« hat sich übertroffen. Daß alle Gerichte immer auf die Minute genau, warm auf den Tischen erschienen, wenn eine Nummer vorbei war, war eine organisatorische Leistung. Habe dem alten Gehrhus schriftlich meine Anerkennung ausgesprochen.
Alle waren mit dem *placement* zufrieden. Ich selber hatte Ysabelle d'Ormesson zu meiner Rechten und Antoinette Becker zur Linken. Thamara habe ich C. C. von Pfuel zum Tischherrn gegeben. Sie saßen am selben Tisch wie ich, wie auch Kurt Hoffmann, Seyfried und Beatrice Lippe.
Es ist ja wohl unvermeidlich, daß der Gastgeber derjenige ist, der am wenigsten von seinem Fest profitiert. Während des »Souper Spectacle« habe ich, außer dem Sorbet, kein Gericht angerührt und nur gespannt den auf die Minute festgelegten Ablauf des Programms verfolgt, der durch ein Wunder auch ohne Panne vonstatten ging. Es hatte keine Probe gegeben. Die Nummern waren nur einzeln mit den Beteiligten durchgesprochen worden, zum Teil war ich selber überrascht.
»Fourier« sah ganz richtig aus, aber las den Text so, daß man merkte, er hat ihn nicht richtig verstanden. Dadurch war natürlich ein Teil der Wirkung hin.
Die Szene mit den Mädchen wäre gut gewesen, wenn sie nicht einen Meter von der Bank entfernt gestanden hätten. Aber ich hatte es mit den beiden nie geübt.
Die Sache mit der Leiter klappte überhaupt nicht, weil sie nicht heraufgestiegen sind und sich über dem Bild gezeigt haben. Sie haben nur irgendwie an den Bettüchern, die das Bild verhüllten, gefummelt, bis sie herunterfielen. Natürlich hätte ich ihnen, so meint Thamara, die Gage deswegen kürzen sollen.
Bazons Rede war zu lang, eine Vorlesung, die mit mir gar nichts zu tun hatte. Aber besser als nichts. Manche fanden sie genial, »druckreif«, andere unverständlich und als Bluff. Ich wüßte nicht zu reproduzieren, was sie enthielt. Rührend die Rede von C. C. – konventionell, aber von Herzen – auch die Ehrung für Thamara. Für eine eigene Rede, die noch am Vormittag ins Reine geschrieben worden war, war dann keine Zeit mehr. (Und auch nicht die Stimmung.) Es begannen nämlich die Ballgäste herbeizuströmen. Als »Nicht gehaltene Rede« kommt sie in die Dokumentation, deren Sinn darin liegt,

diese Rede post festum (im wahrsten Sinne des Wortes) an die Teilnehmer zu verteilen.
Der Übergang vom Souper zum Ball war die schwächste Stelle des ganzen Abends. Aus der Polonaise wurde nichts, weil das Ausräumen länger dauern sollte, als von mir in Rechnung gestellt.
Dann war der große Saal doch in affenartiger Geschwindigkeit leer, und die Diskomusik fing an. Zuerst die völlig falschen Platten. Es herrschte eine ziemliche Konfusion, in der ich den Überblick verlor, so auch nicht bemerkte, daß einige Gäste gingen, mit denen ich unbedingt noch sprechen sollte (z. B. Ellen Maria Gorrissen und Christa von Oppen).
Die Copacabana-Show, Karneval in Rio, rettete dann die Situation. Es entstand eine »Bombenstimmung«, es gelang, was immer auf solchen Festen das Schwerste ist, die Leute zum Tanzen zu bringen.
Ich habe zwar getanzt, aber mit niemandem mehr richtig sprechen können, auch keine Vorstellungen mehr machen können etc. So mußten die Wapnewskis, die aus Tel Aviv auf das Fest gekommen waren, Sibylle Wirsing und Ivan Nagel selber sehen, wie sie sich zurechtfanden, was natürlich dazu führte, daß sie meine Familie nicht kennenlernten.
Am meisten amüsiert hat sich, außer Nike, die Jugend. In den früheren Morgenstunden war der Betrieb in den Treppen sehr lebhaft – so war es auch gedacht.
Um sechs Uhr morgens habe ich das Fest aufgelöst, ohne auf das Frühstück zu warten. Alexander und Bazon nahmen in aller Herrgottsfrühe schon ein Flugzeug.
Gleichzeitig mit meinem Fest lief im Kolleg das »Ariès«-Seminar »L'espace privé«. Ihm verdanke ich die Anwesenheit Kosellecks. Er konnte sich vor Staunen nicht lassen und fragte seinen Nachbar immer nur: »Wo hat er das viele Geld her? Das muß ihn doch mindestens DM 25.000,– gekostet haben!« Das war alles, was er zu sagen hatte. Das ist nun mein alter Heidelberger Studienkamerad – heute ein berühmter deutscher Professor.
Fellows habe ich nicht eingeladen. Nur Galtung, als alten Mitkämpfer meiner guten Jahre im Europarat. Er war dann nicht zum Essen da, nur Konzert und danach wieder, weil er irgendein Abrüstungsgespräch mit Bahr führen mußte. Hat aber die nackten Mädchen gesehen und war sehr beeindruckt. Seine japanische Frau war die ganze

Zeit dabei. Schiera mit Frau und Fietkau hatte ich als einzige zum Ball eingeladen.

Axel von dem Bussche – der ideale Tischherr für Diane de Margerie. Ob es aber sonst klug war, das alte Lästermaul dabeizuhaben, wage ich nicht zu sagen. Für Propaganda in Berlin ist jedenfalls gesorgt. (Nicht zum Fest kam übrigens B... Wie ich höre, weil ihr »Jules« es ihr – aus Eifersucht – verboten hat. Sie hatte mir die 100 Nelken besorgt.)

Montag, den 16. Mai

Abends kommt, um 23 Uhr, Christian Meier, der Mann, den ich vor einem Jahr hätte umbringen wollen, weil er meine Designation hintertrieben hat.

Nahmen das Gespräch über meinen Vortrag, die Wilhelm-II.-Problematik, wieder auf. Er hatte mir dazu einen langen Brief geschrieben, den ich vervielfältigen ließ und an alle Kolloquium-Teilnehmer ausgeschickt habe.

Über die Parallele zu den römischen Cäsaren. Die Unmöglichkeit der Rolle, die nur gespielt werden konnte unter der Voraussetzung, daß man sie nicht ernst nahm.

Quidde, sein Verdienst, mit seinem »Caligula« dieses Problem gesehen und gezeigt zu haben. »Cäsaren-Wahnsinn« – eigentlich eine Tautologie. Cäsar-Sein ist Wahnsinn (etwas Wahnsinniges). Der Unterschied zwischen einem Verrückten, der sich für den Kaiser hält, und jemandem, der »Kaiser« ist, infinitesimal. Das Versagen der »normalen« Maßstäbe. Unmöglichkeit, auf der Basis der »bürgerlichen« Anthropologie zu operieren.

Mache ihn auf Kamper aufmerksam, dessen »Geschichte der Einbildungskraft« ich mit größtem Interesse und Gewinn lese. Erst jetzt geht mir der Diskurs von der »Postmoderne« auf. Es handelt sich um die Liquidierung der Metaphysik der Neuzeit – von Descartes bis zum wissenschaftlichen Positivismus, die dazugehörige Ich- und Identitätsphilosophie, die Idee der Menschenrechte, der Menschheit und irgendeines Fortschrittes – angeklagt, zum Gegenteil dessen geführt zu haben, wofür sie an- und eingetreten ist (»Dialektik der Aufklärung«), zugunsten wovon? Einer archaisch-elementaren Anthropologie, die über Mythen, Ethnologie, Tiefenpsychologie usw.

erschlossen wird. Je mehr Vergangenheit – aber nicht als Regression –, um so mehr Zukunft – aber nicht als »Fortschritt« –, während der bisherige Ansatz der Moderne eine Zukunft nicht mehr hat.

Dienstag, den 17. Mai
Zum Abendessen bei Galtung in seiner Wohnung in der Teplitzer Straße. Einrichtung: Wissenschaftskolleg – überall dasselbe. Es war auch Walker mit Frau da, der Fellow, mit dem ich am allerwenigsten zu tun hatte (obwohl er in meinem Wilhelm-Vortrag und Seminar war). Thema: das Wissenschaftskolleg. Ich sollte über die Unzufriedenheit, die sich dort breit macht, informiert werden. *La révolte gronde.* Geuss, Meier und Galtung haben Schriftsätze verfaßt, sie lagen schon in meinem Fach. Wenn man ihnen glauben würde, müßte man das Kolleg für eine Zwangsanstalt halten, schlimmer als ein Jugenderziehungsheim. Ein Konzentrationslager. Ein Produkt deutschen Obrigkeitsgeistes, »wilhelminisch«, als Schimpfwort.
Mir ist vollkommen unverständlich, worunter diese Menschen, die da verwöhnt werden, eigentlich leiden. Scharfe Invektiven gegen Wapnewski, »the wrong man for the job«, und den armen Nettelbeck. Galtung »streikt«, weil er nicht soviel Geld bekommt wie Fritsch, der allerdings skandalös hohe Bezüge hat. Spreche mit Wapnewski über die Fronde und rate ihm, die Leute beim Wort zu nehmen. Sie sollten ihm doch eine Denkschrift machen, in der sie darstellen, wie sie sich die Leitung des Kollegs vorstellen, damit es zu aller Zufriedenheit geführt würde.
In der Nacht kommt Ramona. Sie fürchtet, schwanger zu sein (was ein Test am nächsten Morgen bestätigt). Weiß nicht, von wem. Will zu einem der Kandidaten – ihrem Ex-Freund – nach Bayern fahren. Ist elegisch, aber sehr vertrauensselig. Will heute nicht mit mir schlafen, obwohl sie es besonders gerne gehabt hat. »Du, ich hatte das Gefühl, daß ich ganz nah an einem richtigen Orgasmus war.« Dann: »Du mußt wissen, ich habe noch nie einen Orgasmus gehabt. So. Wenn ich mich streichle, dann kommt er in zwei Sekunden. Ich brauch' mich manchmal nur anzurühren … Heute bitte nicht. Nicht, daß ich mich ziere. Es ist wahr, ich ziere mich ein bißchen … Aber das nächste Mal … ich freue mich schon.« Und verschwindet wieder in der Nacht.

Donnerstag, den 19. Mai
In der Nacht (2 Uhr) meldete Thamara aus Straßburg die Geburt der Enkelin. Morgane! Sie ist am Todestag ihres Urgroßvaters geboren, das ist fast so gut wie mein Geburtstag!
Das Baby soll »süß« und ganz »sombart'sch« aussehen. Knubbel statt Nase. Ich fühle mich aber nicht wirklich betroffen. Rufe Diane an, um zu gratulieren.
Abends zu einer Vernissage, zu der mir Uli aus Hamburg die Einladung geschickt hat. »Tutu zeigt, was Tutu macht.« Ich hatte die Künstlerin am Tage der Eröffnung der »Zeitgeist«-Ausstellung kennengelernt, durchaus attraktiv. Das Interessante wieder das Publikum, durchwegs jung, in dieser unbeschreiblichen Punk-Aufmachung, bei der man sich fragt, wo sie die Klamotten hernehmen. Es muß Spezialläden geben. Bunte Fummel, teilweise Oldies, teilweise Popschund. Darunter können auch sehr teure, aber völlig verfremdete Teile sein. Die Galeriebesitzerin Silvia Menzel, mit der ich etwas plauderte, war sehr stolz auf ihr Publikum (es war krachend voll): »In New York ist es auch nicht besser«, sagt sie. Sie war gerade dort. Das will ich glauben.
Gott sei Dank kam Bonny. Sie hatte ihre Schlange um den Hals und war für einen Moment, nicht lange, Mittelpunkt. Wir gingen dann in die »Paris Bar« essen. Sehr vertraut, freundschaftlich. Die Schlange im Körbchen neben ihr auf dem Stuhl.
Um 23 Uhr läßt sie sich bei einer Taxistation absetzen. Sie hat noch eine »Besprechung«.

Freitag, den 20. Mai
Um 21 Uhr Besuch von Oskar Sahlberg.
Ein hochinteressanter Mann, in meinen Berliner Kreisen fast unbekannt. Hat bedeutende Studien über die französische Literatur im 19. Jahrhundert veröffentlicht (Baudelaire, Balzac, Chateaubriand). Fasziniert durch das Problem des Androgynen. Ich habe ihn auf die Filiation zu Fourier aufmerksam gemacht. Hatte ihn zu meinem Fest eingeladen, das er sehr genossen hat (er trug ein rotes Dinnerjacket). Liebt meine Gedichte, die er graziös und mutig findet.
Hatte auch an meinem Kaiser-Kolloquium teilgenommen, und – aus psychoanalytischer Sicht – Röhl einige Kommentare geschickt,

die ich jetzt zum Dossier geben werde. Die Idee von mehreren Ichs, die aus verschiedenen psychischen Entwicklungsstufen stammen und nebeneinander existieren, scheint mir sehr wichtig, eine mögliche Hypothese für die abrupten Rollenwechsel des Kaisers.

Samstag, den 21. Mai
Zu einer Vernissage in der »Galerie am Savignyplatz«.
Das Publikum wieder von der unverkennbar aufgeputzten Sorte, wie Donnerstag, nur etwas schlampiger – wobei man sich fragen kann, ob die Strümpfe mit den Laufmaschen nicht als modische Attraktion schon so geliefert werden.
Mit dem Besitzer Dr. Friedrich Rothe den Plan, mein Grützke-Bild hier auszustellen, zusammen mit einer Fourier-Bücherausstellung in der danebenliegenden Autorenbuchhandlung, besprochen. Ich würde bei der Vernissage einen Fourier-Vortrag halten. Er ist begeistert. An Plänen fehlt es nicht.
Dann mit Cullen, mit dem ich verabredet war, etwas gebummelt. Er teilt mir mit, daß heute im »Tagesspiegel« die Nachricht stand, der Senat hätte für 1987 die große Berlinausstellung beschlossen – im Gropiusbau. Die Vorbereitung ist Herrn Wetzold übertragen! Damit ist das »Berlin–Wien«-Projekt also endgültig gestorben. Das trifft mich mehr, als ich zu erkennen gab.

Pfingstmontag, den 23. Mai
Gestern abend Spargelessen bei Hortense von Heppe. Weyergraf, sehr in Form mit seinem skurrilen Humor, seine Freundin *(la femme de sa vie)* »Tina«. Sehr attraktiv, man kann ihn verstehen. Die Mundpartie ist eigentümlich geformt. Fabers, Michael Cullen mit polnischer Cousine, Kittsteiner natürlich ... Ein richtiger Berliner Abend, wie ich ihn mir einmal die Woche wünsche. Aber ich war nicht richtig dabei.
Bin heute nicht aus dem Haus gekommen. Gemurkelt. Tagebuch geschrieben, d. h. nachgetragen. Aber es herrscht eine richtige Katzenjammerstimmung. Das Fest, die Schulden, der in Aussicht genommene Wohnungskauf, der Verkauf der Wohnung in Paris – das ist alles plötzlich ein bißchen viel.

Annemarie Burkhardt ruft aus Basel an, um sich erklären zu lassen, »was das für ein Fest« war. Tolle Gerüchte müssen sie erreicht haben. Es klang aber auch so etwas wie Kritik durch, »kitschig«-Kritik, die ich überall zu spüren glaube, wohl aber nur projiziere. Ich kritisiere mich selber. Hat sich dieser immense Aufwand gelohnt? Für wen? *Pour ma propre gloire?* Was hätte ich mit den DM 40.000,– nicht alles machen können? Anzüge, Reisen, Frauen, eine neue Krause-Plastik. Wahnsinn, das ganze.
Hivi Dambach arbeitet an der »Dokumentation«. Ich bringe ihm die Fotos von mir im Prosperomantel.

Dienstag, den 24. Mai
Wapnewski macht die »Fronde« doch zu schaffen. Er verlangt Solidaritätsbeweise, sonst werde er demissionieren. Böse Erinnerungen an 1968, wo ihn seine Studenten – die *silent majority* – verraten haben, gegen die Aufwiegler.
Die Kritik gegen ihn richtet sich genauso gegen mich. Von dem Bussche, Graf Krockow und ich sind ja genau jene deutschkonservativen Greise, die »in the center« sitzen, während die anderen, die amerikanischen Jungdemokraten an die »periphery« gedrängt werden. Ich sage Wapnewski, daß ich mich auch für einen Nonkonformisten halte. Er sagt: »Du bist ein freier Mensch, einer der ganz wenigen, die ich kenne.« Aber ich muß sagen, ich bin ehrlich empört über soviel Undankbarkeit, Unbescheidenheit und Illoyalität. Habe ich nicht immer gewußt, daß der immer freundlich lächelnde Galtung falsch wie die Nacht ist? Bollack, mit dem ich darüber sprach, sagte, er ziehe die altmodische Autorität Wapnewskis der jakobinischen Toleranz von Galtung vor.

Mittwoch, den 25. Mai
Ein Brief von Thamara aus Straßburg, mit dem ersten Polaroid von Diane mit Töchterchen! Ich bin sehr gerührt von der melancholischen Schönheit meiner Tochter.
Abends Vortrag von unserem Hymnenforscher Szövérffy, dem lustigen Amerikano-Ungarn, der liebenswürdige Balkanherzlichkeit mit den unwahrscheinlichsten amerikanischen Kleidungsstücken verbin-

det, die immer alle, Hemd, Hose, Jacke, Krawatte, großkariert sind, in meist grellen Farben, man kann sich denken, wie das zusammenpaßt. Er ist ein Kostgänger wissenschaftlicher Stipendien, lebt bescheiden in einem der Dachzimmer in der Wallotstraße und sagt allen Leuten Nettes. Eine Weltkapazität, sagt mir Wap., auf seinem Gebiet: religiöse Dichtung des Mittelalters. Sein Vortrag ist mustergültig. Da ist das Thema eigentlich egal, ob chinesisches Porzellan, Präraffaeliten oder französische Symbolisten. Es wird ein Bildungsstoff fachkundig aufbereitet und präsentiert – eine »Form«, die als solche, wenn sie respektiert wird, ein ästhetisches Vergnügen bereitet. Nun weiß ich also etwas von den Hymnen des Ambrosius und ihrem Weiterleben im lutherischen Kirchenlied! Ich drücke mich nach der sehr animierten Diskussion. Weil –
Um halb zehn wollte Bonny kommen. Sie kommt mit ihrem Felix im Körbchen (wird an die Steckdose angeschlossen). Sie ist ganz vertraut. »Ich habe mich neulich abends, als ich mit dir ausging, beinahe in dich verliebt. Ich nehme Geld von dir nur aus psychologischen Gründen – damit ich mich nicht an dich gewöhne.« Beste Medizin gegen depressive Stimmung. »Nimm mich wieder mit, wenn du wo hingehst!« Mein kleiner Sarottimohr. Auch ich bin beinahe etwas verliebt.
Abends mache ich meiner 93jährigen Nachbarin, Frau Gennes, meinen ersten richtigen Besuch. Ich hatte ihr zu meinem Geburtstag eine Piccolo-Flasche vor die Tür gestellt, mit einem Kärtchen, sie möchte auf mein Wohl trinken, ich wechsle jetzt auf ihre Seite der Altersskala über. Rief sofort zurück und schlug vor, das Fläschchen, wenn und wann es mir genehm sei, zusammen zu leeren.
Was für eine zauberhafte alte Dame, bescheiden, ohne etwas von ihrer Würde preiszugeben, unfehlbar, von einer Art von Hellsichtigkeit in ihrem Urteil über Menschen und Situationen. Diskret und gleichzeitig verplaudert.
Sie hat den Kaiser noch gekannt, hat ihn zum ersten Mal als kleines Mädchen zur Eröffnung der Hochbahn in Wuppertal erlebt und ist ihm seitdem treu geblieben.

Freitag, den 27. Mai

Auf der Terrasse des »Hagen Cafés« sehe ich Uwe Wesel, lang, schlaksig, etwas gebeugt mit einer schweren Plastiktüte, vorbeigehen (er kauft in demselben Kolonialwarenladen wie ich) und winke ihn heran. Er schlägt vor, mir seine Wohnung in einer alten Villa in der Königsallee zu zeigen, Blick auf den Dianasee! Eine herrliche große Wohnung, wie ich sie mir wünschen würde. Das wäre eben doch besser als die Schlüterstraße. Diese herrlichen großen Bäume vor Augen. Das gleichmütige Leben des stillen Sees. Da ist von der Stadt nichts mehr zu spüren.

Ein sehr gepflegtes, mit sparsamsten Mitteln gestaltetes Interieur, das den Ästheten verrät. Es steht alles ein bißchen zu sehr am richtigen Platz. Man fühlt: daran ist nicht zu rücken. Er macht mir den Kaffee auf, wie er sagt, griechische Art: brüht die gemahlenen Bohnen, wie Nescafé, in der Tasse auf.

Erzählt von der Arbeit an einem Buch über frühe Rechtsgeschichte. Er legt großen Wert darauf, daß er »Rechtshistoriker«, also etwas Seriöses, ist. Seine eigentliche Spezialität ist Rechtsethnologie, eine Disziplin, die es in Deutschland so gut wie nicht gibt, die aber in England und Amerika gut vertreten ist und bedeutende Fortschritte gemacht hat in den letzten Jahren. Wir sprechen über die deutsche Ethnologie der wilhelminischen Epoche, vor allem den völlig in Vergessenheit geratenen Bastian, den Begründer des Völkerkundemuseums, Thurnwald, Frobenius. Alles Wichtige war im Ansatz dort vorhanden – jetzt müssen wir es aus Frankreich und Amerika importieren. Die Wichtigkeit, heute, der »cultural (social) anthropology«! Dann sind wir beim »Matriarchat«, über das er bei Suhrkamp 1980 ein Taschenbuch veröffentlicht hat (also nach meinem »Merkur«-Aufsatz), von dem ich gehört hatte, das ich aber nicht besaß. Er gibt es mir zum Abschied mit.

Der Mann selber, mit seinem kahlen Schädel, dem ein Kranz langer grauer Locken eine Bohemenote gibt, mit milden, gelegentlich aufblitzenden Augen, der einen aber nicht anschaut, während er redet, aber immer wieder einen tiefen Blick zuwendet, hat unzweifelhaft die Aura einer bedeutenden Persönlichkeit. Er hat in den Universitätskämpfen der 60er Jahre eine Rolle gespielt. Genießt den Ruf, immer in Begleitung junger schöner Frauen zu sein (von denen die Wohnung keine Spur zeigt). Ich sah ihn aber gelegentlich schon, immer am Hagenplatz, mit dem hübschen Mädchen, das auf dem »Kursbuch«-Empfang nicht von seiner Seite wich. Ich lade ihn zum nächsten »Frühstück« ein!

Samstag, den 28. Mai

Ein schöner Tag.
Um 10 Uhr ins Kempinski, wo die »Wilde Akademie« zu einem topologischen Symposium zum Thema »Lage und Bau der Hölle« mit anschließendem Buffet eingeladen hatte. Hauptreferat Bazon Brock, der einen Lichtbildvortrag hielt. Wie immer bei ihm eine Mischung von genialen Aperçus und *n'importe quoi,* bis hin zu derbem Unsinn, der aber mit Aplomb vorgetragen wird und offenbar auch ankommt. Das Publikum zum Teil in dieser extravaganten Kleidung, die in der Kulturszene hier Mode ist, die jungen Männer mit dem neuen Kurzhaarschnitt, wenn nicht willentlich »verschnitten«. Ohne Ohrring im Ohr kann man sich nicht mehr zeigen. Ich staunte doch, daß sechzig Teilnehmer dieses Typs (alle zwischen 35 und 45) ohne zu murren DM 50,– für so eine Veranstaltung hinblättern. Das Buffet war allerdings gut und reichlich – ganz Grandhotel, weißgedeckte Tische, Damastservietten, Bedienung: *black tie.*
Sibylle Wirsing kam auch (auf meinen Hinweis hin), verschwand dann aber. Das war wohl doch nichts für sie. Wir hatten am Vorabend telefoniert. Typisch für sie, die Einfühlsame, die Bemerkung: »Ich habe mich den ganzen Abend gefragt, da macht der Sombart so ein tolles Fest, mit dem er uns alle beschenkt, wer beschenkt eigentlich ihn?« Der Gedanke, muß ich gestehen, kam mir auch, als ich »am Tage danach« vor dem dürftigen Häuflein dürftiger Mitbringsel saß.
Übrigens teilte mir Nettelbeck am Freitag mit, mein Verlängerungsantrag sei angenommen worden. Ich habe also noch den ganzen August volles Gehalt und werde so bis zum 15. September bleiben können.
Um 21 Uhr kam Therese für eine köstliche Stunde. Ihr Körper ist wunderbar. Außerdem ist sie ein »süßes« Mädchen. Wenn sie simuliert (was ich nicht glaube), macht sie es überzeugend. Ihr Kosename, wenn sie richtig zärtlich sein will: »Du elende Dreckratte!«
In der »Paris Bar« um 23 Uhr Fortsetzung der Gespräche – ich war

mit schwarzem Borsalino gekommen, was Bazon wieder zu Begeisterungsausbrüchen hinriß. Hauptthema »Fourier«, über den ich im Winter einen Vortrag halten soll. Kamper kennt ihn offenbar überhaupt nicht und macht große Augen, wenn ich auspacke. Ich schicke Kamper »Mme de Staël et Fourier«, er kann perfekt Französisch. Um ein Haar wären Therese und Bonny noch in die »Paris Bar« gekommen. Ich hätte dann alles getan, um Bazon in den Venusberg zu locken. Es klappt sicher ein anderes Mal.

Sonntag, den 29. Mai
Thamara ruft früh aus Straßburg an, um mich zu erinnern, daß »Muttertag« und der Geburtstag der Zwillinge ist.
Ich rufe Alexander in London an. Elisabeth ist nicht zu erreichen, weil sie »endgültig« auf und davon ist *(elle a quitté le foyer conjugal)*, um mit ihrem griechischen Dirigenten in Paris zu sein. Das geht wieder auf Kosten von Thamaras Erbschaft! Rufe aber Swen an, aus Solidaritätsgründen. Außerdem will ich im Sommer eventuell zehn Tage nach Callas.
Spaziergang mit Weyergraf um den Grunewaldsee. Essen im Garten des wiedereröffneten »Paulsborn Restaurants«. In der Sonne. Wir sind ganz selig. Dann passiert etwas Unglaubliches. Bonny sollte um drei Uhr kommen – unser Sonntagnachmittag –, und ich wollte noch ein paar Kuchen für sie kaufen. In der Bäckerei steht der zweite Oberkellner aus dem »Gehrhus«. Begrüßt mich devot, kleines leutseliges Gespräch. Da bemerke ich an seinem Revers eine Anstecknadel, will schon fragen, ob es ein Sportabzeichen ist, erkenne aber im selben Augenblick ein großes »W«! Das ist doch die verlorengegangene Kaisernadel, das kostbare Geschenk von Kurt Hoffmann! Sie war es! Kries behauptet zwar, er hätte sie auf dem Adelsball geschenkt bekommen, »da verschenken die so 'ne Sachen«, gibt sie aber ohne Widerstände her. »Ich kaufe sie Ihnen ab.« – »Aber nein doch, ich hänge gar nich' daran, ich schenke sie Ihnen.« Das Wunder ist geschehen, ich habe die Nadel nach zwanzig Tagen wieder, die ich verzweifelt in den Tischtüchern gesucht und innerlich schon abgeschrieben hatte. Ich hätte Kurt den Verlust niemals gestanden.
Bonny ruft an, sie käme erst um neun. Gut. Unmittelbar danach meldet sich Ramona. Sie könnte jetzt kommen. Gut. Kommt natür-

lich erst gegen sieben, ist aber sofort auf der Matte. Als Bonny kommt, liegt sie noch nackt da. Wir verbringen eine Plauderstunde zu dritt. Bonny bis zum Hals in ihrem Overall, aber sehr zutraulich. Als ich einen Moment mit ihr allein bin, fragt sie mich, ob Ramona nicht für sie arbeiten würde. Sie plaudert ein bißchen aus der Schule. Ihre »Domina«-Erfahrungen. Männer, die sie schlagen und treten muß, die ejakulieren, wenn sie in ihren *cuissardes* auf ihnen kniet und der Metallbeschlag auf dem Stiefelleder in ihre Brust dringt. Männer, die von ihr verlangen, daß sie ihnen ins Gesicht uriniert. Das erzählt sie alles mit größter Heiterkeit, bleckt ihre blanken Zähne. Das macht ihr Spaß. Bonny geht. Ramona bittet mich um Geld »für ihren Arzt«. Nein, man hat, in meinem Alter, nichts umsonst.

Dienstag, 31. Mai

Ein guter Tag! Patrick ruft aus Straßburg an. Er hat die gute Nachricht, daß der Verkauf des kaiserlichen Gästebuches in London einen über alles Erwarten hohen Preis erzielt hat: £ 5000! Hoffentlich stimmt es. Das wäre, nach Wiederfinden der Nadel, das zweite Fest-Wunder! Die letzten Finanzierungsprobleme wären gelöst.
Nachmittags Besuch von Tamara mit einem Blumenstrauß. Da ist sie plötzlich wieder. Was will sie? Bewegt sich mit narzißtischer *désinvolture* – Schuhe in die Ecke geschleudert, Pullover aus, darunter ein ärmelloses Hemd, das ihre runden Arme und Schultern ausstellt. Ihr kurzer Rock ist durchsichtig. Die Beine, *hélas!*, sind nicht so, daß sie mich besonders aufregen. Gott sei Dank. »Hast du etwas zu trinken?« Hockt sich mit gekreuzten Beinen auf meinen Schreibstuhl und fährt sich wollüstig durch ihre herrliche Mähne, nach den Augen ihr größter Trumpf. Also? Ich soll ihr bis Donnerstag eine Seminararbeit machen, über das »Nibelungenlied«. Keine Ahnung. Drückt mir eine hochgelehrte Spezialstudie in die Hand, von der ich ausgehen soll. Sie redet mit mir so, als seien wir ein Paar, »wahrscheinlich werde ich dann ein Kind von dir haben«. Anfassen aber darf ich sie nicht. Um sieben verschwindet sie wieder. Ins »Hundekehle«, wo sie hinter der Theke Gläser spült – für DM 60,– pro Abend. »Ich bin keine Hure.«
Kamper kommt, wie verabredet, um halb neun. Es ist so schön, daß wir beschließen, noch einen Spaziergang zu machen. Wandern bei

herrlicher Abendstimmung um den Grunewaldsee, genehmigen uns einen Schoppen im Garten des »Waldhauses Paulsborn« und kommen nach einer Stunde mit dem Einbruch der Dunkelheit nach Hause, wo sich das Gespräch fortsetzt. Wunderschönes Gespräch. Welch Genuß ... Das ist Berlin.

Kamper ist die »Entdeckung« dieser letzten Wochen. Zunächst durch die Lektüre seines Buches »Zur Geschichte der Einbildungskraft«, das er mir zum Geburtstag geschenkt hat, dann durch die ersten Gespräche. In ihm tritt mir das neue, wilde Denken in größerer Reinheit und viel disziplinierter als in Bazon entgegen. Ich beginne recht eigentlich zu begreifen, was es mit der Rede von der »Post-Histoire« auf sich hat. Ich will über sein Buch etwas schreiben und stelle eine Reihe von Verständnisfragen, die er sehr selbstverständlich, mit großem Ernst und immer mit überraschenden Ausblicken und Durchblicken beantwortet.

Gleichzeitig ist er ein Mann kühner Initiativen und offenbar ein großes Organisationstalent, was, wie er meint, seinen Erfolg im Universitätsbereich erklärt, der sonst, bei seiner Originalität und Unkonventionalität seines Denkens, fast unbegreiflich ist. Der Preis, den er zahlt, ist wohl die Mimikry seines Habitus und Habits: er wirkt vollkommen unauffällig, ja konventionell, außer in seinen lebendigen Augen ist nichts von seiner geistigen Extravaganz zu merken. Wieder »Mme de Staël et Fourier« im Mittelpunkt (er hat sich in Merseburg etwas mit ihm beschäftigt). Den (in Deutschland, trotz Bebel) noch ganz unbekannten Fourier bekannt zu machen, könnte ein gemeinsames, langfristiges Vorhaben sein, das mit einem Straßenfest in der Carmerstraße, »Fourier in Berlin«, beginnen könnte. Zu einem Kolloquium wollen wir Scherer, der 1972 in Arc-et-Senans den unvergeßlichen Auftritt hatte, einladen. Dann stellte sich heraus, daß er ein Kenner von Leopold Ziegler ist. (Die Koinzidenz mit Sahlberg ist frappierend!) Hält große Stücke auf Rudolf Kassner, weniger seiner Theorien, als seiner Sensibilität und Wahrnehmungsfähigkeit wegen. Wir verabschieden uns gegen Mitternacht, mit zahllosen Plänen im Kopf, als gute Freunde (?).

Kamper hat mir drei seiner früheren Veröffentlichungen in der gelben Reihe des Hanser-Verlages mitgebracht. Ich habe jetzt so viel Aufregendes zu lesen, daß ich nicht weiß, wo ich anfangen soll. Als Hauptlektüre, dieser Tage, Bernd Faulenbachs »Ideologie des deutschen Weges« – post festum eine Bestätigung all meiner Thesen. Sowohl für das Kaiser-Buch wie für den »Carl Schmitt« unerläßlich. Die Borniertheit der deutschen Historikerzunft ist beschämend. Wie war das möglich?

Mittwoch, den 1. Juni
Aussendung der letzten »Dokumentationen« (auch an Goldmann und Tutu. Dunkle Stimme am Telefon).
Wieder wird mir das Mißverhältnis meiner Anstrengungen und Leistungen für das Fest und die Dürftigkeit des »Response« klar. Noch einmal fast DM 1000,– hineingesteckt, ich bin gespannt, wie viele der Empfänger überhaupt reagieren. Von dem Bussche, Schiera, Konrád tun so, als hätten sie überhaupt nichts bekommen.
Nachmittags Diktat (16.00–18.30 Uhr). Arbeit für Tamara, Tagebuch, Kamper-Buch-Notizen (zu meinem Selbstverständnis zunächst).
Kolloquium. Wolfgang Fietkau hatte angekündigt: »Politik statt Beruf, Anmerkungen zum Dreyfus-Syndrom der französischen Intellektuellen.« Nur hat er darüber eben nicht gesprochen! Eine riesige Enttäuschung. Er hatte zuviel Stoff (wie ich). Seine Lösung: er trägt nur die Hälfte vor, die uninteressante Exposition der »Affäre«. Schnell und genuschelt. Das Publikum meutert. Jaeggi ist richtig ruppig. Marianne Frisch, die mit ihren grauen, unordentlichen Haaren hexenhaft ungepflegt aussieht, spitz und boshaft. (Ich möchte wissen, was die über mein Fest sagt!)

Donnerstag, den 2. Juni
Tamara am Nachmittag bei mir, unbefangen, selbstverständlich. Schreibt das Papier, das ich für sie gemacht habe, ab, während ich lese. Dann fahren wir schnell in den Vortrag von Shulamit Volkov in der TU. »Das geschriebene und das gesprochene Wort: Kontinuität und Diskontinuität im deutschen Antisemitismus 1870–1945« (Zentrum für Antisemitismusforschung, Direktor Prof. Strauss). Arbeitet das Singuläre des Antisemitismus der Nazis heraus, was zu einer großen Entlastung des wilhelminischen Antisemitismus führt, den sie als durchaus harmlos und marginal darstellt. (»Hätte man vor 1914 einen Juden gefragt, in welchem Land es den Juden am besten ginge,

wo sie sich am wohlsten und am sichersten fühlten, hätte er sicher geantwortet: in Deutschland«.) Das wird noch unterstrichen durch die Darstellung, die sie vom französischen Antisemitismus dieser Epoche gibt, der unvergleichlich radikaler und blutrünstiger war. Tamara ganz aufmerksame Studentin – sie ist das einzige von meinen Blumenmädchen, mit der ich in einen solchen Vortrag gehen kann. Eine Reihe von Fellows ist da, die natürlich große Augen machen. Sollen sie.
Gegen zehn gehen wir beim Italiener am Lehniner Platz, auf der Terrasse, essen. Ich bin gespannt, wann sie beschließt, mit mir ins Bett zu gehen. Vorläufig kämpft sie mit ihren Loyalitäten, darin ist sie die »Kleinbürgerlichste« von allen, dabei war sie drei Jahre lang in Berlin bekannt als Gangsterbraut, die Freundin eines schlimmen Unterweltbosses. Vielleicht muß sie diese Erfahrung erst noch psychisch und moralisch verarbeiten.

Freitag, den 3. Juni

In Begleitung von Seyfried Lokaltermin in der Wohnung, Schlüterstraße 28, mit Schulz (Hausbesitzer) und Haas (Vermittler). Seyfried rät eigentlich eher ab. Grundsätzlich. Aber auch wegen der Mühen, die der Ausbau mit sich bringen würde. Mich reizt gerade der Ausbau, aber ich bin in richtiger Entscheidungsnot. Schließlich wird die Antwort von Hubert und der Verkauf in Paris den Ausschlag geben.
Um 17 Uhr kommt Margarete für zwei nette Stunden. Leider ist sie wirklich dumm. (»Hast du jetzt Spaß, sag, echt?« will sie wissen.)

Samstag, den 4. Juni

Um drei zu einem Fest, auf dem Parkplatz des Hotels Kempinski mit Bonny, dort Tamara getroffen mit ihren Eltern. Die Mutter muß schön gewesen sein, jetzt ist sie es nur noch in den Augen der Tochter. Der (suizidäre) Vater ein Wrack. Man sollte die Eltern dieser Mädchen gar nicht kennen.
Bonny kommt dann um neun Uhr für zwei sehr schöne Stunden. Sie spricht von ihrem »Job«, nein: »Beruf«, wie eine perfekte Ge-

schäftsfrau. Will aber nichts davon hören, wenn sie »privat« ist. Gibt sich nie ganz.

Sonntag, den 5. Juni

Es regnet.
Bei Jaeggi, der ein Picknick im Garten organisiert hat, das nun im Hause stattfindet. Eine Villa in Zehlendorf. Sie (die Frau ist Psychoanalytikerin) haben die geräumige erste Etage gekauft. Die Wohnung im Erdgeschoß ist zu haben: DM 600.000,– ! Unerschwinglich, obwohl es schön wäre, so im Grünen zu leben. Das Buffet ist phantasievoll und reichlich.
Dort Baring, der mich furchtbar an Christian de Pange erinnert. Den Lehrer von Tietz getroffen. Kamper, mit dem ich wieder ein langes Gespräch habe, an dem auch Jaeggi teilnimmt. Jetzt kennt er sogar Robakidse! Hat noch mit ihm korrespondiert. Ist der Empfänger der letzten Karte, die er schrieb. Nachdem er sie (in Genf, wo ich ihn ja auch noch besucht habe!) in den Briefkasten gesteckt hatte, bekam er einen Schlaganfall. Auch ein Anti-Aufklärer! Wie doch auch Keyserling. Habe ich in meiner Jugend eigentlich nur solche gekannt? Merkwürdig – das Kapitel über die »Plüschaffen« bekommt, nach der Lektüre von Kampers Buch, eine neue Dimension. Wie gerne würde ich daran schreiben, statt mich mit S. M. herumzuquälen. Muß das überhaupt sein?

Montag, den 6. Juni

Am Nachmittag Diktat (Kamper-Exzerpte).
Dann lasse ich Theresa kommen. Himmlisch. Von allen Blumenmädchen hat sie den vollkommensten Körper. Erzählt von ihren diversen »Freunden«. Telefoniert.
Gegen neun zu einer Vernissage in der Galerie Haas. Die übliche Fauna. Mit einer jungen Frau »Dipl.-Ing.«, mit der ich zufällig ins Gespräch komme, zu Spaghetti bei Mario: Inge Orlando Gergen. Wohnt nebenan. Ist Innenarchitektin. Überhaupt nicht mein Typ. Industriellentochter mit Geld, BMW und Vuitton-Plastiksack. Kann vielleicht beim Ausbau mit Rat behilflich sein.

Dienstag, den 7. Juni

Vormittags Diktat (11 bis 13 Uhr). Ich wollte den »Bismarck und Wagner«-Artikel für Schwab-Felisch fertig machen, habe das auch vorbereitet. Beim Diktieren fließt alles auseinander. Ich bin unkonzentriert. Finde die diversen Textstellen (aus alten, zerschnippelten Manuskripten) nicht. Es ist deprimierend.
Ein Brief voller Verheißungen kam von Babsi. Sie wird morgen geschieden. Die »Ehe« hat kein Jahr gedauert.
Ramona ruft am Nachmittag in der Minute und Sekunde an, in der ich – das Tagebuchschreiben vorbereitend – intensiv an sie denke. Sie war, nachdem ich ihr das Geld gegeben hatte, verschwunden. Die Hypothese, daß die ganze Geschichte mit der Schwangerschaft nur eine Erfindung war, um mir Geld aus der Tasche zu locken, war nicht von der Hand zu weisen. Ist sie am Ende rauschgiftsüchtig? Ich hatte Nadelspuren in ihrem Ellbogeninneren gesehen. Als ich zum Telefon ging, dachte ich: und wenn es Ramona wäre? Sie war es. Sie ist in Bayern, bei ihrem »Kay«. Kommt in vierzehn Tagen wieder, will mich dann unbedingt sehen. Will für mich schreiben. Ich bin wirklich froh!

Mittwoch, den 8. Juni

Schaue in das Galtung-Seminar, wo alte Freunde wie J. Huber – nun auch kein Knabe mehr – sind. »The Crisis of Development and the Development of the Crisis.« Das ist nun ganz die Thematik meiner Europaratsarbeit, meiner letzten Veröffentlichungen aus dem Vorjahr, Kulturpolitik. Sie scheinen mir unendlich fern. Wenn überhaupt, so kann ich mich dieser Thematik jetzt allenfalls über die »Postmoderne«-Diskussion nähern. Galtung, mit seiner Baukastentechnik, scheint mir, mehr denn je, von einer unerlaubten Primitivität. Es ist »Entwicklungshelfer«-Niveau, in seinen Simplifikationen höchst gefährlich. Die Leute, die er ostentativ dazu eingeladen hat, Exoten, Alternative, scheinen mir auch nicht die neue Elite zu sein, von der die Lösung zu erwarten ist.
Abends Shulamit Volkov, wieder mit einem »Juden/Antisemitismus«-Thema. Was will sie? Jetzt soll gezeigt werden, daß die Integration der Juden in die deutsche Gesellschaft nach einem »Erfolgs«-(Aufsteiger)-Modell eigentlich glänzend geglückt sei. Richtig. Ich sage in

der Diskussion: nicht die Juden und ihr Verhalten sind das Rätsel, auf das wir eine Antwort suchen, sondern der immer unbegreiflichere Antisemitismus. Ich höre, daß sie sich über meine Bemerkung, schließlich hätte Herzl die Idee der Ansiedlung der Juden in die Diskussion eingebracht (und nicht die Antisemiten, die nur darauf eingegangen seien), sehr geärgert hat. Ich bin sicher, sie hält mich für einen Antisemiten.

Donnerstag, den 9. Juni, bis Samstag, den 11. Juni
Besuch in Straßburg.
(U. a. auch, um die besten Verbindungen für den Winter zu testen. Mit Kopfstation Offenburg ist es in vier Stunden zu schaffen. Auf der Rückfahrt war das Umsteigen in Frankfurt eine Angst-Partie: ich hatte nur vier Minuten, um von Bahnsteig 9 zu Bahnsteig 21 zu kommen. Es gelang aber.)
»Zu Hause« Thamara, die beiden Töchter, das Enkelkind Morgane. Alles steht voll von Möbeln und Kisten aus der Pariser Sukzession, ich fühle mich völlig fremd. Mit ein paar energischen Verbannungen in den Keller und Umstellen gelingt es aber, wieder etwas Ordnung und Homogenität in das Interieur zu bringen.
Thamara ist etwas überfordert, genießt aber die neue Rolle als »reiche Erbin« und, wie ich ihr sage, *chef de famille,* sehr. Macht auch mir ein größeres Geldgeschenk.
Das Baby ist wirklich ganz »sombart'sch«, sehr süß, schlitzäugig, winzig und rührend. Ich fühle mich wie in einem Traum. Wenn ich hierher zurückkehre, die Berlinpläne fallenlasse, versacke ich vollkommen in einem gemütlichen, spannungslosen, sterilen Alltag mit »Oparolle«. Es wäre bequem, aber tödlich.
Elisabeth hat am Donnerstag ein Konzert (danach war das Datum meiner Reise gewählt) im Palais de Congrès, das zu Dreiviertel leer ist. Am Freitag ist die Eröffnung des Straßburger Festivals in der Kathedrale. Wir gehen aber nicht hin. Ich plaudere lieber mit Thamara, sehr vertraut, freundschaftlich. Ich versuche, sie in ihrer neuen Rolle zu bestärken. Von Berlin will sie nichts wissen. Mir ist sehr wehmütig ums Herz.

Samstag, den 11. Juni
Die kleine Tamara holt mich vom Flugplatz ab, eine Rose in der Hand. Wir gehen zusammen bei ihrem Italiener essen, mit Claudia, die am nächsten Tag nach New York fliegt.
Komme erst gegen Mitternacht auf das Sommerfest des Literarischen Colloquiums am Wannsee. Das Fest hat seinen Höhepunkt überschritten, die meisten Gäste sind schon gegangen. Es ist etwas kühl. Treffe von Bekannten nur Cullen, Seeberg und Tutu. Fühle mich einsam und gehe nach einer Stunde. Es sollen 600 Leute dagewesen sein. An so einem Abend kann ich sehen, wie fremd ich hier noch bin.
An »Robakidse« gearbeitet. (Ich hatte in Straßburg die Briefe herausgesucht.)

Montag, den 13. Juni
Etwas diktiert. Aber uninspiriert.

Dienstag, den 14., und Mittwoch, den 15. Juni
Kamper-Seminar »Historische Anthropologie und politische Soziologie« im Clubhaus der FU, Goethestraße.
Ich fahre beim Einbiegen in die Goethestraße an einen Laternenpfahl. Völlig unbegreiflich. Der ganze Vorderteil des Wagens ist eingedrückt. Das gibt eine Reparatur, die mehr kosten wird, als der Wagen noch wert ist. Dazu Ärger. Liebe Nachbarn alarmieren die Polizei, die mich aus dem Seminarraum herausholt. Ich habe einen »Un-fall« verursacht (was mir nicht klar war, da ich keinen »Unfallgegner« registrierte. Vergaß aber, daß der Laternenpfahl der Berliner Elektrizitätsgesellschaft gehört – die Lampe war kaputtgegangen). Also Versicherung usw.
Im Kolloquium dann sehr aktiv. »Politik und Mythos.« Gute Leute, vor allem auch ein paar sehr kluge Mädchen.
Gegen Marquard bestehe ich darauf, daß wir die redensartliche Verwendung des Mythosbegriffes als »Erzählung« und »Geschichten«, nicht akzeptieren dürfen, das verniedliche und verharmlose das Problem. Vielmehr: keine Rede von Mythos, wo nicht »Ritus«, kein Mythos/Ritus, wo nicht Gewaltakt und dessen Legitimation. Von der Legitimation-des-Gewaltaktes-Funktion des Mythos her seine

gesellschaftsordnungstiftende Funktion. Mythos ist immer *mythe fondateur* mit Wiederholungszwang (Ritual). Kein Mythos ohne »Sakrales«.
Im Zusammenhang mit dem kosmischen Urmythos à la Robakidse – dessen Grundfigur schließlich der Geschlechterkampf ist, die Dichotomie männlich–weiblich, Sonne–Erde, Samen–Schoß, Geist–Leib, als *acte constitutif* der Menschwerdung (Adam–Eva), das Auseinanderfallen des androgynen Gottes in die Zweiheit – könnte man sich fragen, ob die Sexualität nicht der in die Körperlichkeit/Leiblichkeit eingeschriebene Ritus der immer wieder fälligen Wiedervereinigung ist? Wiederholungszwang: thalassischer Regressionszwang. Vereinigung mit der Urmutter. Daher sakramentaler Charakter jeder geschlechtlichen Vereinigung. Ekstase und Tod, allerhöchste Beglückkung, dann Rückfall in die generelle Unbefriedigung: Zerrissenheit, Urspannung.
»Heilige« Prostitution. Meine kleinen Huren: Priesterinnen! Zelebrieren den großen Mythos. Darum ist Prostitution unausrottbar, hat nichts mit Ökonomie zu tun. »Anthropologische« Konstante.
Kennengelernt: Manfred Lauermann, jetzt in Hannover. Hat dort ein Seminar veranstaltet. Gehört zu den Leuten (Jahrgang 43), die alles gelesen haben. Mutter: Putzfrau. Selber große Linksumwege, aber auch Bundeswehr. Will mich nach Hannover einladen, zu Carl-Schmitt-Vorlesungen. Kommt am Abend zu mir mit einem interessanten Mädchen, das jetzt in Palermo wohnt und über italienische Linke promoviert (bei Kamper): Steffi Weber-Unger.

Mittwoch, den 15. Juni
Nachmittags im Kulturhaus Bethanien zum Gespräch der Kulturpolitischen Gesellschaft, deren Gründungsmitglied ich bin (wie seinerzeit der Gesellschaft für Friedensforschung und Zukunftsfragen ...). Will in Kontakt mit dem neuen Kultursenator kommen. Der Mann, Hassemer, macht mir einen sehr guten Eindruck: intelligent, orientiert, *to the point* – steckt die ganze Bande von »Alternativen« spielend in die Tasche. Will im Grunde (ich sage es ihm) »community development« machen – stadtteilgebundene integrale Kulturpolitik im Sinne von Lebensqualitätserhöhung. Davon will natürlich niemand etwas hören, die wollen nichtgebundenes Geld,

um ihre »Kreativität« zu finanzieren, sprich: arbeitsfreies Einkommen, Kulturrente.
Klaus Wilkner ist für ein paar Tage da und nervt mich mit dauernden Anrufen. Er hat nur das eine im Kopf. Ich schicke ihn zu Theresa und Bonny. Er nimmt mich am Donnerstagabend ins »King George« mit. Zum ersten Mal in einem der klassischen Berliner Sexläden. Live-Show. Sehr hübsche, junge Mädchen. Ich bin wieder frappiert durch die Qualität dieser Geschöpfe. Lasse mich abschleppen von »Sandra«, die Theresa etwas ähnlich sieht, ein tadelloser Körper – aber auch ein tadelloser Service. Ich frage sie, ob sie ins Haus kommt. Will sie mir Sonntag bestellen.
Großer Auftritt Alexanders in London, »Lac des cygnes«. Thamara ist hingefahren. Der arme Junge hatte einen verrenkten Zeh! Damit tanzen! Ein mörderischer Beruf. Es soll ein großer Erfolg gewesen sein. Ovation der Truppe hinter dem Vorhang – das war der wahre Triumph.

Donnerstag, den 16., und Freitag, den 17. Juni
Internationale Konferenz der »Historischen Kommission« in Nikolassee. Große Besetzung. Kevenig, Conze, Wehler... »Die Rolle der Nation in der deutschen Geschichte.« Natürlich synchronisiert mit dem 17. Juni, der hier in Berlin mit viel Brimborium begangen wird. Einführungsvortrag von einem amerikanischen Bürschchen, der mächtig hochgespielt wird, Sheehan. Seine These: Nation eine Erfindung, wirkt wie eine (Mini-)Bombe. Conze, der mit seiner Konfirmandentolle aussieht, wie sich der kleine Moritz einen deutschen Historiker vorstellt, flüchtet ins Mittelalter: »Schon damals...«
Aus der Diskussion schließe ich: Historiker sind nicht die für die Behandlung der zur Diskussion stehenden Frage kompetente Instanz. Gefangene ihrer Disziplin.
Einzig erfreulich, Peter Coulmas. Jetzt ganz weißhaarig (muß auch schon über siebzig sein), Schnurrbart wie ein Kater, liebenswürdig, urban, mit der Aura des matriarchalischen Eros.

Sonntag, 19. Juni

Morgane einen Monat alt! Rufe Diane an. Strahlendes Wetter.
Der Anlage nach verspricht dies ein guter Tag zu werden. Morgens schreiben, nachmittags ein Spaziergang, am Nachmittag das Kätzchen aus dem »King George«, abends ins Kino: »Die flambierte Frau«, von der alle Welt spricht. Nun, wir werden sehen …
Schreiben: angeregt durch Gespräche mit Kamper bin ich auf Robakidse gekommen, dem ich ein Porträt in »Jugend in Berlin« widmen will. Habe mir seine frühen Romane kommen lassen – sinnlich, mythennah, eigentlich heute erst in ihrer Bedeutung zu erkennen. Das Schreiben wurde Lesen: »Die gemordete Seele.«
Den Spaziergang mit Stefan Sattler unternommen, mit dem der Plan des »Carl-Schmitt-Monats August« noch einmal diskutiert wurde. (Ich glaube selber nicht ganz an die Möglichkeit des *tour de force,* vor allem, weil er ja genauso maulfaul, phlegmatisch ist wie ich.)
»Sandra« kam, erst um acht, doch um gleich wieder zu gehen. Heißt eigentlich Claudia, ist ein richtiges kleines Tierchen, ganz Körper, verspielt, kommt Mittwoch.
Zum Kino dann zu träge. Außerdem gehe ich nicht gerne allein.

Montag, den 20. Juni

Tilo Koch ruft an. Ich kenne ihn nur dem Namen nach. Er hätte meinen Beitrag im »Merkur« gelesen und fühle das Bedürfnis, mit mir darüber zu sprechen. Er ist zu einem Rundgespräch des Senats über die »Zukunft Berlins« in der Stadt. Essen im »Gehrhus«. Ich lade ihn danach zu einem Glas Wein ein.
Ein älterer Herr, schmal, schlank, Vogelgesicht mit Brille und sympathisch. Leute wie er lesen diese »Jugend in Berlin« wie ihre eigene. Das Gespräch über die Zukunft der Stadt, von Kevenig geleitet, war hoch unbefriedigend. Außer Siedler und Boy Gobert niemand, den ich kenne. Alles Leute ohne Phantasie, kleinkariert, ungeistig. Dabei kann die Zukunft Berlins, Siedler sagte es wohl als einziger, nur eine geistige sein, ansonsten ist Berlin inexistent. Das ist auch die Meinung von Koch. Wir trennten uns in herzlichem Einvernehmen.

Dienstag, 21. Juni

Diktiere – im Zorn – die Intervention, die ich auf der Tagung der historischen Kommission hätte machen sollen:

DIE REDE VOM NATIONALSTAAT –
DIE LEBENSLÜGE DES DEUTSCHEN VOLKES

Die Gründung des Bismarck'schen Reiches war im Spektrum aller denkbaren Entwicklungsvarianten des deutschen Nationalschicksals im 19. Jahrhundert sicher die allerschlechteste. Gemeint ist hier die Entwicklung, die das in Mitteleuropa angesiedelte deutsche Sprachvolk mit der ihm eigenen Tradition und Geschichte im Zeitalter der Moderne, im wesentlichen also der durch die Industrialisierung unausweichlich werdenden Veränderung der sozialen und ökonomischen Strukturen, nehmen konnte. Es war vielleicht, weil es diesen Mann Bismarck gegeben hatte, der es so wollte, die einzig mögliche, aber was ihre Methoden und das Ergebnis anbetraf, die unheilvollste Lösung.

Die Gründung des zweiten Reiches war ein Gewaltakt, der gegen die Tendenzen der Zeit durchgesetzt wurde, unter Mißbrauch der beiden fruchtbaren Ideen, in denen diese Tendenzen im Bewußtsein der Völker Europas ihren Ausdruck fanden: der demokratischen und der nationalen.

Die nationale Idee wurde zugunsten eines »Staates« konfisziert, dessen einziger Sinn die Perpetuierung seiner Macht, seiner Selbsterhaltung, als staatliches Machtgebilde, als »Machtstaat« war. Die zu seiner Erhaltung ständig notwendige Ausübung von Gewalt, die Gewalt erzeugt – das »Gewaltpragma« (Max Weber) –, Repression nach innen, Drohgebaren nach außen, war seine einzige *raison d'être*, die »Staatsraison« des deutschen Reiches. Als Machtstaat war dieses Reich aber gerade kein Nationalstaat. Man muß sich daran erinnern, daß die nationale Idee nicht im Sinne des Machtstaates »staatsbezogen« war. Andererseits war die Idee des »Staates«, wie sie in Preußen idealtypisch verwirklicht wurde, nicht national. Zur Genese des preußischen Staates gehört wesentlich der Zwang, das national Disparate (ethnisch, konfessionell, geographisch) in einen politischen Verband zusammenzufassen.

Der Legitimationszwang, unter dem sich der neugegründete europäische Gewaltstaat befand, führte zur Appropriation eines deutschen Nationalbewußtseins, gegen das er (als kleindeutsch-preußisch-

militaristische »Lösung«) gerichtet war. Er beruhte auf einer Mißachtung des Nationalbewußtseins, zu einem Mißbrauch für seine, den nationalen Aspirationen konträren Zwecke.
Denn die nationale Idee – so wie sie in Frankreich mit der französischen Revolution geboren wurde und sich überall in Europa, auch in Deutschland, durchgesetzt hatte – war politisch mit der Idee der Demokratie verbunden. Demokratie zunächst einmal, generell verstanden, als Überwindung feudaler und monarchisch-dynastischer Herrschaftsformen, von »Staatlichkeit« im Sinn des »Machtstaates«, als autoritärer, obrigkeitsstaatlicher, hierarchischer Herrschaftsordnung; sodann im Sinne einer progressiven Demokratisierung, d. h der Verwirklichung einer effektiven Partizipation des Bürgers an der politischen Willensbildung durch demokratische Institutionen (Parlament, Wahlrecht, konstitutionelle Regierungsformen. Der »Patriot« war kein »Nationalist« (im Sinne eines nationalstaatlichen Chauvinismus), sondern »Citoyen« einer universellen Völkergemeinschaft. Der »Reichstag« hätte vielleicht die Institution werden können, in der sich der Demokratisierungsprozeß im Innern des deutschen Reiches organisiert. Mit dieser Hoffnung wurden die deutschen Nationalliberalen geködert und betrogen. Wir wissen, daß er nicht in demokratischer Absicht geschaffen wurde, vielmehr mit dem Ziel, die partizipatorischen Impulse der deutschen Patrioten abzufangen und in die Botmäßigkeit des ihnen konträren etatistisch-monarchischen Ordnungskonzeptes zu stellen. Diese Konfiskation der nationalen und demokratischen Ideen verfälschte von Anfang an die Bedingungen, unter denen sich das neue politische Gebilde in seinem Selbstverständnis und gegenüber der übrigen Kulturwelt zu behaupten hatte. Es wurde schon von den Zeitgenossen als monströs empfunden, eine Monstrosität, die in der inneren Unwahrheit seines Existenzanspruches lag, die objektiv in den großen sozialen und ökonomischen Entwicklungstendenzen des Jahrhunderts wurzeln mochte, sich aber de facto nur durch die Negierung der Ideen behaupten konnte, in der diese ihren Ausdruck gefunden hatten. Von dem Bismarck'schen Reich als dem »deutschen Nationalstaat« zu sprechen, ist ein Euphemismus, wenn nicht letzterdings eine Lüge, die den wahren Charakter dieses Staatsgebildes, nämlich gerade kein »nationaler« Staat zu sein, verschleiern soll. Sie ist zur Lebenslüge des deutschen Volkes geworden.

An denkbaren Alternativen einer den Zeitströmungen und der eigenen Tradition gemäßen Entwicklung des deutschen Volkes als Sprach- und Kulturnation fehlte es nicht. Der allen gemeinsame Nenner ist das Modell einer pluralistisch-föderalen Ordnung, wie sie in der mitteleuropäischen Reichstradition, zuletzt im Deutschen Bund, historisch vorgeformt war – einem großdeutschen Bund, der sich mühelos in eine europäische Föderation hätte einfügen können (Constantin Frantz). Denn das – die Föderation der Völker Europas als der angemessene Rahmen der Verwirklichung der nationalen und der demokratischen Idee – war die große politische Konzeption dieser Zeit, im Gegensatz zum restaurativen Staatenbündnis der Dynastien, das aus dem Wiener Kongreß hervorgegangen war. Das Europa der Völker war das Revers des Metternich'schen Europa, das »junge Europa«, das in den Revolutionen von 1848 – von Warschau bis Lissabon – als nationale, föderale und demokratische Vision einer Neuordnung des Kontinents in grandioser Einmütigkeit nach Verwirklichung strebte. Es ist sicher falsch zu sagen, daß die industrielle Revolution, d. h. der Prozeß der Industrialisierung in Deutschland des militaristisch-dynastischen Staates als seines politischen Instruments bedurft hätte. Sicher ist aber, daß die Industrialisierung Deutschlands mit weniger sozialen und politischen Kosten, zu denen auch zwei Weltkriege und das Hitlerregime gehören, verlaufen wäre, wenn sie ihren Weg hätte nehmen können, ohne in den Dienst des Bismarck'schen Gewaltstaates gezwungen zu werden.

Mittwoch, den 22. Juni
Monika Wapnewski feiert ihren Geburtstag im Kolleg. Sie hat alles selber gekocht, italienisch, Riesenaufläufe. Man saß im Garten, es war sehr fidel; Axel von dem Bussche, der eine perfekte Rede im Casino-Ton hielt; gelernt ist gelernt. Saß neben den Beckers, nicht ohne eine leichte Verlegenheit: ich hatte eine Mittagsessen-Einladung wegen meiner Straßburgreise verschwitzt! So was ist eigentlich nicht wiedergutzumachen. Antoinette gab sich aber sehr versöhnlich.
Dann Györgys Vortrag: »Vom Staatssozialismus zum demokratischen Sozialismus.« Das Manuskript lag aus, und während er schlecht ablas, knisterte das Umblättern der Seiten, wie die Partituren im Kon-

zert. Vordergründig ein Beschwichtigungs- und Abwiegelungsdiskurs: so schlecht sei die Lage ja gar nicht, man könnte unter dem Auge der fremden Besatzungsmacht durchaus bestehen. Das klang nach Obergefreiten-Philosophie, der Resignation aller Völker, die unter Fremdherrschaft leiden, Napolitanismus. So war es aber nicht gemeint. Unterschwellig war es ein leidenschaftlicher Appell für Freiheit und Selbstbestimmung in der schönsten Tradition jenes revolutionären Humanismus, den die westdeutschen Intellektuellen, die offenbar vergessen haben, wie gut es ihnen geht, jetzt so leichtfertig verkaufen. Das unvollendete »Projekt« Moderne, die bürgerliche »Utopie« der Freiheit, die blödsinnige »Idee« eines sozialen und politischen Fortschritts: das gilt ja alles nichts mehr im Zeichen der »Postmoderne«. Um zu wissen, daß es da um unabdingbare, unverzichtbare Werte geht, muß man aus Budapest kommen, wo einen die Zensur und die Polizei drangsalieren und man unter dem demütigenden Bewußtsein leidet, unfrei zu sein. Nicht hier im Westen, sondern in Osteuropa sind die humanistischen Ideale etwas, wofür Menschen noch auf Barrikaden zu sterben bereit wären. Nach dem Vortrag sage ich zu György: Du hast uns schön an der Nase herumgeführt: Kossuth in der Maske des Soldaten Schwejk! Er schmunzelt und fühlt sich verstanden.
Nach dem Vortrag und der unvermeidlichen Diskussion sitzt der engere Kreis bis tief in die Nacht beim Wein auf der Terrasse. Berliner Sommernacht. *Le temps est suspendu.*
Komme neben Henning Ritter zu sitzen, der mir in einem Brief die sensationelle Entdeckung mitgeteilt hatte, daß Sartre sich in seinen Kriegstagebüchern des längeren mit der Persönlichkeit Wilhelms II. auseinandersetzt. Erster Ansatz im Konzept der »totalen Biographie«. Ritter findet (spöttisch), daß ich in meiner Beschäftigung mit W. II. zu ungeschützt eigene Lebensprobleme aufarbeite. Es ginge mir um die Rehabilitation meines Vaters, den Wunsch, ihn aus dem Schatten Max Webers herauszuholen. Daher mein Bismarck-Haß, die leidenschaftliche Ablehnung Max Webers. Da ist etwas dran. Ich wollte es genauer wissen. Da wollte er aber nicht so recht mit der Sprache heraus. »Stellen Sie sich vor, es hätte Max Weber nicht gegeben. Wie stünde Ihr Vater da: als der größte Soziologe des Jahrhunderts. Dabei ist Max Weber doch eigentlich nichts, aber *er* hatte den Erfolg.« Natürlich kann man nur eine Persönlichkeit erfassen, mit der man

sich irgendwie identifiziert. Ich sehe darin keinen Einwand, außer dem, daß man das wohl thematisieren sollte. Wieweit das möglich ist, ist eine andere Frage. Die Problematik des Ethnologen bei seiner Feldforschung.

Am Nachmittag war Claudia da. Da sie eine »Künstlerin« sein möchte, macht sie aus dem Liebesspiel eine richtige Choreographie (die »Nummer« als »Performance«). Auch für die Fotos, die sie gerne von sich machen ließ, posierte sie wie eine Ausdruckstänzerin.
Sie erklärt mir auch, warum sie im »King George« und nicht in einem Etablissement wie »Hagenstraße 5« arbeitet. Dort hat sie ihre Striptease-Auftritte, steht auf einer Bühne; das ist nicht nur Bumserei, das »Selbstwertgefühl« ist gesteigert.

Donnerstag, den 23. Juni
»Tutu«! Ich traf sie zu Beginn meines Aufenthaltes im »Lapidarium«. Sie soll mir eine neue Djellabah und »Zigeunerhemden« machen. Ich nehme sie mit zum Empfang beim österreichischen Generalkonsul, Dr. Alexander Christiani, zu Ehren von Wolfgang Kraus. Tutu *fait sensation,* sollte auch so sein. Kurzes Gespräch mit Sebastian Haffner, der auch anwesend war.
Die »Neger« in der Schaubühne, eingeladen von Sibylle Wirsing, die endlich ihr Versprechen wahrmacht, mich ins Theater mitzunehmen. Sibylle wollte sich das Stück zum dritten Mal ansehen, so gewissenhaft ist sie mit ihren Kritiken. Wir beschlossen dann aber, nach der Pause zu gehen.
Perfektes Theater, aus den Schauspielern wird das Letzte herausgeholt, drum herum ein ungeheurer volksaufklärerischer pseudo-wissenschaftlicher Apparat; das Programm: eine Dokumentation über Neokolonialismus und Rassismus. Aber auch in der Inszenierung selbst, in ihrer Perfektion, ein politischer Anspruch, das Publikum wird »vergattert«, in die Position des Idioten manövriert, der jetzt endlich gesagt und gezeigt bekommt, was Sache ist. Das fand ich enervierend und langweilig. Außerdem bekam ich Rückenschmerzen, man saß ohne Lehne (immerhin schon eine Konzession, daß man nicht am Fußboden hocken mußte).
Wir setzten uns dann ins »Ciao«, mit Blick auf den schönen Mendel-

sohn-Bau, der mit so vielen Kinobesuchen in meiner Jugend verbunden ist. Sibylle hat Schwierigkeiten mit ihrer Redaktion. Sie soll das Feld ihrer Berlin-Berichterstattung ausweiten. Ja, da gäbe es manches, was berichtenswert wäre, z. B. das völlige Scheitern des Berlin-Unternehmens der Konservativen Aktion zum 17. Juni! Dieser freche Handstreich der übelsten Reaktion, in den Hunderte von Jugendlichen unter Vortäuschung falscher Tatsachen – man gaukelte ihnen einen lustigen Berlin-Trip vor – hineingezogen wurden, ist von den Berlinern einfach abgeschmettert und der Lächerlichkeit preisgegeben worden, die er verdient.

Freitag, den 24. Juni

Die Schreibmaschine ist wieder kaputtgegangen, wodurch die Arbeit an dem Robakidse-Kapitel unterbrochen wurde. Ich werde mir aber eine Maschine im Kolleg ausleihen. Das Ding muß dieses Wochenende fertigwerden.
Endlich der Besuch bei Brigitte (Meyer-Denninghoff), die mir schon vor Monaten einen netten Brief geschrieben hatte, um die Verbindung aufzunehmen. Ich hatte aber keine Lust, eine Jugendfreundin als alte Dame wiederzusehen. Dann rief Goldmann an, der sie kennt und mir gut zuredete, ich sollte doch mal hingehen. Sie und ihr Mann seien weltberühmte Bildhauer, deren Werke auch überall in Berlin stünden.
Große, modern eingerichtete Altbauwohnung. Man hat das Gefühl, in einer Galerie zu sein. Das Künstler-Ehepaar, wie man es sich vorstellt. Ein, wie ich höre, einzigartiger Fall kreativer Arbeitssymbiose: sie machen alles zusammen – von der Skizze bis zur Ausführung der Objekte – und haben einen gemeinsamen Künstlernamen: Matschinsky-Denninghoff. Was sie machen, liegt mir vollkommen fern, ich würde geschenkt nichts davon bei mir aufstellen wollen. Industriemüll in teilweise gigantischen Proportionen, aber das ist vielleicht die einzig authentische, für unsere Zeit repräsentative Kunst, Science-fiction-Dekor. Der Mensch ist total eliminiert. Ihr Erfolg zeigt, daß sie richtig liegen. Was würde Michelangelo heute schaffen?
Im Gespräch hat man einen gegenteiligen Eindruck. Irgendwie Gottsucher. Erzählen sehr anschaulich von einer Treck-Reise durch Ne-

pal, die sie wiederholen wollen. Ich sage, daß ich mit von der Partie wäre. Lebensstil: »Upper Bohemians.«

Sonntag, den 26. Juni
Mit Tamara für einen Spaziergang verabredet. Kommt mit Verspätung. Bringt eine Freundin mit, Denise. Türkin. Feines, kluges Mädchen mit lustigen, schlauen Äuglein. Tamara hat sich verliebt – in Günter. Schickt Denise nach einer Weile nach Hause und bleibt noch eine Stunde, um ruhig mit mir zu sprechen. Liegt auf dem Diwan, den sie liebt. Hat wieder kaum etwas an. Sex platzt aus allen Nähten, wir diskutieren unsere Beziehungen.
»Du bist ungeheuer wichtig für mich, aber ich kann mir nicht vorstellen, mit dir zu schlafen. Ich habe dazu einfach keine Lust. Vielleicht in einem Jahr einmal.« Dann macht sie mir eine richtige Szene wegen der Mädchen, die ich »völlig wahllos« vögle, nur weil sie jung und hübsch sind. Ich frage sie, was sie eigentlich dagegen habe. Das muß sie sich überlegen. »Austauschbar« ist einer der Vorwürfe. Warum nicht? Da will sie sich nicht einreihen.
Ich stehe vor einer ähnlichen Situation wie mit D... Interessiert mich eine solche Beziehung überhaupt ohne Sex? Was für eine absurde Lage – auf der einen Seite Therese, Bonny, Margarete, etc. – ganz auf »das« reduzierte Partialbeziehungen, die, im Falle Bonny ganz klar, eine Ausweitung ins Persönlich-Emotionale ablehnen; auf der anderen Seite D..., Tamara, die eine »Freundschaft« wollen, aber das Sexuelle ablehnen. Die alte Dichotomie »anständige« Frau gegen »Hure« mit entsprechenden, tief in die Mentalitäten eingeschliffenen Verhaltensmustern?

Montag, den 27. Juni
Siebenschläfer. Ein verregneter Sommer. Gut für die Arbeit.
Diktiere Tagebuch – unter Auslassung der Frauen, das kann ich der kleinen Anke nicht zumuten.
Nachmittags Arbeit an Robakidse. Abends Babsi.
Babsi sehr schmal und bleich, mit großen, übermäßig geschminkten Augen. Es ist nichts. Ohne Sex ist sie einfach nicht interessant. (Mit auch nicht.) Also?

Dienstag, den 28. Juni

Ich stehe gegen 9 Uhr auf und muß mich erst mal eine Stunde in den Sessel setzen, wo ich völlig abwesend vor mich hindöse, das geht jeden Morgen so. Ganz langsam, mit der Post kommen die Lebensgeister. Dann kann es – piano, piano – losgehen. Kaffee machen, die ersten Telefongespräche.
Um 11 Uhr bin ich dann einigermaßen wach. Dann kommt normalerweise Anke zum Diktat. Heute nicht, weil ich noch ohne Schreibmaschine bin.
Besuch bei Johannes Broermann, dem Inhaber des Verlages Duncker und Humblot, bei dem die Rechte für einen großen Teil der Werke von Werner Sombart liegen. Der Termin war nicht leicht zu bekommen. Es geht um die Bewilligung der Taschenbuchausgabe von »Luxus und Kapitalismus« im Verlag von Klaus Wagenbach. Das Buch ist nicht mehr lieferbar. Er ist einverstanden.
Der Mann ist 85 Jahre alt – ein Phänomen. Er leitet den Verlag noch selber, inklusive der Oberaufsicht über die diversen Zeitschriften. Erinnert sich an Gespräche, die wir vor fünfzehn Jahren in Berlin geführt haben, von denen mir nur ein blasser Schimmer geblieben ist.
Er gibt mir ein »Lebensbild« aus der ihm zu seinem 85. gewidmeten Festschrift. »Prof. Dr. Dr. h. c. ... Ministerialrat a. D.« Ich erfahre nebenbei, daß es Carl Schmitt, der ja in wenigen Tagen seinen 95. Geburtstag feiern wird, nach einer schweren Krankheit in diesem Winter gar nicht gutgeht. Er hat wohl Absencen, übersieht die Dinge nicht mehr, ist nicht mehr »geschäftsfähig«.
Nachmittags ein Mädchen von Therese, die Hochbetrieb in ihrem Laden hat (während Bonny auf dem Trockenen sitzt) – Nini. Eine Stunde zu spät, ganz zerknirscht. »Soll ich wieder gehen?« Niedliche kleine Figur. Gibt sich auch viel Mühe, um mich zu »verwöhnen« und das Zuspätkommen auszugleichen. Neunzehn. Ganz »unprofessionell«, aber am Tag sechs bis acht »Nummern« (Zimmer und Hausbesuche). Wie sie das aushalten!

Freitag, den 1. Juli

Tamara bringt Tom, den Sohn von Klaus-Peter Schulz ins Haus. Er ist der Freund von Denise, der kleinen Türkin. Alle drei sitzen bei

mir und trinken Sekt. Dann gehen wir ins »Ciao«. Ein kluger Junge, über dem Durchschnitt. Ich lese »Robakidse« vor. Gute Bemerkungen. Diese Kinder sind doch das ideale Publikum.
Erinnerungen an seinen Vater, den ich nicht aufgesucht habe, seitdem ich in Berlin bin. Scheu? Befürchte ich den »Spiegeleffekt«? Ich sage dem Jungen, der sich ja von dem Vater getrennt und auch in dem Sitten-Prozeß eine Rolle gespielt hat, daß der Vater ein hochbedeutender Mann sei (gewesen sei?). Er freut sich, es mich sagen zu hören.
Tamara trompetet: »Ich habe mit Günter gevögelt!« Für sie wohl wirklich ein emanzipatorischer Akt. Hoffentlich der erste Schritt der Lösung von Bertrand, der Flasche, und zu mir. Sicher ist eins: ohne meinen Einfluß hätte sie den Schritt nicht getan.

Samstag, den 2. Juli
Endlich in den Film »Die flambierte Frau«! Da ich niemand anderes finde, greife ich Bettina Seyfried auf, der ich zufällig im Garten begegne, 13-Uhr-Vorstellung, vier Zuschauer sind im Saal. Der Film: einerseits *mise en scène d'un phantasme*, die ewige Faszination der Prostitution, der *putain respectueuse*. Hier aber zweitens als Aspekt der Berliner Lebenswelt, als Berliner Folklore: dies völlig nahtlose Ineinander-Übergehen von Welt, Halbwelt und Unterwelt. Man könnte sagen, da es in Berlin eine Gesellschaft nicht gibt, sei alles was sich gesellschaftlich gibt, *demi monde*. Das gilt besonders für die Frauen, wo es die alten bürgerlichen Grenzen und Distinktionen nicht mehr gibt. So genießen hier, wie mir scheint, die Frauen eine größere Freiheit und Autonomie als irgendwo sonst. Das scheint mir das Thema des Films. Dazu gehört als Komplement eine auf die Spitze getriebene Verachtung und Verächtlichmachung der Männer. Als »Berlin-Film« muß man diese »Flambierte Frau« in Parallele setzen zu »Heller Wahn« von der Trotta. Ich muß unbedingt, auch als Berlin-Dokumentation, den Film von S. S. Sales: »Utopia« (die Welt als Puff) ansehen. Berlin als Puff.
Um 17 Uhr kommt Bonny, die den Film unter professionellen Gesichtspunkten sieht. Sie möchte ein gutes Szenario für eine »Domina-Rolle« – ihr Traum.

Sonntag, den 3. Juli

Die letzte Woche war eine schlechte Woche. Keine Stimmung. Motivationskrise. Böse Träume. Alles zerfließt zwischen den Fingern, die Kohäsion verliert sich, die Zeit verrinnt. Ich sehe es, wenn ich im Tagebuch blättere. Die Erinnerung an die einzelnen Erlebniskomplexe verschwimmt. Sachen, die mir noch nah scheinen, sind Wochen her und umgekehrt.

Die einzelnen Stränge ... Wohnungskauf in Berlin, Verkauf der Wohnung in Paris, Arbeit an einem Text – jetzt also der »Robakidse«, der so viel Zeit in Anspruch nimmt. Zu viel eigentlich (scheint mir, für was dabei herauskommt), eine Geschichte wie die Beziehung zu der kleinen Tamara, das Leben im Kolleg, wo eine sommerliche Aufbruchstimmung herrscht, das Betreiben meines Lehrauftrages – endlich erhielt ich den offiziellen Brief, daß er mir erteilt sei – laufen unkoordiniert nebeneinander und durcheinander mit verschiedenen Chronologien, als gehörten sie in verschiedene Leben. Die Anspannung der Identitätssicherung läßt nach. Alles fällt auseinander.

Während ich dies schreibe (10 Uhr) ist Margarete da. »Zum Frühstück«. Kauert auf dem Sofa und träumt von Sizilien. Hat dort einen Freund.

Warum sie und nicht eine andere? Im Grunde die, die mich am allerwenigsten interessiert. Warum nicht Tamara? Die hat ihren Günter im Kopf. Wen würde ich hier haben wollen?

Ich werde gleich mit ihr vögeln. Sie weiß es und streckt sich wohlig. Ich genieße die Vorlust. Ich würde es mit jeder anderen genauso tun. Es wäre nicht ganz genau dasselbe, aber beinahe. »Austauschbar.«

Aber es ist, wie ich jetzt weiß, ein Ritual. Der Nachvollzug des Urmythos. Das Sakrament des »Lebens«. *Sacré.* Das Mädchen ist Altar und Hostie, Ministrant und Priesterin zugleich. Immer ist sie Epiphanie, die Göttin. Merkwürdig, in der »Schwarzen Messe« wird genau das in Szene gesetzt. Ist das »Satanskult«?

Nachmittags zum Grunewald-Spaziergang Steffi Weber-Unger, die einen »vielversprechenden« jungen Verleger mitbringt, der den Wunsch geäußert hat, mich kennenzulernen. Wir gehen um den See und essen eine Kleinigkeit im Restaurant »Paulsborn«, wo uns ein Kellner mit jüdischem Charakterkopf (Dirigent oder Regisseur) tol-

le Geschichten aus seinem Abenteuerleben erzählt, auch ganz Berliner Type, woanders in Deutschland undenkbar. Der junge Mann, Joseph Hoppe, will vielleicht ein Referat in meinem Kolloquium halten, ihn interessiert der Einbruch des Telefons in die Lebenswelt des Fin de siècle. Ich male ihnen aus, wie ich am liebsten mit zwei Sekretärinnen arbeiten würde, wie jede einen »Schreibtisch« betreut. Das klingt ihnen durchaus verlockend. Es müßte nicht schwer sein, in Berlin geeignete Mitarbeiter zu finden.
Steffi hat eine stille Ausstrahlung von Autorität, wie man sie bei jungen Aristokratinnen findet. Trinkt aber gerne.

Mittwoch, 4. Juli

Ich versuche etwas für mein kaputtes Auto zu tun. Therese hat mich mit ihrem Bruder in Verbindung gesetzt, der die Gebrauchtwagenabteilung der Volkswagengarage Röhl betreut. Er bietet mir im Tausch einen alten Käfer an, ich kann mich aber nicht entschließen, lasse erstmal meinen armen kleinen Polo waschen und fahre vorläufig noch damit herum.
Am Abend ein sehr merkwürdiges Treffen, das Peter Kammerer arrangiert hat. Zu mir kommen Thomas Harlan und Tilmann Pinder. Das Treffen der drei Söhne. Thomas habe ich bei den Fischers in den frühen fünfziger Jahren kennengelernt, als rabiaten, fast hysterischen Antinazi, aber auch mit einem stark antiamerikanischen Affekt. Damals lebte er mit einem Pariser Intellektuellen zusammen (der mich am Wolfgangsee auf einem Bootssteg kurzerhand vernaschen wollte) und schrieb an einem interpunktionslosen französischen Roman. Der Roman ist seinerzeit im »Seuil« erschienen, sagt er mir jetzt, der Freund vor zwanzig Jahren an Krebs gestorben. Er hat eine Ost-Berliner Freundin mitgebracht, Schullehrerin, um die 30, ein echtes DDR-Kind, vollkommen andere Mentalität und Sprache. Seltsam. Thomas lebt jetzt drüben und macht dort Filme, möchte auf keinen Fall in der Bundesrepublik leben. Wir haben uns dreißig Jahre nicht gesehen, er sieht eigentlich aus wie damals, hat, was ich ein zerknautschtes Gesicht nennen möchte, mit flinken Augen, stechenden Pupillen, sein damals blonder Struwwelkopf ist heute schlohweiß, was ihm aber nichts von seinem jugendlichen Aussehen nimmt. Tilmann Pinder, auch fünf bis sechs Jahre jünger als ich, eher alt, kahl,

verfallen, melancholisch, erzählt sehr interessant über die Nachkriegsjahre seines Vaters, der von den Engländern, vermutlich aufgrund einer Namensverwechslung, verhaftet und hier in Berlin in ein, wie er sagt, Mini-KZ gesperrt und auf das übelste schikaniert, man kann fast sagen: gefoltert wurde, er war damals schon sechzig. Dann Versuche, die Position den Nazis gegenüber zu definieren. Er kam aus der »völkischen« Ecke und war deutscher »Patriot«, lehnte aber die Kunstpolitik des Regimes ab, sowohl Münchner Kunstaustellung wie die Hetze gegen die sogenannte »Entartete Kunst«. Man wird diese komplexe Verstrickung nie verstehen. Er erzählte eine signifikante Anekdote von Nicolai Hartmann, der, als ihn ein von der Ostfront kommender Schüler von den dort beobachteten Verbrechen an russischen Kriegsgefangenen und Juden berichtete, mit seinem baltischen Akzent antwortete (man hörte es förmlich): »Dies verletzt mein Wertgefühl aufs äußerste, es darf mich aber als Philosoph nicht betreffen.«

Da ich gerade an dem »Karl Supf«-Kapitel schreibe, informiere ich mich ausführlich über das Arndtgymnasium, das beide besucht haben. Der Mann des literarischen Zirkels hieß Dr. Wachsmuth. Es fällt mir auf, daß ich, durch Zufall, der keiner ist, während der Arbeit an meinem Erinnerungsbuch immer die Informanten finde, die ich brauche, um irgendwelche Lücken zu schließen. Der Abend endet in bester Stimmung und größtem Einverständnis was die Weltlage betrifft, in der »Paris Bar«.

Samstag, den 9. Juli

Nachzutragen aus der vergangen Woche:
Frau Buddenbrock meldet sich aus Paris, scheint ernsthaft am Kauf der Wohnung interessiert. Haas drängt ein bißchen auf einen notariellen Vertragsabschluß, die Zahlung könnte man ja hinausschieben. Hubert, den ich mehrere Male zu erreichen versuche, stellt sich tot. Ich hänge vollkommen in der Luft, möchte aber die Berliner Wohnung nicht aufgeben.

Arbeitsmäßig: Ich mache den »Karl Supf« fertig, lasse den »Caprivi« ins Reine schreiben, auch den »Robakidse«, habe also drei neue Kapitel fertig! Fange das »Carl Schmitt«-Kapitel an. Gleichzeitig habe

ich den »Bruno Götz« wieder aufgenommen und bin, *de fil en aiguille,* auf Krenz, Hans-Hasso von Veltheim und Fred Schmid gekommen, werde also in diesem Kapitel den Komplex »bündisch/Homoerotik« behandeln. Mit dem »Caprivi«-Kapitel passiert etwas Seltsames. Ich schicke es Axel von dem Bussche mit der Bitte, die »Militaria« zu überprüfen. Ich fühlte, daß er seit dem Fest Distanz genommen hatte. Es kommen keine Kassiber mehr. Ich dachte, ahnungslos, daß ich ihm mit dem Porträt des jungen Preußen eine Freude machen würde. Weit gefehlt, er schrieb mir zurück, mit den gewünschten sachlichen Informationen, sehr korrekt, aber indigniert: »Ich bin froh, mit dem so dargestellten, mir fremden »Preußentum«, erst jetzt bekannt gemacht worden zu sein.« Als ich ihn ansprechen wollte, schreckte er wie vor einer Schlange zurück. So entwickeln sich die Beziehungen. Ich bedaure es.
Abends mit Tom im Halensee schwimmen. Wunderbare Stimmung. Von den schönen, riesigen Bäumen umgeben, die sich im Wasser spiegeln. Was an Dächern hervorlugt, sieht aus nach Schloß im Park, das Wasser ist angenehm weich, unweit schwimmt eine Entenfamilie. Sonst sind wir völlig allein.
Danach ein Eis in der Eisdiele Berkel, in meiner Jugend eine Institution. Gespräch über »Jugend in Berlin«, die Tom, was ich wunderbar finde, zu interessieren scheint. Er akzeptiert das Lektorat für die Leser seiner Generation. Für sie schreibe ich ja, abgesehen von den paar Alten, die sich auch noch erinnern.

Sonntag, den 10. Juli
Picknick von Monika Wapnewski, der übliche Kreis. Ich bringe Fietkau mit. Monika wie immer, im hochgeschlossenen Kleid, sehr *dix-neuvième.* Der Platz ist schön ausgesucht, im großen Garten des Hauses am Waldsee.
Abends bei Faber und seiner Freundin. Sie bewohnen mit mehreren Parteien eine große Villa. Da alle anderen in Ferien sind, hatten wir den Garten für uns allein und saßen bis spät in die Nacht bei Windlicht und Wein.
Er hat Berufssorgen, gehört zu den zahllosen Berliner Akademikern, die an der Universität keinen Platz mehr bekommen. Ein hochqualifizierter, habilitierter Mann, muß sich jetzt um irgendwelche Stel-

len in Japan oder Wolfenbüttel bemühen. Der Senat müßte ein Hilfsprogramm für diese Leute schaffen, deren Verlust für Berlin schwerer wiegt, als irgendein anderer. Hoffentlich gelingt es ihm, doch hier zu bleiben. Zum Abschluß lese ich das »Robakidse«-Kapitel vor, das offenbar sehr beeindruckt. Eines der nettesten jungen Paare.

Montag, den 11. Juli
Die Fellows Marquard, Schiera, Fietkau und Sombart schicken C. S. zum 95. Geburtstag ein Glückwunschtelegramm.
Ich diktiere jetzt (abwechselnd Anke und Pitt) »Gespräche mit Carl Schmitt«. Die Erinnerung ist weniger präzise, als ich gedacht habe, dabei habe ich doch während des letzten Winters mehrere Male, zum Erstaunen meiner Freunde, davon erzählt. Ich muß vieles rekonstruieren, konstruieren.

Mittwoch, den 13. Juli
Pierangelo Schiera hält seinen Vortrag »Wissenschaft und Realpolitik 1848 bis 1914«. Er hat es mir nachgemacht mit einem Kolloquium am darauffolgenden Tage, zu dem auswärtige Gäste eingeladen sind, darunter Hennis aus Freiburg und Bernhard von dem Brocke. Er hatte mich gebeten, die Diskussion sowohl am Mittwochabend als auch am Donnerstag zu leiten, was ich gerne für ihn getan habe. Man war, glaube ich, damit zufrieden. Das war die letzte Vortragsveranstaltung dieses Fellowjahres.
Es herrscht sowieso schon seit geraumer Zeit eine allgemeine Aufbruchsstimmung, jetzt ist kein Halten mehr. Die Verlängerung des Kolloquiums in den Nachmittag (was ein Erfolg ist) hindert mich daran, die jährliche Dampferparty des DAAD von Kreuzberg zum Wannsee mitzumachen, was ich sehr bedaure. Fahre dann aber mit Eberle abends hinaus in das Literarische Colloquium. Es wird getanzt. Zu Essen gibt es nichts. Gegen Mitternacht noch mit Fietkau und den Mädchen von der Autorenbuchhandlung zu »Rosalinde« in die Knesebeckstraße.
Ich hatte viel und oft mit Schiera über seinen Vortrag – das Thema des Buches, an dem er hier arbeitet – diskutiert. Er war mein wichtigster Gesprächspartner für das Thema »Wilhelminimus« und »deut-

scher Sonderweg«, und ich habe viel von ihm gelernt. Er interpretiert die Rolle der »Deutschen« Wissenschaft durchaus positiv. Militarismus – Industrie – Wissenschaft, die drei Säulen dieses Machtstaates, den er, in Gegensatz zu mir, bewundert. Steht eben sehr rechts – sein Interesse an Carl Schmitt durchaus positiv. Selber ein »Macht«- und kein »Lust«-Mensch. Asketisch mit einer stupenden Arbeitsdisziplin. Dabei trotzdem Gourmet und Ästhet, z. B. was die Kleidung betrifft. Geht zu Coiffeuren und kauft in Boutiquen ein. Seine These: die »Deutsche Wissenschaft«, das Produkt der Anpassung und Einpassung der »Liberalen« in den Bismarckstaat.

Freitag, den 15. Juli
Vormittags präsentiert Wolfgang Kraus sein »Nihilismus«-Buch: »Nihilismus heute oder die Geduld der Weltgeschichte«. Ich kann mit dem larmoyanten Wehgeschrei überhaupt nichts anfangen, mache aber *acte de présence*, weil er sich zu Anfang sehr nett für »Jugend in Berlin« interessiert hat – auf die Übersendung der letzten Kapitel hat er allerdings nicht mehr reagiert.
Am Nachmittag Besuch von Herrn Schivelbusch, der mit einem Buch über die »Eisenbahnreise« berühmt geworden ist. Hauptthema: die verfehlte Bismarck'sche Reichsgründung. Aber selbst so ein Mann, der sich für solche Fragen passioniert, weiß nichts von Bismarcks Reichsauflösungsplänen.
Abends dann das müde Abschiedsfest im Kolleg. Müde, weil niemand richtig Lust dazu hatte. Aber es muß nun einmal sein. Alle Angestellten waren eingeladen. Betriebsausflugsatmosphäre. Man hatte Lampions aufgehängt und Gartenfackeln aufgestellt, es gab aber nichts Richtiges zu Essen, und man saß verstreut an kleinen Tischen. Einen unerwarteten Akzent setzte Monika Wapnewski mit einer Rede, die sie »nicht halten wollte«, dann aber doch gehalten hat. Ich lege den Text ein, weil er für das Kolleg völlig untypisch ist, aber das Spannungsfeld zeigt, in dem es existieren muß:

Liebe Fellows, liebe Mitarbeiter,
Mut gemacht zu diesem Schritt hat mir ein Altfellow, Hartmut von Hentig, der uns gestern sein Memorandum geschickt hat, mit dem Titel:
»Eine moralische Begründung für einen politischen Widerstand«. Darin

heißt es an einer Stelle: »Ich leiste Widerstand als Bürger und moralisches Individuum, außerhalb aller meiner Ämter, und hoffe, daß andere mir folgen, so wie ich anderen folge.«
Es steht mir wahrscheinlich nicht zu, Sie zu diesem Widerstand aufzurufen. Ich möchte Sie aber auffordern zu überdenken, ob man sich nicht auch durch Schweigen schuldig machen kann.
Die atomare Aufrüstung in Ost und West ist kein selbstverständlich gleichgültiger Vorgang, den man einfach hinnehmen muß.
Die Taufe eines Atom-U-Bootes auf den Namen »Corpus Christi« durch den amerikanischen Verteidigungsminister und die Bezeichnung der MX-Atomraketen, durch Präsident Reagan, als »Peacekeeper«, zeigen eine moralische Verwirrung auf, die wir zur Kenntnis nehmen müssen, das geht uns was an.
Ob Sie nun Fürsprecher oder Gegner der atomaren Rüstung sind, ob Sie glauben, wie unsere Regierung, daß Raketen den Frieden sicher machen oder ihn exorbitant gefährden – äußern Sie sich dazu, schweigen Sie nicht.
Es ist, glaube ich, nicht mehr genug, wenn Sie als Wissenschaftler Ihre tägliche Arbeit tun, wenn die Möglichkeit zu dieser Arbeit, für Sie wie für Ihre Mitbürger, aufs äußerste gefährdet ist. Schon morgen kann ein Atomkrieg beginnen, der nicht nur die Wissenschaft, von der in diesem Haus so viel die Rede ist, sondern unser ganzes Land mit allen seinen Menschen auslöschen könnte.
Vor der Wahl 1933 stand auf den Plakaten: »Wer Hitler wählt, wählt den Krieg.« Umgewandelt könnte man heute sagen: »Wer die Aufstellung von Raketen zuläßt, wählt den Krieg.« Jedenfalls glaube ich das. Deswegen, beziehen Sie Stellung! Alle von Ihnen stehen in Positionen, wo man Sie hört und sieht, wo man auf Sie hört. Nutzen Sie diese Möglichkeiten, beziehen Sie Standpunkte, bekennen Sie sich, äußern Sie sich, sprechen Sie, schreiben Sie!
Aber, schweigen Sie nicht!
Und besonders die, die ins Ausland gehen, vergessen Sie uns nicht, erzählen Sie in Ihren Ländern von unseren Sorgen. Damit wir alle für den Deutschen Herbst 1983 gut vorbereitet sind.

Spät am Abend wurde etwas getanzt, ich hatte einen Auftritt mit Monika, ging aber vor Mitternacht. Zu Hause wartete interessante Lektüre, der »Tancred« von Disraeli, den ich für die Carl-Schmitt-Gespräche wieder lese. – In der Nacht ein Gewitter.

Samstag, den 16. Juli

Spaziergang im Grunewald mit Bernhard von dem Brocke, der sehr angetan ist von dem Kapitel »Herr Geheimrat«. »Jugend in Berlin« wird ein wichtiges Buch, meint er.
Auch er hat Karrieresorgen, Karrierenöte, obendrein eine problematische Ehe. Verzettelt sich in Kleinpublikationen. Dabei weiß niemand soviel wie er über Wissenschaftspolitik im wilhelminischen Deutschland. Er hat es schwer.

Sonntag, den 17. Juli

Wieder ein Picknick am Waldsee. Ich bringe Weyergraf mit, der braungebrannt aus Spanien zurückgekehrt ist, wo er mit seiner Tina Urlaub gemacht hat.
Ossie Wiener, der sein Projekt eines Kulturzentrums in Triest vorträgt (auf meinen Wunsch).

Dienstag, den 19. Juli

Um 8 Uhr kommt Tilmann Pinder, wir gehen um den Grunewaldsee. Außer den Joggern keine Seele, danach ein Glas Wein im Habelgarten am Roseneck.
Sehr interessantes Gespräch über Carl Schmitt, Judentum und Christentum. Auch er ist im Grunde, von einer christlichen Position her, Anti-Judaist. Gegen den moralischen Hochmut der Juden, im Gegensatz zur christlichen Demut. Er arbeitet über Kant. Ich fragte ihn über Hamann aus und seine Polemik mit Mendelssohn. Das kam alles sehr gelegen für meine »Gespräche mit C. S.«
Über die deutsche Frage. Er empfindet den Verlust der Ostprovinzen als schwere Amputation, Rückgängigmachung der deutschen Geschichte, der deutschen Kulturleistung des Mittelalters. Ich halte dagegen, daß es den Deutschen noch nie so gutgegangen ist und sie in ihren zwei oder drei Nachfolgestaaten nie eine bessere Position in der Welt einnahmen. Unsere Bundesrepublik existiert jetzt beinahe schon so lange wie das Bismarck'sche Reich. Weimar- und Hitlerdeutschland waren Episoden. Man muß das mal sehen. Er erzählte noch von der Begeisterung seines Vaters für die Machtergreifung Hitlers, es gibt da ein schriftliches Gutachten von ihm, das jetzt wie-

der gedruckt werden soll, Grundstimmung dieser Generation, das Trauma des Zusammenbruchs 1918. Wir können uns heute nicht mehr vorstellen, wie schwer diese Männer darunter gelitten haben, auch Jünger und Carl Schmitt. Für den alten Pinder war der absolute Tiefpunkt der Beitritt Deutschlands zum Völkerbund! Sie lebten in der Erwartung eines Erlösers.

Mittwoch, den 20. Juli
Axel von dem Bussche hat zu einer Feierstunde und einem Essen im Berliner Hof eingeladen, zum Andenken an den 20. Juli. Ich gehe nicht hin, obwohl das eigentlich meine Absicht war, wegen der Verstimmung. Ich denke, er hätte mein Erscheinen als einen Affront empfunden. Schiera ist hingegangen und war sehr beeindruckt von dem Aufgebot an deutscher Aristokratie. Es ist gut, daß dieser Putsch gescheitert ist. Damit ist das wilhelminische Deutschland endgültig gescheitert.
Ich arbeite am »Carl Schmitt«-Kapitel, das, wie hätte es anders sein können, zum wichtigsten Kapitel des Berlin-Buches werden wird. Wegen dieses Kapitels wird das Buch gekauft werden. Es soll gewissermaßen eine Vorankündigung für das »Carl Schmitt«-Buch sein, ein Appetizer. Das ist ja auch die Verlegerstrategie. Das Problem ist die richtige Dosierung. Nicht zuviel, aber doch Wesentliches zu sagen. Im Mittelpunkt: Disraeli.
Habe mit Vergnügen den »Tancred« wieder gelesen. Eine Mischung von Wilde'schem Konversationsstück, Märchen aus 1001 Nacht und Karl May.

Donnerstag, den 21. Juli
Mittags im Kolleg Ossie Wiener, den ich eingeladen habe, um mit ihm Möglichkeiten zu besprechen, sein Triest-Projekt zu fördern. Ein wüster Bohemien und Chaot, befleißigte sich in dem Gespräch eines preziösen Höflichkeitsstils, ganz K.-u.-k.-Tradition. Das haben diese Österreicher immer noch mühelos drauf.
Ich ziehe Frehland und Kraus hinzu. Kraus äußerte sich sehr positiv über die letzten drei Kapitel des Berlin-Buches. Bussche hat ihm von

seinem Mißfallen Mitteilung gemacht. Kraus versteht nicht, worauf es beruhen soll.

Abends Sabine, die eigentlich Merit heißt. Nettes Gespräch. Ich bin immer wieder überrascht von der menschlichen Qualität dieser Mädchen und der Schönheit dieser jungen disponiblen Körper. Sex bleibt auf Zärtlichkeit beschränkt. Pünktlich nach einer Stunde ruft Therese sie ab. »Das Geschäft muß gehen«, sagt sie kalt. »Ich muß doch meine Amerikareise finanzieren!« Sie geht ungern, will wiederkommen.

Freitag, den 22. Juli
Pierangelo Schiera lädt mich zum Abschied in den Habelschen Weingarten ein. Er ist schließlich von all den Fellows derjenige, mit dem ich am besten »konnte«, obwohl er fast zwanzig Jahre jünger ist als ich. Ein sehr sicheres Qualitätsgefühl. Unerbittlich in der Kritik der Schwächen von Kollegen und Angestellten. Dabei immer freundlich strahlend, sehr genau auf seinen Vorteil bedacht. Sehr ehrgeizig. Zu einem gewissen Grad ein Opportunist. Ein gewisses Rätsel ist mir die Beziehung zu seiner Frau, die älter ist als er, mit stark gezeichneten Gesichtsfalten und einer großen gebogenen Nase, während er eher eine Stupsnase hat. Das geht gegen meine Theorie von der Isomorphie der Nasenprofile als Voraussetzung dauerhafter harmonischer Beziehungen. Sie muß sozial aus einer besseren Kiste kommen als er, der aus kleinen Verhältnissen stammt, die aber keine Spuren hinterlassen haben. Sie muß auch etwas vermögend sein, so daß vielleicht die Theorie meines Vaters hier angebracht ist, die besten Ehen seien die, in denen die Frauen älter sind und sozial höhergestellt, also »Königin« sind, der Mann dienender, bewundernder Prinzregent. Wir besprachen das *follow-up* seines Kolloquiums in Triest, wohin ich auch kommen soll.

Sonntag, den 24. Juli
Zweites Picknick am Waldsee. Ich hatte Hortense und Mathias mitgebracht.
Wapnewski war da, Ossie Wiener und Frau. Traumhafte Stimmung,

déjeuner sur l'herbe. Sehr gute Gespräche. Ich war in glänzender Form. Geschwommen.
Weil es so schön war, konnten wir uns gar nicht trennen, und wir vertrödeln den ganzen Nachmittag im »Hagen Café«. *Hortense la douce* kommt mir immer vor wie eine Figur aus einem Roman von Eduard von Keyserling, ein unwiderstehliches zartes Lächeln mit kleinen Fältchen in den Augenwinkeln.
Um 22 Uhr treffen wir uns wieder im »Ciao«. Bernd Weyergraf kommt noch dazu. Ideale Runde. Melancholisch, sarkastisch, erotisch. Vollmond.
Das waren die jungen Leute von »68«, die auf die »Demos« liefen, die Nächte hindurch diskutierten, total politisiert. (Hortense war W.s Freundin.) Jetzt sind sie um die vierzig – abgeklärt, abgeschlafft. Hortense findet es, in bezug auf »Jugend in Berlin«, geradezu ungehörig, daß ich so affirmativ von meinem Elternhaus spreche. Das gab es für diese Generation nicht.
Heute (wieder einmal) ein Artikel in der Presse (»Welt am Sonntag«) über Odo Marquard, der Star unseres Fellowjahrganges. Überaus publikumswirksam. »Nahaufnahme eines Philosophen« mit Bild. Ich kann mir nicht helfen. Alles ist nett, voller Gags, sicher nicht dumm, aber schrecklich kleinkariert – darum sein Erfolg. Er könnte Kolumnist in der »Bunten« sein. Die Philosophie ist auf den Odo gekommen.

Montag, den 25. Juli
Babsi telefoniert aus Chicago, es war schon ein Brief von ihr gekommen, in dem sie sich dafür entschuldigt hat, Berlin ohne Abschied verlassen zu haben. Wie immer: die Intensität ihrer Zuneigung umgekehrt proportional zur physischen Nähe. Ich sei der Mensch, den sie am meisten liebe, ich fehle ihr. Sie kann sich das Leben ohne mich nicht vorstellen. Wenn sie da ist, ist davon nicht viel zu spüren.
Danach mit Bettina Seyfried im »Ciao«, erzählt voller Begeisterung von ihren Eltern. Na sieh mal! Ist das jetzt generations- oder klassenspezifisch, daß sie wieder positiv zu den Eltern stehen kann?

Dienstag, den 26. Juli

Diktat: »Konstantin Spies«. Es läuft wieder. Mit dem »Carl Schmitt« bin ich erst mal aufgelaufen. Da ist zu viel im Spiel, will auch erst noch mal alles Mögliche nachlesen (Benito Cereno, Klages, Schuler). Abendspaziergang um den See mit den Fabers, die ein gutes Publikum sind. Essen im Garten am Roseneck. Leider nicht im Revier von Bettina. Wie ich erfahren habe, Szondis Stammlokal. Das sommerliche Berlin ist unsagbar schön.

Im Gespräch wird mir allerhand über mein Buch klar: das völlige Fehlen jedes linken Einflusses in meiner Jugend, und sei er nur republikanisch, liberal. Trotzdem ist das meine Grundhaltung geworden. Es klingt fast wie ein Paradox: am »linkesten« war noch mein Vater. Diego schreibt aus Texas, daß er diesen Sommer nicht nach Europa kommen wird. Ich bin sehr betrübt. Merke, wie sehr ich damit gerechnet hatte und mich darauf gefreut habe. Schickte ihm das Foto einer Freundin aus Paris (Frau eines Freundes). »Du sollst sie kennenlernen!«

Mittwoch, den 27. Juli

Wagenbach schickt das für den Druck eingerichtete Manuskript von »Herr Geheimrat«, unwesentliche Kürzungen. Ich gebe mein O. K. Sie wollen mit Fotos illustrieren. Das kann sehr lustig werden. Verabreden uns für Sonntagabend.

Diktat: »Konstantin Spies« zu Ende. Bali! »Unser Katmandu«. Wapnewski zeigt mir beim Mittagessen einen bösartigen »Erfahrungsbericht« von Raymond Geuss, der wirklich eine Unverschämtheit ist. Es ist mir völlig unverständlich, warum dieser Junge sich so unglücklich gefühlt hat. Vielleicht ein Entzugsphänomen. Ihm fehlte sein Analytiker. Marquard verabschiedet sich, wie ein Konfirmant, Hacken zusammengeschlagen, Diener. Ich sage: »Es war ein großes Vergnügen für mich, einen berühmten deutschen Philosophen kennenzulernen.« Der reinste Hohn natürlich.

Ruhiger Leseabend. Der »Klages« ist gekommen, ein irrwitziges Buch. Jetzt kann ich die Carl-Schmitt-Episode schreiben. Es ist, als ob ich ein altes vergilbtes Foto durch eine Lupe wie neu, mit allen Details, sähe.

Mit Therese telefoniert, aber keinen Besuch verabredet, obwohl ich gerne etwas mit Sabine geschmust hätte. Geiz.

Donnerstag, den 28. Juli
Claudia schreibt aus Kalifornien! Ein Popbrief auf gelbem Papier mit roter Tinte, meldet sich für ihre Rückkehr an. Klingt auch so, als ob da alles drin wäre. *On verra.*
Die zweite Augusthälfte kann lustig werden. Das Buch muß vorher fertig sein!
Beim Mittagessen Sabine Solf, die ganz jung, etwas puppenhaft wirkt. Hinak ist jetzt 72, es geht ihm bestens, solche Beispiele hat man gern, sie schaffen ein willkommenes Gegengewicht zu den Todesanzeigen, in denen es heißt: »im Alter von 62 Jahren unerwartet gestorben«, so heute in der »FAZ«.
Schaue nach dem Mittagessen in die so vernachlässigte Hagenstraße 5. Es ergibt sich aber nichts.
Abends Diner bei Weyergraf, er hat sich große Mühe gegeben, um alles nett zu machen, weiß gedeckter Tisch mit Kerzen, Porzellan und Silber. Wir sind acht, drei zu fünf. Ossie Wiener und seine Frau kochen, ein fulminantes Menü, alle sind bester Stimmung. Tina ist sehr hübsch mit ihrer Kräuseloberlippe und etwas heiseren Stimme. Über die Kochkünste von Ossie komme ich auf unsere alte Mamsell, Josepha Kaluza, und beschließe, ihr eine Seite in »Jugend in Berlin« zu widmen.

Freitag, den 29. Juli
Postkarte aus der Türkei von Tamara. Sie schreibt von »einer Lebensgefährtin«, die sich auf den 8. August freut. »Ich küsse dich.« *On verra, ma petite.*
Diktat: Josepha Kaluza.
Pitt fährt in Urlaub, ich bezahle DM 600,– für 11 Sitzungen. Als Callgirl hätte sie 2000,– verdient.
Von Rudolf Lippe ein vergrößertes Foto des Kaiserporträts – von dem er mir (so hatte ich es wenigstens verstanden) das Original als Geschenk zum Geburtstag versprochen hatte.
Mit Konrád und seiner Freundin zum Abendessen bei Habel am

Roseneck. Leider ist das Wetter kühl und regnerisch, so daß wir nicht im Garten sitzen können.
Ausführliche Gespräche über »Jugend in Berlin«, das ihn sehr interessiert. Um aus dem Buch einen Erfolg zu machen, müsse ich in die Dörfer gehen. Drei Monate jeden Abend eine Vorlesung in einem Kaff. Das kann ja heiter werden.

Samstag, den 30. Juli
Marianne Frisch macht ein kleines Abendessen, zu dem auch die Konráds kommen. Wir können unser Gespräch vom Vorabend einfach fortsetzen.
Marianne hat sich mit dem Diner Mühe gegeben. Eine kalte mexikanische Suppe (Geheimrezept). Äpfel und Sellerie, Sahne und sehr scharfe Gewürze. Gespräch über Kochbücher.
Dann erzählt Marianne sehr amüsant über die Frau von Stephan Hermlin, eine echte Sowjetrussin, die streng regimetreu ist, aber eben eine Russin mit »Seele«. Die gehören dort drüben zur Nomenklatura und führen ein hochprivilegiertes Leben unter der Bedingung, sich dem Gesinnungsterror auszuliefern, was zu richtigen psychischen Störungen führen soll (bei Hermlin).

Sonntag, den 31. Juli
Picknick am Waldsee. Ossie und Ingrid Wiener, Marianne Frisch und wieder die Konráds, es gibt so Serien, ich habe sie monatelang außerhalb des Kollegs nicht gesehen, jetzt treffen wir uns dreimal in drei Tagen.
Langes Gespräch mit Wiesler, den meine Bemerkung in dem »Jugend in Berlin«-Beitrag im »Merkur« über die Rolle der Homosexualität in der deutschen Geschichte interessiert. Kein Wunder, er gehört dazu. Stellt sich als guter Kenner der wilhelminischen Verhältnisse heraus. Die Damen hören zu, beim Weggehen lade ich sie zu meinem Kolloquium ein.
Nachmittags Christine. Therese hat sie groß angekündigt. Das sei etwas für mich. Sie täte es zum ersten Mal. Ich sollte sehr behutsam mit ihr umgehen. Ein zartes, schmales Geschöpf. Ein Kinderkörper. Auffällig starke Behaarung. Stark entwickeltes Geschlechtsorgan.

Zieht sich sofort aus (ein dünnes, schwarzes Kleidchen, ein winziger schwarzer Slip, ausgelatschte Ballerinas) und zittert am ganzen Leib. Dabei lächelt sie ganz ungezwungen und plappert lustig daher. Völlig ungeniert, scheint es. Ergreift auch die Initiative, ist offensichtlich erfahren. Woher sie das alles so schön wüßte? Von ihrem Freund. Ihr Altergenosse, keine zwanzig.
Zum Abendessen Wagenbach mit seiner jetzigen Mitarbeiterin und Lebensgefährtin, Barbara Herzbruch. Zuerst bei mir, wir suchen Fotos heraus für die Illustration des »Herrn Geheimrat« in der Septembernummer des »Freibeuters«. Sie berichten, daß ihr Mitarbeiter Schmid, der von der extremen Linken kommt, zu ihrem Erstaunen, begeistert von dem Vaterkapitel gewesen sei. Zum Beispiel die Schilderung des Weinkellers. Das hat tatsächlich den Charakter ethnologischer Feldforschung. Oder: der diskrete Charme der Bourgeoisie.
Essen dann wieder im Roseneckgarten. Gespräche über die unmittelbare Nachkriegszeit, die im Grunde genauso verdrängt ist wie die Hitlerzeit und irgendwie dazugehört. Man müßte tatsächlich den Bruch nicht mit 1945, sondern mit 1948 datieren.

Montag, den 1. August

Ganzen Tag Arbeit am »Carl Schmitt«-Kapitel und zum ersten Mal Frau Reuther in der Delbrückstraße diktiert.
Noch einmal bei dem Bruder von Therese in der Volkswagenvertretung, um zu sehen, ob er ein Auto für mich hat. Ein Golf-Automatik für DM 4000,– ist verlockend, hat aber eine scheußliche olivgrüne Farbe. So entschließe ich mich, den kleinen roten Käfer vom Perser in der Hagenstraße zu kaufen. DM 3000,–. Was ich mit dem Polo machen werde, weiß ich noch nicht.

Dienstag, den 2. August

Abschiedsabendessen mit Peter Wapnewski im Roseneckgarten. Ich danke ihm sehr herzlich und aufrichtig dafür, mir zu dem schönsten Jahr meines Lebens verholfen zu haben. Merkwürdige Mischung unseres Verhältnisses: große Vertraulichkeit und große Distanz gleichzeitig. Er steckt in einer harten Rüstung, aus der er nicht herauskann, die aber auch undurchdringlich ist.

Am Nachmittag bringe ich ein paar Klamotten zu dem italienischen Zuschneider in der Schlüterstraße. (Bunderweiterungen!) Laufe der netten Linde Burkhardt über den Weg. Wir trinken einen Kaffee und gucken in einige Boutiquen hinein. Ich kaufe, ohne die geringste Absicht, drei sehr schöne farbige Hemden. Man muß die Sachen kaufen, wenn man sie findet, und nicht, wenn man sie braucht.
Hübsches Foto von Christine. Telefoniere mit Therese: natürlich schickt ihr »Freund« sie auf den Strich. Ich bin wieder fassungslos und – neidvoll.

Mittwoch, den 3. August
Wolfgang Schivelbusch. Essen im »Ax Bax«, dort auch Ossie Wiener. Gespräche darüber, wie man als »freier Schriftsteller« leben kann. Nicht von Büchern! (Selbst wenn sie erfolgreich sind.)

Donnerstag, den 4. August
Dietmar Kamper.
Kein Platz im Roseneck. Also auch ins »Ax Bax«. Wieder Ossie Wiener. Triest-Projekt.

Freitag, den 5. August
Hortense, Roseneck. (Bettina!)
Ihre merkwürdigen Theorien über die Frauen. Misogyner kann man nicht sein. Geburt von Frauen muß auf ein Drittel reduziert werden. Frauen sind dumm / alle Männer sind homosexuell. Familie (Mütter) und Bürokratie sind die beiden Erzübel, die sich ergänzen und gegenseitig steigern. Sie tragen den Staat.

Samstag, den 6. August
Weyergraf, der von einer Reise zurück ist. Spaziergang um den See. Metaphysik der Sexualität. Sagt mir die »Braut von Korinth« auf. Tolles Szenario!
Am 2. starb die uralte Nachbarin, Frau Gennes. Ich bin froh, noch diesen einen netten Gesprächsabend mit ihr verbracht zu haben.

Wolfgang Weick kündigt die Geburt eines Kindes an. Schwenger heiratet – so dreht sich das Rad.
Sattler rief an, Hanser will das Buch machen, kommt Mitte August mit Vertrag. Titel: »Jugend in Berlin«.

Sonntag, den 7. August
Wie täglich: Diktat (mit der mürrischen Anke).
Ich will eine Lesung veranstalten am Ende des Monats als Abschluß des Jahres!
Nachmittags verschreibe ich mir Therese und Margarete, »meine kleinen Löwinnen«. Lustig – wir machen Fotos, aber die Spannung, der Thrill ist weg.
Abends Michael Cullen. Weg um den See. Essen beim Italiener auf dem Hagenplatz. Er ist voller Pläne und Zuversicht. Hofft auf Nachfolgerschaft als Leiter des Bildarchivs »Preußischer Kulturbesitz«. Erzählt von Christo, seinen Arbeitsmethoden – ein Organisations- und PR-Genie. Wirklich einzigartig und originell. Ein bulgarischer Jude (auch er).

Montag, den 8. August
(8. 8. 1983 – schönes Datum)
Weiterhin schönes Sommerwetter.
Mein erster Ausflug nach Ost-Berlin, um Eugenie Spies zu besuchen. Weihe damit auch meinen neuen roten Käfer ein.
Benutze die Übergangsstelle an der Bornholmer Straße. Fahre zum ersten Mal in meinem Leben durch diese nördlichen Berliner Viertel und bin wieder frappiert durch die grandiosen breiten Alleen und das Grün, das das Straßenbild beherrscht. Berlin, eine Gartenstadt, nicht nur in seinen vornehmen Wohnvierteln.
Eugenie wohnt in einer Privilegierten-Siedlung für hohe Funktionäre, Künstler und Diplomaten. Im Grunde bescheidene, kleine Häuschen, in großen Gärten allerdings. Sie wohnt da schon seit über zwanzig Jahren. Sie lebt jetzt mit ihrer dreißigjährigen Tochter Viola und deren neunjährigem Sohn. Ihr Ehemann, der Maler und Grafiker Herbert Sandberg hat das eheliche Domizil vor einem Jahr verlassen, um mit sage und schreibe 75 Jahren mit einer jungen Frau (Schau-

spielerin, 38) »ein neues Leben zu beginnen«. Die Trennung muß schrecklich gewesen sein, weil er rabiat und brutal seinen Willen durchgesetzt hat. Diese Art von Trennungen werden ja üblicherweise fällig, wenn die Männer um die fünfzig sind. Also, Eugenie ist mit sechzig Jahren geschieden und eigentlich ohne Einkommen. Lebt in sehr bescheidenen Verhältnissen.
Sie trägt die Haare kurz geschnitten, man sieht ihr ihr Alter nicht an. Spricht und bewegt sich mit mädchenhaftem Charme. Wir verbringen den Tag im Garten.
Die wichtigste Information für mich: zwei große Bildbände über Leben und Werk von Walter Spies, dem Onkel aus Bali, die ich versuchen muß, mir zu besorgen.
Abends Diner bei Ingrid Hoesch, ich hatte Blumen geschickt. 9 Personen: Bölling, der ehemalige Regierungssprecher mit seiner Frau Erika (schickes italienisches Boutique-Kostüm). Sie hat den ganzen Abend den Mund nicht aufgemacht, dafür hat er um so mehr geredet. Er trägt ein Toupet. Lämmert mit seiner sehr vornehmen Frau. Darüber hab ich von Wapnewski das Nötige erfahren. Jutta Karow-Schumacher, die mich mit ihren Kulleraugen anschwärmt. Eine sehr merkwürdige Person, südländisch, fast bäuerlich-vulgär, B... (sie zieht bei Tisch ihre Schuhe aus *et me fait du pied*) und der Chef der Senatskanzlei, Dr. Schierbaum, aus Bonn abkommandiert, ganz alte Schule, der im Gegensatz zu dem Regierungssprecher a. D. sehr vernünftige und witzige Sachen sagt. Wie immer auf Berliner Diners wird ausschließlich und leidenschaftlich über Berlin gesprochen. Tote, kaputte, kranke Stadt oder interessanteste, zukunftsreichste Stadt Deutschlands, ja West-Europas, Experimentierfeld, Laboratorium, »Utopia«. Ich genieße langsam den Ruf eines dezidierten Berlin-Freaks und muß meine Thesen verteidigen, was mir größten Spaß macht, weil ich, von Lämmert und dem Senatsmenschen unterstützt, dem aufgeblasenen, präpotenten Regierungssprecher a. D. widersprechen konnte, der die üblichen Klischees, Statistiken des Wirtschaftsestablishments plus Springer-Presse produzierte.
Mitternacht reiße ich mich los, weil ich Tom erwarte, der aus seinen Ferien zurückgekommen ist. Wir treffen beide gleichzeitig vor der Hagenstraße 26 ein. Bis drei Uhr früh langes Gespräch über das Berlin-Buch. Er gibt mir gute Ratschläge. Vor allem findet er, sollte ich das »Merkur«-Kapitel in den neuen Text einarbeiten, so daß ich mit

dem, was jetzt als »Zwischenbemerkung« gedacht war, anfangen kann. Ich habe schon längere Zeit den Verdacht, daß es so kommen muß. Das bedeutet natürlich neue, nicht eingeplante Arbeit. Will mal sehen was Sattler sagt.

Dienstag, den 9. August
György und Judith Konrád. Über das Buch. Er will »sinnliche Wahrnehmung«-Details (am liebsten die Marke des Fahrrades, den Preis der Straßenbahn). Über Ost-Berlin. Er sagt, ich solle einmal vierzehn Tage regelmäßig hinüberfahren und meine Eindrücke aufschreiben, als »Experiment«, es gäbe sehr nette Kneipen usw. Das Ideale wäre eine junge Freundin drüben. Die Idee ist reizvoll. Würde man mich so regelmäßig hereinlassen? Ich könnte Bibliotheksarbeit vorschützen? Woher aber die Zeit nehmen?
Ein sonderbares Telefongespräch mit E…, die bei Freiburg lebt und »Schmidt« heißt. Sie und ihr Mann sind Gärtner! Ich wollte sie um Fotos und eventuell meine Holzschnitte bitten. Sie kichert. Ist mißtrauisch. Ob ich denn alles mit den richtigen Namen veröffentlichen würde? Das sei doch sehr indiskret. Sie müsse darüber nachdenken. Ich bin gespannt, was folgt. Vom alten S… erfahre ich nebenbei, daß er am Ende seines Lebens die Fabrik in Hannover verkauft (»unter unserem Arsch weg …«) und sich in die Schweiz abgesetzt hat. Mit E… war er überworfen, was zur Enterbung geführt hat!
Tante Tönchen hielt mich für »amoralisch«. Spricht von meinem Brief an sie, der einen Skandal heraufbeschworen hätte. »Den hab ich weggeschmissen!« Sie will mal sehn, was sie findet und mir schikken kann.

Mittwoch, den 10. August
Das Wetter ist wechselreich, aber immer wieder schön, warm, sonnig. Das »Carl Schmitt«-Kapitel reift langsam heran. Ich lasse es immer wieder liegen, um Abstand zu gewinnen. Das kommt anderen Partien zugute, so dem »Bruno Goetz und andere«, das einen langen Exkurs über den »Männerbund« enthält und das ich praktisch abgeschlossen habe.

Zu meiner großen Freude habe ich feststellen können, daß es die italienischen Nachdichtungen von Bruno Goetz im Manesse-Verlag gibt – auch einen anderen, posthum erschienenen Gedichtband (bei Lambert Schneider in Heidelberg!). Sehr schöne Gedichte. Entdecke auch einen Essayband, »Neuer Adel« von 1930, der gut in meine Theorie paßt. Wieder einmal muß ich meinen ersten Entwurf korrigieren, weil das Sujet sich als bedeutender erweist, als in meiner Darstellung herauskommt. Goetz ist mit einigen Gedichten ein wirklich großer Dichter.
Ich habe Tonfall und auch Wortfolge einiger Verse sofort wiedererkannt, weil irgendwo im Gedächtnis eingeschrieben!
Auch am Kapitel »Architekt werden« diktiert. Unversehens taucht auf: »Philipp Johnson«! Hier will ich einen Exkurs über *mon rêve roumain* einschalten.
Sehr ermunternde Telefonanrufe aus München: Arnold, Michael Krüger, die jetzt in dem Manuskript gelesen haben und offenbar entzückt sind. M. findet, es könne ein Buch werden, das sich gut verkauft. Das soll es! Ich habe ein gutes Gefühl. Aber ich sollte mir Zeit nehmen, nichts verschenken. Man will mich in den Herbst 1984 schieben. Ich will aber unbedingt im Frühjahr heraus.
Abends Lepenies bei Habel. Erzählt von seiner Arbeit – eine Sammlung von Essays zum Thema »Soziologie zwischen Literatur und Wissenschaft« (Literatur die eigentliche Soziologie). Sehr hübsche Durchgucke. Was mich frappiert: daß er immer, wenn er eine hübsche Filiation, ein schönes Zitat, eine Montageidee hat, sagt: »Aber bitte, nicht wahr, Sie sagen das nicht weiter!« Dasselbe hat mich bei Fietkau irritiert, der immer Kulleraugen machte, weil ich mit meinen Ideen so freizügig umging, und er sich ständig in Geheimnis hüllte, was seine Arbeit betraf. Ist das der Konkurrenzdruck der Leistungsgesellschaft? Oder ist das einfach paranoid, Interiorisierung eines Szondi'schen Habitus? (Beide sind S.-Schüler und stolz darauf.) Oder ist das das alte Verhüllungs-Enthüllungs-Schema, pervertiert, auf den Hund gekommen: man dürfte die wichtigsten Einsichten nicht weitersagen? Auf mich wirkt es wie ein Tick. Was könnte schon passieren, wenn ich die große Entdeckung des Einflusses von Buffon auf Proust »weitererzähle«? Würde Weyergraf sich schnell hinsetzen und daraus einen Aufsatz machen, den er, »ohne Zitieren der Quelle«, blitzschnell veröffentlicht? Ich »verschenke« hier den Einfluß von

Zola auf meinen Vater. Den Einwand der Zunft gegen ihn, »nur Schriftsteller zu sein«. (Brentano!) In Frankreich undenkbar. Auch interessant für Schiera!

Freitag, den 12. August
Zweiter Ausflug nach Ost-Berlin. Ich muß den Fotoapparat abholen, den ich bei Eugenie vergessen habe. Kaufe allerhand zum Frühstück ein. Brötchen, Honig, Lachsschinken, Kaffee.
Am Übergang Schwierigkeiten: Ich wollte ihnen »Ada« von Vladimir Nabokov mitbringen, in einer Taschenbuchausgabe, die ich bei mir stehen habe. Schon immer wollte ich das Buch lesen, komme aber nicht dazu. Um keinen Ärger zu haben, deklariere ich es als »persönliche Lektüre«. Denkste! Der Posten verschwindet mit dem Buch. Nach zwanzig Minuten erfahre ich: »Nicht zur Einfuhr freigegeben.« Formulare, Hinterlegung usw. Nochmal fünfzehn Minuten. Ich gäbe was darum, zu wissen, was genau da in den kleinen grauen Baracken passiert, in denen die Grenzwächter verschwinden. Man kann sie von außen gar nicht öffnen! Sind darin Computer-Terminals? Telefone zu irgendwelchen Zentralabteilungen, die in langen Bücherlisten den Titel nachsuchen, oder steht darin nur Stuhl und Tisch, setzt sich der Posten hin, tut gar nichts, außer auf seine Uhr zu gukken, und kommt nach genau zwanzig Minuten wieder heraus, die kalkulierte Schikane-Zeit, mit der ich penalisiert werden muß?
Beim Auslösen des Buches auf der Rückfahrt sage ich dem Posten, der ein Mädchen war: »Am liebsten würde ich Ihnen das Buch schenken!« Antwort, brummig: »So was les' ick nich'!«
Auf die Weise komme ich erst um 11 Uhr an. Frühstück im Garten. Wenn Viola nicht die schreckliche Nase ihres Vaters hätte, wäre sie ganz hübsch. Sobald die Gespräche politisch werden, werden sie peinlich. Es besteht wirklich keine Möglichkeit der Verständigung. Sie sind fest überzeugt, daß sich die arme Sowjetunion gegen den amerikanischen Imperialimus schützen muß.
Wir gehen einen Sprung in die Galerie, die Viola leitet. Alles priviligierte Positionen. Das Straßenbild, die Geschäfte sind von einer herzzerbrechenden Tristesse. »Wofür wird denn dieser Preis gezahlt?« Jetzt die Antwort: »Für eine Gesellschaftsordnung, in der kein Krieg mehr möglich ist.« Man faßt sich an den Kopf!

Abends. Uwe Wesel. Spaziergang. Roseneck. Sehr anregendes Gespräch, echte Sympathie. Erzählt von seiner Freundin Anna, Studentin, gemeinsamen Reisen nach Thailand. Dann über Taubes, den er für einen Hochstapler hält. Hat offenbar Schlimmes beobachtet, als er Einblick in die Universitätsverwaltung hatte.
Über Szondi, mit dem er befreundet war (einer von drei Leuten, die ihn sahen). Sein Selbstmord im Halensee, mit Steinen beschwert, die er sich um die Hüften gebunden hatte. Die spießige kleine Wohnung. Aber ein tüchtiger, fleißiger Gelehrter, vor dem W. Respekt hatte. Ein guter Mann. Wahrscheinlich überschätzt.

Sonntag, den 13. August

Thamara ruft aus Lesoux an, daß der *coup* gelungen ist. Die Marraine hat den Verkaufsvertrag für die Wohnung unterschrieben und ein Testament, wonach Diane Universalerbin ist. Alles mit Hilfe eines Notars, der offenbar ein Vergnügen daran hatte, den *bonnes sœurs,* die die Alte betreuen, eines auszuwischen.
Solitäres Abendessen am Roseneck. Ein Sturm kommt auf. Ich gehe im Regen zurück. Auf Mitternacht habe ich mir Nini bestellt. Die »gerne« kommt. Sie war einige Wochen lang krank. Sie freut sich über die Fotos. Bin in guter Form, was nach den letzten, eher müden Experiencen, nötig war.

Sonntag, den 14. August

10 Uhr Margarete zum »Frühstück«, sehr lieb, aber eben doch leider zu primär, ein Gespräch ist nicht möglich. Allenfalls kann ich etwas von der Jugendsprache lernen, die richtige Szenesprache hat sie aber auch nicht drauf. Erotisch total null.
Ich werde das Tagebuch nicht systematisch fortsetzen. Dies sind jetzt die letzten Blätter. Das »Berliner Jahr« ist zu Ende. Höchstens für besonders bemerkenswerte Ereignisse. Es sind jetzt immerhin zwei Leitzordner voll. Ob das je eine »Verwendung«, ja eine Wiederlektüre findet?

Montag, den 15. August
Schicke die 50 Einladungen zum Leseabend am 24. August aus.

Dienstag, den 16. August
Oskar Sahlberg. Seespaziergang, Roseneck.
Erzählt von einem Freundeskreis, der sich jeden Sommer im Holsteinischen trifft – dreißig Mann ungefähr, alle fähig, interessant. Ich staune. Männerbund?

Donnerstag, den 18. August
Nike kommt aus Sylt herüber. Wohnt im Kolleg. Trifft ihren Tiroler.

Freitag, den 19. August
Mittagessen bei Hellmut und Toto Becker. Herrlich im Garten. Frau Blacher berichtet aus Salzburg und Bayreuth. Ich habe Nike mitgebracht. Das ist für sie ein wichtiger Kontakt.
Christine, die um 16 Uhr kommen wollte, kommt nicht. Um 20 Uhr ruft sie an, sie hätte verschlafen. Das arme Kind, das bei seiner Schwester untergekrochen ist, hat keinen Ort, um mit ihrem »Freund« zusammenzusein. Also machen sie die Nächte durch in den Diskotheken und gehen zum Vögeln in die öffentlichen Gärten.

Samstag, den 20. August
Die kleine Tamara, die sich endlich gemeldet hat, nachdem ich ihr eine Postkarte ins Haus geschickt habe, wo sie eigentlich bliebe. Braungebrannt, schwarz. Ich gewinne sie, um mir bei der Vorbereitung meines Leseabends zu helfen, der mir jetzt Kopfschmerzen macht. Um 23 Uhr mit Nike im »Ciao«. Weyergraf kommt mit der zauberhaften Tina dazu.

Sonntag, den 21. August
Diktat am Samstag und Sonntag.
16 Uhr Christine. Wir machen nette Fotos. Sie: »Na, siehst du, es ging doch sehr gut.«

Abends Stefan Sattler, der den Vertrag mitbringt. Das Buch soll im März 1984 erscheinen! Hardcover mit Illustrationen. Der Verlag rechnet mit einem Erfolg (Preis DM 34,–). Ich kann mir auf jeden Fall sagen, ich habe das Jahr genutzt! Einer der wenigen Fellows, die ein Buch abgeschlossen haben. (Wenn auch nicht das richtige!)
Wir sprechen das Buch durch – Reihenfolge der Kapitel, Illustration, Anhang mit Kurz-, Bio- und Bibliographien der wichtigsten genannten Leute. Ich lege ihm ein paar neue Sachen vor, auch aus dem »Carl Schmitt«-Kapitel, das noch nicht ganz fertig ist (was mich in Anbetracht der Mittwoch-Lesung etwas beunruhigt). Er ist begeistert. Er arbeitet mit dem Starnberger Weizsäcker an dessen Jugenderinnerungen. Ganz hermetisch, was die private Sphäre anbetrifft. Interessant: Schuler kommt vor. Woher kannte er ihn?

Montag, den 22. August

Fünf Uhr noch mal Stefan. Wir besprechen den Terminkalender. Er muß das satzfertige Manuskript Mitte September haben.
Um acht Uhr zum Abendessen zu Herbert Wiesler, Holsteiner Ufer. Eine traumhafte Wohnung – 270 Quadratmeter! Bücher und Bilder. Ganz auf Ein-Mann-Bewohnung eingerichtet. Berliner Zimmer. Ich sehe wieder, wie sinnvoll und schön diese Einrichtung ist. Sie schafft ein inneres Forum, »Patio«, und vermittelt das Gefühl von Großräumigkeit. Gespräch wie üblich: Berlin – »Spiegel«-Artikel. Ich hatte Sibylle Wirsing »mitgebracht«, die sich mit einer Replik quält. Ich hätte selbst Lust, etwas zu erwidern – will mich aber nicht vom »Buch« ablenken lassen.

Dienstag, den 23. August

Anruf von Hubert. Endlich, ich war ernstlich besorgt, in Ungnade gefallen zu sein. Man kann ja nie wissen. Vielleicht die Kreditbitte. Aber es scheint nichts vorzuliegen. Außer Termingründen. Priorität bin ich nicht.
Von Eva-Maria einen Brief mit dem »Traum«, die Linolschnittserie, aber auch dem »Wunsch«, daß die Familie Supf und besonders Karl nicht namentlich in meinen Memoiren erwähnt wird. Was macht man da? Ich hatte so etwas geahnt und mit Sattler darüber gespro-

chen. Der muß den Verlagsjuristen einschalten. Brigitte meint, ich sollte einfach »Schrupf« sagen, dann sollten sie erst einmal nachweisen, daß sie es sind. Ich weiß noch nicht, was geschehen wird. Momentan stelle ich mir vor, daß man den Schwestern den kompletten Text in Fahnen schickt und anfragt, ob sie nicht meinen, daß das Kapitel über sie drin bleibt. Wenn sie es ablehnen, dann das Kapitel eben herausnehmen, aber einen Vermerk: hier sollte ein Kapitel über Karl Supf stehen, das auf Wunsch der Familie herausgenommen werden mußte. Auf jeden Fall: Ärger.

Dazu kommt, daß ich mit Ninetta telefoniert habe, die indigniert über das Kapitel ist, in dem ich ihre Sicht unserer Jugend in einem Dialog mit ihr, als Kontrastfarbe, darzustellen versucht habe. Unmittelbar nach den Gesprächen mit ihr, hier in Berlin, aufgezeichnet. Sie leugnet alles ab. Ich hätte erfunden, die Nuance verfehlt, ihre Gedanken verfälscht. Ich bin ziemlich sprachlos. Das beweist natürlich den stark neurotischen Charakter ihrer Erinnerungsverarbeitung. In ihrem Fall sehe ich keine andere Möglichkeit, als die zehn Seiten einfach zu streichen. *Tant pis.* Die Leser werden das Vergnügen dieses Kontrastberichtes eben nicht haben.

C. S. abgeschlossen. Es waren da noch drei Seiten, die mir nicht ganz gefielen.

Mittwoch, den 24. August

Mein Abschiedsabend. Vorlesung und Sommerfest. Nettelbeck gibt mir die Räume, aber kein Personal. Ich muß alles selber machen. Stelle die Leute qua Überstunden ein.

Tamara hilft mit dem Buffet. Sandwichs, harte Eier, Tomaten mit Mayonnaise. »Ohne Besteck« ist die Parole.

Antoinette Becker hat eine Rote Grütze versprochen. Ich hole sie vormittags mit Riedl ab. Riesige Steinguttöpfe – für fünfzig Personen, mit Vanillesauce. Es wird ein Höhepunkt des Abends.

Ich stelle mit Riedl die Möbel in allen Räumen um. In den Saal kommen drei Sofas und Sessel, die Stühle im leichten Halbrund. Platz im getäfelten Salon, wo das Buffet hinkommt. Das Personal ist begeistert von meinem Arrangement. »Zum ersten Mal hat das Kolleg eine Seele.«

Ich hatte fünfzig Einladungen ausgeschickt. Es kommen vierzig Leute.

Ein Dutzend Leute mehr wäre für die Atmosphäre besser gewesen. Lauermann kam aus Hannover.

Meine Lesung, die »Spaziergänge mit Carl Schmitt«, ist ein durchschlagender Erfolg. Ich bekomme viele Komplimente. Henning Ritter ist richtig bewegt. Er hat das alles noch einmal genauso erlebt! Ab 22.30 Uhr kommt das »Tangotrio«, das ich durch die Vermittlung von Stefan Sattler engagieren konnte. (Es spielte am Samstag auf einem Fest von Günter Grass). Etwas rührend-nostalgisch. Aber ganz, wie ich es gewollt hatte. Das Tanzen kommt nicht so recht in Gang, teils wegen des Spannteppichs, teils weil keiner Tango tanzen kann, teils weil diese Generation überhaupt nicht tanzt. Ich bin unermüdlich. Genieße alles sehr. Gegen ein Uhr Ende. Damit ist dies Jahr, dieser Sommer zu Ende. Es war doch so schön …

Margarete kommt noch zu mir. Taxi um 2.30 Uhr.

Donnerstag, den 25. August

Das einzige, was ich noch eintragen will: Judith. Bonny ruft am letzten Samstag an, nachdem ich lange nichts von ihr gehört hatte: sie hätte ein süßes Mädchen, »echt« achtzehnjährig. Ob sie sie mir schicken könne.

Ich hatte vor der Lesung keine innere Ruhe, bestellte sie mir also auf den Donnerstag »danach«, als Prämie. Es kommt tatsächlich etwas ganz »Süßes«. Stattlicher als Christine, robuster, mit schelmischen Augen. Es ist nicht zu fassen, daß so ein Mädchen – die Mutter hat ein Antiquitätengeschäft, sie ist Schülerin – »anschaffen« geht. Warum? Sie braucht Geld. Wofür? Sie hat Schulden. Warum? Drogen. Aber sicher steckt auch wieder ein Typ dahinter, der keine Lust hat zu arbeiten. Wie ist sie darauf gekommen? Durch eine Anzeige (von Bonny). Macht alles sehr gut und willig. Aber völlig unbeteiligt. Rollt sich ein, Zähne zusammengebissen, Augen zu. Redet dann viel. Über die Ängste der Jugend, alles total stereotyp. Liest »Rote Laterne«-Romane. Wie ist das? »Na, ein Mädel aus 'ner anständigen Familie wird zur Nutte, und so.« Will mir das mal ansehen. »Groschenhefte.« Wir machen Fotos.

Sonntag, den 28. August

Das Wetter ist nach wie vor märchenhaft – der Sommer des Jahrhunderts. Es soll bis in den November so bleiben.
Um vier Uhr kommt Christine. Noch schmaler geworden. Noch zarter. Ich gebe ihr erst einmal zu essen, aber diese jungen Damen essen ja nichts. Ein Häppchen Kuchen, zwei Löffel von meinem Zwetschgenkompott. Dann ist man schon voll. Äße man mehr, müßte man sich übergeben.
Ich habe sehr viel Freude mit ihr, weil sie eben nicht bewußt abschaltet, sondern zärtlich ist und still vor sich hinstrahlt. Daß sie nicht viel empfindet, sexuell, hatte sie mir schon gesagt. Das geht ihr mit ihrem »Freund« nicht anders (nimmt nicht die Pille). Dann langes Gespräch. Sie zieht den roten marokkanischen Kittel über (sie liebt Marokko), pafft Rothändle, die Sonne spielt auf ihrem Knie, ihren Händen. Ich mache Aufnahmen.
Sprach von Punker-Freunden mit faschistischen Ideen. Gegen alles, alles abschaffen, nur Terror bringt's. Das darf aber nicht auf sie selbst angewendet werden. Was sie eigentlich wollen? Wissen sie nicht. Hauptsache, nicht arbeiten. Liegen ihren Eltern auf der Tasche. Das würde sie nicht wollen. Sucht Arbeit, aber was? Sie kann geregelte Arbeitszeiten nicht vertragen. Früh raus, acht Stunden Arbeit – nee, da hat sie das Gefühl, sie lebt am Leben vorbei, das könnte sie nicht. Mal zwei Stunden hier, mal zwei Stunden dort. Ich erzähle von Claudia und Felix, die bei »Luise« jobben. Ja, warum nicht, das könne sie sich vorstellen. Sie hat eine Freundin, die nimmt DM 500,–. Wo? Weiß sie nicht. Die ist aber auch ein ausgeflipptes Aas. Richtig widerlich. Sehr gute Figur. Spitze, doll, da könne sie gar nicht mit. Ich schenke ihr die schwarze Samtjacke von Miranda, die seit November hier hängt. Lade sie zu einem Frühstück ein. Danach könnten wir mal ein paar Klamotten für sie kaufen. Küßchen. Geht sanft und sachte, auf leisen Sohlen, wie sie gekommen ist. Meine Blumenmädchen!

Dienstag, den 30. August

Einen sehr spaßigen Abend mit Claudia, die ein richtiger Clown ist. Sie hat »voll« diese »Szene«-Sprache drauf. Worte wie »abspacen«. Hat Rivalitätsprobleme mit Tamara. Geht um 1.30 Uhr.

Mittwoch, den 31. August
Besuch von Tamara. Wir essen zusammen im Roseneck. Man kann sich zwei verschiedenere Mädchen als sie und Claudia nicht vorstellen, Körper, Geist und Seele. Dabei sind sie beide typische, unverwechselbare Berliner Gören.
Ich lese ihr die »Marion Salviati«-Episode vor.

Donnerstag, den 1. September
Eröffnungsveranstaltung der Berliner Festwochen in der Akademie der Künste: »Der Sieg über die Sonne.« Aspekte russischer Kunst zu Beginn des zwanzigsten Jahrhunderts. Die Ausstellung ist weitgehend das Werk von Tina Bauermeister, die mir auch die Einladung geschickt hat. Ein Berliner Ereignis, politisch und gesellschaftlich. Ich empfinde es als sinnvoll und durchaus angemessen, daß dieses »Berliner Jahr« für mich mit diesem kleinen Höhepunkt endet.
Dort, neben den jungen Freunden, Antoinette Becker und Sibylle Wirsing, die, seitdem sie nicht bei meiner Vorlesung war, *insaisissable* war. Irgendwas stimmt da nicht. Sie lädt mich aber ein, sie am folgenden Tag ins Theater zu begleiten.
Noch einen Sprung in die »Paris Bar«, mit Jeannot Simmen. Dort Joelle, die diese Nacht nach Paris zurückfährt. Ein Androgyn nach meinem Geschmack. Schade, daß nichts daraus geworden ist. In der Bar, die ich seit Wochen/Monaten nicht betreten habe, ein seltsames Déja-vu-Erlebnis. Wozu auch das Auftauchen von D... gehört.

Freitag, den 2. September
Nachmittags im Schreibbüro gearbeitet. Als ich um neun Uhr nach Hause komme, finde ich die Nachricht, daß Sibylle mich um halb acht im Theater erwartet. Ich nehme ein Bad und komme zurecht in die Pause. Ein halber Theaterabend genügt sowieso. Dort die Münchs aus München.
Die Aufführung: »Komödie der Irrungen«; verspielt, saubere Regie, schwache Schauspieler. Eine solche Klamotte (wohl das schwächste Stück von Shakespeare) kann die magische Wirkung der Verzauberung nur erreichen, wenn große Schauspieler ihr das nötige Volumen geben. Das war nicht der Fall.

Nach dem Applaus tritt der Regisseur an die Rampe (Werner Schroeter) und verliest, sichtlich ergriffen, eine Protesterklärung zum Tode des 23jährigen türkischen Asylbewerbers Altun. Es sei skandalös, meint er, »daß sich jemand selbst töten muß, um woanders nicht ermordet zu werden«. Buh-Rufe, aber dann doch großer, lang anhaltender Applaus.
Sibylle will indigniert tun. Ich nehme ihr das nicht ab. So wenig wie Roland Wiegenstein und ein junger Maler Neumann, die uns am Ausgang erwarten. Wie sie empfinde ich den Schritt Schroeters als einen Akt von Zivilcourage, der Anerkennung verdient. Jedes Mittel, sich gegen die Verletzung von Menschenrechten zu wehren, ist recht. Was da mit Türken, im Dienste der NATO geschieht, ist schmählich.
Danach noch ein Glas um die Ecke, in der Galerie-Bar des stattlichen Schwarzen. Sibylle ist spitz und unfreundlich und kommt nicht mit in die »Paris Bar«, wo ich um 23 Uhr einen Vierer-Tisch bestellt hatte. So beende ich den Abend mit Tina und Bernd Weyergraf. Unser Abschiedsabend, ich lasse Champagner springen.
Dort auch Maurizio Serra, von dem ich mich ebenfalls verabschiede.

Samstag, den 3. September

Dies ist nun wirklich die letzte Woche.
Arbeitsmäßig schließe ich die beiden letzten Kapitel ab: »Architekt werden« und »Salon der Mutter«. Angeregt durch die Gespräche mit Stefan Sattler ist auch ein völlig neues Kapitel entstanden: »Botschafter«, mit recht gelungenen Porträts von Pierre de Margerie und André François Poncet.
Auf das Kapitel »Theatralische Sendung« werde ich wohl verzichten müssen. Dazu würde ich noch einen Monat brauchen, den ich aber nicht habe. Sattler will das Manuskript am 10. September. Und ich muß ja auch nach Straßburg zurück.
Das Schreibbüro des Wissenschaftskollegs hat ab 1. September seine Dienste eingestellt. Gott sei Dank akzeptiert Frau Reuther, privat, d. h. auf meine Kosten, für mich weiter zu schreiben. Auch sie muß am 7. September weg. Sie will versuchen, das Manuskript noch durchzukorrigieren. Am Freitagnachmittag haben wir vier Stunden damit verbracht, die Texte auf den Disketten in die richtige Reihenfolge zu

bringen. Der Computer vollbringt wahre Wunderwerke. Ich beschränke mich darauf, kleine Übergänge und Flickstücke anzufertigen.
Das Wetter hört nicht auf, schön zu sein. Ich frühstücke jeden Morgen am Hagenplatz auf der Terrasse der kleinen Konditorei.
Michael Krüger schreibt einen begeisterten Brief über das »Carl Schmitt«-Kapitel. Hubert, von dem ich lange nichts mehr gehört hatte, ruft an und ist auch voll des Lobes.

Montag, den 5. September

Die Reinschrift des Manuskriptes in den Händen von Frau Reuther, die an ihrem »Eumel« wahre Wunder wirkt. Ich selber stehe wieder fassungslos und begeistert vor diesen elektronischen Maschinen.

Mittwoch, den 7. September

Die Reinschrift ist abgeschlossen, stolze 300 Seiten. Mein erstes Buch. Das erste, das fertiggeworden ist.
Abschiedsessen mit Tamara und Claudia in der »Paris Bar«. Es kommt aber keine richtige Stimmung auf. Ich hatte irgendwie unterschwellig doch auf einen fourieristischen Abend gehofft. Vom ersten Moment an war aber klar, daß das nicht »drin« war. Damit hatte ich dann auch die Lust verloren.
Packen. Gott sei Dank brauche ich die Wohnung nicht räumen. Ich behalte sie fürs erste: der Lehrauftrag für das WS ist genehmigt.

Sonntag, den 10. September

Abreise im kleinen verbeulten Polo. Der rote VW bleibt in der Hagenstraße stehen.
Das (erste) »Berliner Jahr« ist zu Ende.
Der Abschied fällt mir nicht schwer, ich weiß, ich werde wiederkommen.

Fellows im Akademischen Jahr 1982/1983

Fellows
ARIÈS, Philippe (Geschichte, Paris)
BARTOSZEWSKI, Wladyslaw (Geschichte, Lublin)
BOLLACK, Jean (Klassische Philologie, Lille)
BUSSCHE, Axel von dem (Politologie, Begnins, Schweiz)
CRIFÒ, Giuliano (Römische Rechtsgeschichte, Perugia)
DEDECKER, Paul (Mathematik, Caracas)
DÖRNER, Dietrich (Psychologie, Bamberg)
FIETKAU, Wolfgang (Literaturwissenschaft, Essen)
FREHLAND, Eckart (Theoretische Biophysik, Konstanz)
FRITSCH, Bruno (Volkswirtschaftslehre, Zürich)
GALTUNG, Johan (Friedensforschung, Oslo)
GEUSS, Raymond (Philosophie, Princeton)
KONRÁD, György (Schriftsteller, Budapest)
KRAUS, Wolfgang (Schriftsteller und Publizist, Wien)
KROCKOW, Christian Graf von (Politologe und Publizist, Göttingen)
LEM, Stanislaw (Schriftsteller und Philosoph, Krakau)
MARQUARD, Odo (Philosophie, Gießen)
MEYER, John W. (Soziologie, Stanford)
RANUM, Orest (Geschichte, Baltimore)
SÁGVÁRI, Agnes (Stadtgeschichte, Budapest)
SCHIERA, Pierangelo (Geschichte, Trient)
SOMBART, Nicolaus (Kultursoziologie, Straßburg)
SZÖVÉRFFY, Joseph (Mittellateinische Philologie, Washington D.C.)
TAL, Josef (Komponist, Jerusalem)
VOLKOV, Shulamit (Geschichte, Tel Aviv)
WALKER, Mark (Geschichte, Baltimore)

Gäste des Rektors
KELLER, Hans (Musikwissenschaft, London)
SASSIN, Wolfgang (Energy Systems Group, Laxenburg, Österreich)
SPRENG, Daniel T. (Alusuisse, Zürich)

Inhalt

»Ein Jahr im Paradies« – Statt eines Vorwortes 5

1982
Oktober 9
November 31
Dezember 46

1983
Januar 58
Februar 77
März 87
April 111
Mai 125
10. Mai 134
Juni 164
Juli 180
August 196
September 209

Fellows im Akademischen Jahr 1982/1983 212